社会转型背景下的职业技能培训研究

——以吴江为例

李鸿 著

职业教育发展路径探索丛书

ZHIYE JIAOYU FAZHAN LUJING TANSUO CONGSHU

庄西真 主编

苏州大学出版社

图书在版编目(CIP)数据

社会转型背景下的职业技能培训研究：以吴江为例／李鸿著．—苏州：苏州大学出版社，2014.8
ISBN 978-7-5672-0989-3

Ⅰ．①社… Ⅱ．①李… Ⅲ．①职业技能－职业培训－研究 Ⅳ．①C975

中国版本图书馆 CIP 数据核字(2014)第 148019 号

书　　名：社会转型背景下的职业技能培训研究——以吴江为例
著　　者：李　鸿
责任编辑：刘诗能

出版发行：苏州大学出版社
社　　址：苏州市十梓街 1 号　邮编：215006
网　　址：http://www.sudapress.com
印　　刷：宜兴市盛世文化印刷有限公司
开　　本：700 mm×1 000 mm　1/16
印　　张：14
字　　数：280 千
版　　次：2014 年 8 月第 1 版
印　　次：2014 年 8 月第 1 次印刷
书　　号：ISBN 978-7-5672-0989-3
定　　价：34.00 元

苏州大学出版社营销部　电话：0512-65225020

总序

庄西真

工业革命从本质上改变了生产力与生产关系，改变了人们的生产和生活方式。工业革命带来的机器大生产，需要受过一定技术教育的生产者，由此产生了以科学技术为内容、以应用性为特征、以培养掌握生产技能的劳动者为目的的现代教育。职业教育因应工业革命的要求而产生并不断发展，是规模化地为大工业生产培养中下等级技能型人才的教育，也是助力社会大众获得一技之长、谋求职业赖以生存的一类教育。根据教育经济学的理论，教育主要是通过对人力资本的投入，提高劳动生产率、促进科技进步而发挥其推动经济社会发展的作用的。在这方面，职业教育具有其他类型教育（比如基础教育）所不具备的优势，即职业教育可把具有普通文化素质的劳动者培养成为掌握某一行业岗位技能的专门人才。换言之，职业教育可向经济社会提供能掌握和运用先进生产技术的高素质的技能人才，进而推动经济社会的发展。

在当今世界，一个国家产业竞争力的高低，不仅取决于是否拥有先进的技术装备，还取决于是否拥有能够熟练操作和使用先进技术装备的高素质劳动者。职业教育通过提高劳动力的平均职业技能水平促进劳动生产率的提升，因为以生产率为导向的经济增长模式才是可持续增长模式。职业教育能够通过提高劳动者运用新技术、新工艺、新设备的能力，促进劳动力的技术革新与生产创新；通过培养劳动者的安全意识、设备保养与维护能力，减少生产事故，降低生产工具和设备的损坏率；通过塑造劳动者正确的政治观念、职业道德、专业思想、劳动态度，间接影响劳动生产率。近代已降，英、美、德、日、澳等国家十分重视发展职业教育，形成了多层次、多类型的适应本国经济社会实际的职业教育体系，培养了大量高素质、高技能、高水平的技术人才，让他们在工业、农业、军工、服务等若干个领域里施展才华，发挥了积极作用，促进了经济的腾飞，使这些国家迅速发展成为世界经济强国。比如我们的东邻日本,职业教育的迅速发展就为其培养了大批工农业发展所需要的中、初级人才,大大提高了劳动者的素质和社会生产率。正如日本文部省编辑的《日本的经济发展和教育》一书所指出的:“在激烈的国际竞争中,科学的创见、技术的熟练、生产者的才能等重要因素,对于经济发展所起的作用,不亚于增加资本和劳动力的数量。”曾经担任东京帝国大学总长(相当于校长)的滨尾新这样概括日本教育发展的特点,他说:“在我们国家,不是工业和工厂首先发展,然后接着建立学校,而是首先建立技术学校以培养毕业生,他们的工作就是发展工业和开办工厂。”回过头去看,中国改革开放以来三十多年的经济高速增长,也与各级各类职业教育为之输送了千千万万具有一定知识和技能的劳动者密切相关。

对于每个国家来说,发展职业教育的原因是类似的,但是职业教育的发展模式却各有不同。发展是硬道理,不管是已经发展起来的国家,还是正在快速发展的国家,要发展现代化的工农业,都必须把职业教育当作一件大事来抓,通过发展职业教育培养经济发展需要的、能够在生产过程中应用科学技术并且有二次开发能力的人才。但是,因为国情不同,在长期的实践过程中,每个国家基于本国国情形成了各具特色的职业教育发展方式,这一点在发达国家就体现得非常清楚。同样是经济发达的国家,同样是在经济发展过程中得益于职业教育对技能型人才的培养,但是,发达国家对经济发展需要的技术技能型人才的培养方式却各有千秋,正可谓“天下同归而殊途,一致而百虑”(《周易·系辞下》),略述如下以说明之:

在法国,职业教育与普通高中教育是贯通的,通过证书考试,将中等职业教育与高中教育融为一体。法国的职业中学分职业中学和技术中学两类。职业中学主要培养各种职业所需人才,学生用2年时间可以拿到职业技能证书。就读技术中学的学生,学习3年后考试合格获得“技术员文凭”,持有这种文凭便可申请进入大学深造。而普通的国立中学同样重视对学生进行职业教育,在国立中学就读的学生,高中3年每年都有一项考试,第一年考试合格获技术职业证书,第二年考试合格获技术毕业证书,第三年考试合格获高中毕业证书,具备升大学的资格。它开设的课程中必须选择的选修课有实用工艺、工业技术、医学、社会学、实验室科技等,任意选修课有艺术、科技、现代外语、打字等。

在加拿大,职业教育以能力培养为本位。以能力培养为本位的职业教育产生于二战后,现在被广泛应用于加拿大的职业教育中。其主要特点是:首先由职业院校聘请行业中一批具有代表性的专家组成专业委员会,按照岗位群的需要,层层分析,确定从事这一职业所应具备的能力,明确培养目标。其次再由职业院校组织相关教学人员，按照教学规律，将相同、相近的各项能力进行总结、归纳，构成教学模块，制定教学大纲，依此施教。其科学性体现在它打破了以传统的公共课、基础课为主导的教学模式，强调培养岗位群所需的职业能力，保证了对学生职业能力的培养。

在北欧的瑞典，把学校开放给社会，把职业教育与普通教育糅合在一起，是其最大特色。该国综合制高中是 2 至 4 年制的学校。它分为人文社会、经济、理科等 3 组，每组都有 2 至 4 年制的课程，任何一种课程都是在扎实的基础教育之上实施职业教育。同时，任何一组课程学习结束之后学生都能进入高等院校。

在瑞士，职业教育备受政府的重视，其教育模式及类型呈多元化和与经济社会需求密不可分的特色。瑞士职业教育除了满足本国经济发展需要之外，还瞄准欧盟乃至国际劳动力市场，提供职业技术类、行政管理和商业职业类、酒店管理和旅游职业类、健康和护理职业类、社会工作职业类、新闻媒体及通讯和信息职业类以及工艺美术职业类等职业教育和专业培训。在这七大类职业中，除了健康和护理类、社会工作类和工艺美术类专业由职业教育培训外，其他四类专业普通高等教育也可以提供培训。瑞士高等职业教育作为大学教育的一个重要组成部分，除了同样具有严格的入学条件和标准规定之外，还要经过严格、系统的 3 至 4 年不等时间的学习和训练，并通过职业资格考试方能获得毕业证书。瑞士的职业考试一般以专业知识考试为主，只有通过职业考试，方能参加高级专业考试。

在澳大利亚，职业教育实际上是一种新型的现代学徒制度，承担此类职业教育的主要载体是 TAFE(Technical And Further Education)学院。TAFE 虽然是学院，但实际上学员 80% 的时间是在工作现场进行的工作本位学习，只有 20% 的时间是在学校学习。现代学徒制有以下特点：一是同就业有着更密切的联系，学生“为未来工作而学习”的目的非常明确，就业前景明朗，大部分学徒工毕业后能被原企业录用。二是实训内容由社会合伙人共同制定，适应企业的需要，突出对学徒工实践操作能力的培养。学生在企业真实的生产环境中操作最先进的设施设备，这样能更早地接近新技术、新工艺、新设备、新材料。三是学生在企业接受培训期间不缴纳学费，还享受学徒工资，一般为技术工人工资的一半，以后按比例逐年增长。近些年来，有许多已取得大学入学资格的普通教育毕业生也从头接受现代学徒制培训，力求在进入大学之前获得一定的职业经历和经验。

在英国，整合职业教育与普通教育一直是其职业教育改革与发展的重要目标，他们用“职业教育与普通教育的等值体系”来真正提升职业教育的地位。英国的职业教育主要分为三种类型:专门的职业教育、职业技术培训和普通教育中渗透的职业教育。专门的职业教育以政府投入为主,在继续教育机构里进行;职业技术培训以企业投入为主,在企业里进行。

在德国,职业教育的方式之一是“双元制”,它是一种国家立法支持、校企合作共建的办学制度。其中,一元是指职业学校,其主要职能是传授与职业有关的专业知识;另一元是在企业或公共事业单位等校外实训场所,学生在其中接受职业技能方面的专业培训。60%是专业课程,40%是普通教育课程。这种相互交叉、有机结合的方式有利于在教学过程中贯彻理论联系实际的原则,有利于培养出既懂理论知识,又有动手能力的生产和管理人员。所以,每年全德国都有近四分之三的初中毕业生进入企业的培训机构接受职业技术培训,同时进入各类相应的职业学校学习理论知识。

以上这些都是各国根据自己国家的具体情况,经过长期的摸索而形成的不同的职业教育模式。职业教育在各国形成的不同发展模式表明,每个国家都在寻找一种反映职业教育与自己国家社会特征以及经济发展阶段相适应的最佳模式,这既充分体现了职业教育与现代经济发展的内在联系性,又体现出职业教育与具体国家政治制度、社会结构、文化传统的关联性。找到“最适合的职业教育制度”是各个国家职业教育发展孜孜以求的目标,为此各国都在相互借鉴的基础上,结合本国经济社会实际进行着职业教育的实践,一些国家已经找到了适合自己国家国情的职业教育模式,比如上面讲到的法、英、澳等国家。还有一些国家正在摸索当中,中国就是这样的国家。中国的初始资源禀赋条件(人口、资源等)、文化传统、所处经济发展阶段以及今后一个阶段经济社会发展需要解决的问题,均不同于上面提到的(也包括行文中没提到的)那些国家。讲述这些,不是来证明中国无须发展职业教育,而是想说明中国须要发展适合中国国情的职业教育。过去我们认为只要照搬别国成功的职业教育模式就万事大吉了,事实证明这种想法是有问题的,一味地模仿和照搬别的国家和地区的职业教育模式使我们吃过不少苦头。

在未来相当长的时期内,我国社会经济发展需要职业教育培养三种人才:一是劳动密集型产业中具有一定技术、技能的劳动者,无此,难以解决劳动力密集地区的劳动者就业问题;二是走新型工业化道路需要有一定创新能力的劳动者,无此,难以使我国经济再上一个新台阶;三是某些高新技术产业中从事辅助工作的中、初级人才,无此,难以推动科技的产业化和我国经济的可持续发展。在中国产业和经济发展方式的艰巨转型中,在“中国制造”向“中国创造”跨越的征程中,产业工人发挥着不可替代的重要作用。目前,中国工业产品的平均合格率只有70%,每年因不良产品造成的经济损失高达2 000亿元。另一方面,中国机械工业劳动生产率约相当于美国的1/12、日本的1/11,劳动生产率每增加或减少1%都会影响产值上百亿元,影响工资成本10多亿元①。产业工人中的技能型人才不仅是企业产品的生产者和制造者,直接决定着企业的核心竞争力,更是一个国家软实力的重要组成部分。产业工人是制造业的重要生产资源,在目前越来越大的市场竞争压力下,谁有一支稳定的高素质员工队伍,谁就可能占据行业的主动。在中国"调结构、转方式"的过程中,高技能产业工人无论从知识、技能、对社会的贡献、社会对他们的需求度,还是收入水平和消费上来说,均不应该比白领差,甚至还要高于白领。在现代的制造业中,最为典型的如电子、汽车、通讯以及IT等产业,高级技师所需的既动手又动脑的复合程度,远远超过了传统制造业中的相同角色。而在制造业大国的中国,最缺的就是具有高学历同时又有很强的动手能力的技术工人了。有好多人都喜欢购买德国、日本等国的产品,认为这些产品质量有保障,是高品质的代名词,原因就在于德国、日本有高素质的产业工人队伍。人力资源公司万宝盛华2013年调查了全球42个国家的38 000个公司,对人才缺口进行了分析。被调查的中国企业中,35%的企业认为招聘合格员工困难,最紧缺的前十类人才为技术员、销售代表、高管人员、销售经理、生产作业操作工、工程师、工人、研发人员、设计师、行政助理。其中过半数是由传统的职业教育培养的中低等级技能人才,其他近半数则是职场上的技术技能型人才,这也应该由职业教育来培养②。

因此,当务之急就是探索适合中国国情的职业教育模式,为我国经济社会"又好又快"发展培养各级各类技能型人才。但这件事只靠政府决策部门出台文件或领导人讲讲话效果不大,单有职业教育研究者的鼓与呼也收效不彰,只有充分调动和发挥来自基层和一线职业院校的积极性和创造性,把几方面的力量联合起来,共同努力方能奏效。这方面的实践已有几年了,但实践往往是碎片化的,需要将之拼接起来,形诸文字,提炼升华。

我主编的"职业教育发展路径探索丛书"就是在这种背景下编辑出版的,从这六本书的名字中就可看出我们的心思,它是以分析中国基层和职业院校的育人实践为切入点,以总结中国特色的职业教育发展经验为旨归。丛书由《区域职业教育发展模式创新的案例研究》《文化引领 跨越发展——以浙江农业商贸职业学院为例》《地方性人才的造就——昆山花桥国际商务城中专校的实践》《行业性人才的造就——江苏省常州建设高等职业技术学校的实践》《社会转型背景下的职业技能培训研究——以吴江为例》《德才至尚 祈通农商——浙江农业商贸职业学院特色办学的实践》等六本书组成。六本书的作者既有专门从事

① 郭奎涛:《中国产业工人需升级》,《工程机械周刊》,2010年第6期,第25页。

② 查建中:《专业教育应面向职场》,《光明日报》,2014年3月20日,第15版。

职业教育研究的学者，也有在职业院校和培训机构主政多年的管理者，他们都立足自己的职业岗位，将各自多年的思考和做法融汇到了这套丛书中。每本书的名字已经告诉大家书中的内容，我就不一一赘述了，欲知详情，可以把这几本书找来看看。

目录

前言

职业技能培训是维持劳动主体劳动能力、提升劳动力劳动技能品质的主要手段。通过职业技能培训,劳动主体不仅可以获取生存能力,同时也能够通过技能的开发和对某一领域深层次知识能力的掌握而达到自我发展的目的。随着科学技术的不断进步以及人的观念的不断更新,职业技能培训发生的时间、地点以及培训的内容无时无刻不在发生着巨大的变化。在社会转型的大背景下,如何看待现有的职业技能培训体系,如何动员社会最广泛的力量,用知识和能力去武装社会的每一位成员,在增强社会成员生活能力的同时也不断地提升社会整体素质,就成了社会学、教育学、管理学等学科领域关注的重点。

"社会转型"是一个广域概念,是诸多学者从浩瀚的历史长河中以二分的思维模式提炼出的对传统社会走向现代社会的见解。"转型"就意味着在某一时间点或时间段前后社会在系统层面有了质的变化。这种质的变化体现在社会培训层面就包括社会培训需求的预测、社会培训体系的建设、社会培训内容的编排、社会培训效果的测评等的变化。谈到社会转型下的职业技能培训,我们首先应该搞清楚什么是社会转型,如何理解社会转型在当前社会中的表现,以此为背景来拉开我们讨论职业技能培训体系重构的序幕。

在人们的传统观念之中,职业培训往往是静态呈现的。具体表现在以下几个方面:一是培训的地点。传统意义上的培训均被固定在了教室之中,由传统意义上的教师作为培训的主导去指导学生进行知识的学习。这种培训现在依然广泛地存在于培训课堂之中,但是毫无疑问,这种培训模式已经不再是唯一的培训模式,网络教育、远程教育、函授教育、电视教育等多种培训组织形式早已突破了传统的课堂束缚,走向了更为开放的时空领域。二是培训的时间。传统意义上的培训往往发生在固定的时间节点或时间段之中,如上午、下午或者晚上的某一个时间段之中。这样的培训安排是为了便于统一组织教学，也为了保证受训者能够系统地接受培训。但是在无线终端普及的当下，"时刻学习着"也从一句口号变成了现实，即培训无时无刻不可以进行。我们经常可以看到地铁里的很多人利用乘车时间打开手机进行学习，也可以看到很多培训机构推出了十分灵活的时间和课程安排以适应不同需求的人们参与职业技能培训。这种现象的出现与现代技术的应用有着紧密的联系，当然也与人们接受职业技能培训观念的转变有着联系。三是培训的内容。传统的职业技能培训往往以教材为承载物，以课堂教师的讲授和教师的手把手操作演示为中介，最终经过一定时间的学习和实训后达到熟练操作的效果。受训者也往往只将目光盯着教材和课本，不去关注更为广阔的教学资源空间。这在物资匮乏、通讯简陋、知识储量增长缓慢的20世纪及其之前的年代可以被称为主流学习方式，在现今条件下却被社会贴上"故步自封"的标签。这里并不是对传统教材的不认可，而是对学习方式更新的呼唤。在知识经济时代，知识的变化日新月异，作为学习者就更应该在教材的基础上广泛涉猎相关领域的知识，而不应该让自己的知识储备库处于"静态"。四是培训的过程。前面提到"教授式"的培训只是若干培训形式中的一种，而培训的过程已经超出了人与人面对面的授课层次，达到了多元化的组织情境。这一部分将在企业员工培训、农民工培训、其他社会成员的培训中详细阐述。五是培训的测评。谈到测评往往引起人们联想的便是在一个考场之中一群人面对着同一张考卷"集体犯难"的场景。实际上随着技能的不断细化和对技能本身要求的提升，以纸笔为主的测评方式已经不适应很多职业技能的考核要求，更多的技能考核正在被情景模拟、工作设计、产品制作等过程性和情境性的考核方式所代替。如何处理好笔试、面试、技能测试等多种培训测评方式的应用关系，始终是学者和一线管理者关注的内容之一。

以上关注的五个职业培训上的变化是从微观的角度，以社会转型为背景进行的简单罗列。实际上职业培训层面发生的变化远不限于以上的讨论，社会转型带来的社会各个层面的变化使得职业培训的发生机制与运作机制均发生了翻天覆地的变化。站在社会转型的背景上看待现阶段的职业技能培训，需要以更广的理论视野和更丰富的实践经验去审视当今社会职业技能培训的转变与是非。

丰饶鱼米地，幽雅水云乡，江南何处好，乐居在吴江。吴江是一个历史悠久、人杰地灵、经济发达、物阜民丰的好地方。

后梁开平三年（909），吴江建县，县治设松陵，属苏州。元元贞二年（1296）吴江县升为州。明洪武元年（1368）复为县。清雍正四年（1726），吴江县西部设震泽县，东部为吴江县。1912年，吴江、震泽两县复合为吴江县，隶属江苏都督府。

吴江地理位置优越，东临上海，西濒太湖，南连浙江，北依苏州，地处以上海为龙头的长三角腹地，古有“吴根越角”之称，区位优势独特。下辖吴江经济技术开发区(同里镇)、汾湖高新技术开发区、滨湖新城(松陵)、盛泽镇、七都镇、桃源镇、震泽镇和平望镇，总面积1 176平方公里。2011年末户籍总人口801 784人，男女性别比100∶102，非农业人口330 374人，登记外来暂住人口656 300人。

自春秋至明清的两千多年间，吴江大地英才辈出，涌现了140多位著名历史人物，春秋时期的范蠡、唐代文学家陆龟蒙、清代天文学家王锡阐等便是杰出的代表。近现代更是走出了辛亥革命风云人物陈去病，民主战士、爱国诗人柳亚子，社会学家费孝通等一大批仁人志士，现国家两院院士中吴江籍院士有9位。

近年来，吴江连续跻身全国县域经济综合竞争力排名前10强，综合实力不断增强。2011年，全区实现地区生产总值1 192亿元。吴江经济技术开发区跃升国家级开发区，汾湖高新技术开发区积极争创国家高新技术开发区，盛泽镇获批江苏吴江高新技术产业园区(筹)，东太湖旅游度假区获批为江苏省旅游度假(实验)区，滨湖新城建设持续推进，其他各镇总体均保持了又好又快的发展态势。

物阜民丰，是吴江以“吴风越韵，精诚致远”的城市精神激励自己，传承优秀历史文化，创造美好生活的力量源泉。吴江有了如此快的经济发展速度，对人力资源的需要也是成比例增长的，所以涌进了大量的外来人口。其中农民工就是比例很高的一块，他们一方面到吴江这块富庶的土地上生活，一方面也为吴江区的经济发展添砖加瓦，为吴江区带来了更多的发展动力和发展机遇。

正是因为吴江所独具的天时地利人和，才使得吴江在经济发展、职业发展、技能培训等方面具有一定的优势，形成了一定的特色。本项研究以吴江为例，总结吴江近年来在职业技能培训方面的创新措施和宝贵经验，并以理论建构为目标探索社会转型背景下职业技能培训的基本规律与实施体系。

第一章 导 论

第一节 从历史到未来——社会转型背景分析

转型,指一个事物从一种运动形式向另一种运动形式转变的过程。社会转型也就是社会从一种类型转变和过渡到另外一种类型。这里就涉及社会由何种类型向另外何种类型的转变问题,以及社会转型具体包括哪些性质和状况。这些都是社会转型研究的深层次内容。

一、“社会转型”的含义与特征

社会转型源起于对社会的分类。采用不同的标准,可以对社会进行不同的分类。例如,马克思主义者以生产关系特别是其所有制方面作标准,将前后相继的人类社会划分为原始社会、奴隶社会、封建社会、资本主义社会和社会主义社会以及它的高级阶段共产主义社会;美国学者丹尼尔·贝尔以生产力为标准将前后相继的人类社会划分为前工业社会、工业社会和后工业社会;法国政治学家托克维尔以社会的政治方面特别是其民主程度作标准,将前后相继的人类社会划分为专制型社会和民主型社会。但是如此分类必然不是社会转型的理论基础和源头。我们谈到的社会转型建立在传统与现代社会的分类基础之上,这种二分法也是来源于社会学家的研究。在西方早期社会学家的研究之中,对社会进行二分的方式是较为普遍的做法。例如斯宾塞就曾经将社会划分为军事社会与工业社会,迪尔凯姆也曾经将社会划分为礼俗社会和法理社会,韦伯则将社会划分为身份社会和契约社会。但是总结这些对社会的二分结果,不难发现,这些分类都可以统归于对传统和现代的划分。也正是因为传统和现代这种划分具有极强的包容性,使得这种二分法正逐渐成为社会学家研究、分析和判断社会发展的基本方法。就整体而言,“传统”这一概念代表着落后、保守、封闭、陈旧、静态之意,而“现代”这一概念则代表着先进、开放、新颖、动态、发达、流动之意。这种意义的划分看似比较笼统,但是为后续的深层次讨论提供了一个便捷的参考框架。

那么,究竟社会转型的含义是什么?不同的学者从不同的角度给出了多元化的解答。“社会转型”,从其字面意义上说,是指人类社会由一种存在类型向另一种存在类型的转变,它意味着社会系统内在结构的变迁,意味着人们的生产方式、生活方式、心理结构、价值观念等各方面全面而深刻的革命性变革。在当代,对于包括中国在内的所有发展中国家来说,社会转型是指在特定的国际环境中由某种非市场经济社会向市场经济社会的转变,或者用当代发展理论的术语来说,是由传统社会向现代社会的过渡。

社会转型的历史哲学研究,至少可以上溯到17世纪的鲍胥埃,他提出了“普遍史”(universal history)的概念。进入18世纪,维科在《新科学》中肯定了历史分阶段、螺旋式上升发展的进步观念。但是,早期对社会转型问题进行系统研究的应当首推所谓的“巴黎的先知”们:杜尔阁、孔多塞、圣西门。值得特别强调的是,圣西门是第一个深入分析向现代工业文明转型的思想家。西方近现代较早使用“社会转型”一词的学者是D.哈利生,他在其著作《现代化与发展社会学》(The Sociology of Modernization and Development)中多次使用这一范畴。更有西方学者将社会转型的理论研究划分为三段:“经典理论时期”、“实证研究时期”和“理论转向时期”①。明确地把“Social Transformation”翻译成“社会转型”的是中国台湾学者范明哲,他在《社会发展理论》一书中认为“发展就是由传统社会走向现代化社会的一种社会转型与成长过程”。中国大陆学者陆学艺、景天魁认为,社会转型是指中国社会从传统社会向现代社会、从农业社会向工业社会、从封闭性社会向开放性社会的变迁和发展②。无论对“社会转型”一词进行何种层面的解释,其内涵精髓始终都脱离不了“传统”向“现代”这样一种境界的转化。

此外,社会转型也可以被理解为对近代以来世界上发生的一系列创造性变革的总称,它是人类在生存方式上,在处理自身事务方面发生的伟大革命性转变。这次转型的浪潮滥觞于16世纪的欧洲,澎湃于18世纪以后,由于世界各国各地区经济、政治和文化发展状况的不平衡,至今仍未结束,正在包括中国在内的广大发展中国家风起云涌、波澜壮阔地推进着。由于它们都发生在近现代,所以这个过程也被人们习惯地称为“近代化”或“现代化”。

这场宏伟的社会变革就其性质、追求目标和产生的实际成果看,是人类社会

---

① 孙慕天、刘玲玲:《西方社会转型理论研究的历史和现状》,《哲学动态》,1997年第4期,第42-47页。

② 陆学艺、景天魁主编:《转型中的中国社会》,黑龙江人民出版社,1994年版,前言第2页

根本的制度性变革。它造就了一个制度和性质上完全有别于过去的崭新的现代社会,在这之前的社会均被称为传统社会,因而客观上形成了一种由传统的社会发展模式向现代的社会发展模式转变的历史图景,故称之为社会转型。这种整体的社会模式变革或转型主要体现在三个方面,即经济领域由非市场经济模式向市场经济模式的转型,政治领域由集权政治制度向现代民主政治制度的转型,文化领域由过去封闭、单一、僵化的传统文化向当今开放的、多元的、批判性的现代文化的转型。它们从各个方面根本地改变了传统社会的结构和面貌。事实表明,这三个领域的变革体现了转型过程中诸多纷繁复杂的社会现象和变化背后内在的、必然的、本质的联系和内容。尽管各个国家和民族社会转型的具体方式不同,发生的变化各种各样,出现的问题也千差万别,但是它们所追求的价值目标和内容却有着共同之处,即现代市场经济模式、民主政治制度及与之相适应的现代思想文化和价值观念。

纵观西方社会转型发展史,在理论分析的基础上,以哲学为研究工具总结出的"社会转型"典型特征主要表现为"渐进性"和"整体性"。

1. 社会转型是一个渐进的过程

在谈到传统社会向现代社会转型这一议题时,很多人都对两型社会之间存在的巨大鸿沟留下深刻印象,而实现两型社会的转型往往也被认为是突发性的巨变和跨越。事实并非如此,社会转型实际上是传统因素与现代因素此消彼长的过程,对于那些社会转型起步较晚,发展原动力来自于外部的国家,社会转型的过程往往表现为"由表及里"和"由名转实"的过程。

所谓"由表及里"指的是社会转型的过程首先是受到外部影响而从外部因素着手进行的转型过程。哲学的基本常识告诉我们,事物发生变化的根本动力来自于社会内部,即内因是事物变化发展的根本原因。但是由于社会转型过程发展较迟的国家都是在外部环境发生变化,外部动力逐步加压于该国社会的基础上进行的,所以这些国家的转型动力并非来自于社会内部。这样,原有的传统势力就会与新晋势力产生较长时间的对抗。如果所谓的现代因素更为先进科学、更符合人类发展的规律,那么就会通过逐步渗透、影响的方式替换社会发展中的传统因素。这种转型在其发生的过程之中会爆发较多的矛盾和冲突,因为转型的原动力并非来自于自身,而是发生于与外部势力的较量当中。在这一过程中,社会群体往往会面临着如何正确对待内在传统因素和外来因素、如何使社会在内外因素交杂的过程中健康发展、如何做到本土元素现代化和现代元素本土化等理论与现实困境。而"由名转实"则是一种"应然"到"实然"的状态转化。例如我国城市化过程中的单纯扩建、硬件配套设施不足、管理"软件"落后等与应然城市化目标相背离的"虚假城市化"现象。有学者将此种现象称为社会组织的二元性①,即当前我国的社会组织一方面具有现代的结构形式,另一方面在实际组织运作、组织活动过程中,又存在大量隐藏在正式结构背后的、与现代组织因素相异并发挥实际作用的传统组织因素。美国学者李格斯将这种现象称为"棱镜型组织"②。

在传统与现代元素交杂的过程中,人们往往也会期盼社会转型的未来图景。有学者认为西方发达国家经历了转型的全过程,所以在图景的描绘上迟转型国家应该以西方发达国家转型后的发展为蓝本。这实质上就是一种"全盘西化"的思想。从哲学的角度看,这种忽视个性、忽视个体,过于强调统一、共性的思想必然不会得到印证和实现。前面提到,社会转型是一个渐进的过程,这其中涉及本土元素现代化和现代元素本土化两个层面的议题。作为迟转型国家,不仅要积极地吸收其他国家转型过程中产生的宝贵经验,还要不断地发挥传统因素中的优势,使之在现代化的进程中彰显其内在品质。总而言之,就是通过外来现代元素与本土传统元素的共契共荣来生成和发展新的本土生活的现代因素,从而导致其社会从传统型走向现代型③。

2. 社会转型是整体转型的过程

社会转型是一个整体转型和发展的过程。"转型"一词往往与"发展"、"增长"、"提升"等词具有紧密的联系。在很长一段时间里,社会转型的成功与否往往与"增长"一词挂钩,即经济增长、国民收入增长、国民生产总值增长等是决定社会转型成功与否的唯一指标。所以在20世纪中后期,罗宾逊增长模型、大推进理论等经济增长理论出现在世人面前并得到了相当程度的推崇,这些理论也往往与社会转型理论有着千丝万缕的联系。但到了20世纪末,人们发现社会现代化不仅取决于经济上的增长,同时也受制于社会发展、文化进步、教育进步、科技发展、人口素质提升、环境质量提升等多方面的影响。这些影响在某些时候还会替代经济增长原有的地位而成为社会重点考量的"转型指标"。

自然环境遭到严重破坏前提下换来的经济发展给人们带来了深重的苦难,从20世纪60年代起,人们开始反思过去的思考和行为方式,对于片面追求经济发展的理论和思想进行了深刻的批判。人们认识到,如果社会的现代化不与生态环境相挂钩,那么这种社会发展就不会产生持续性的硕果,有可能会威胁人类自身的生活环境与生命安全。所以将生态环境、社会发展、经济发展等纳入到统一的社会转型模型当中就成了理论构建与行为实践的重点,"可持续发展战略"

① 李金:《中国社会的二元结构——一个社会学的分析框架》,《福建论坛(经济社会版)》,1989年第4期,第57-61页。

② 李格斯:《公共行政生态学》,亚洲出版社(孟买),1961年版,第90-92页。

③ 刘祖云:《社会转型解读》,武汉大学出版社,2005年版,第7页。

也就呼之欲出。所以社会转型是包括各个子系统在内的大系统的综合提升,而绝不仅仅是单纯的经济发展所能够决定和导引的。

二、社会转型背景研究的意义

为什么要研究社会转型?为什么要将社会转型作为研究职业技能培训的大背景?以上问题涉及对社会转型问题研究的理论与实践意义探析。

(一)社会转型是实现现代化的基础条件和核心内容

现代化是一个讨论很热烈但又非常复杂的概念,从不同的学科视角可得出不同的结论,形成不同的观点和流派。现代化可分为广义和狭义两种:广义上讲,现代化作为一个世界历史进程,是指人类社会从工业革命以来所经历的一场急剧变革,这一过程以工业化为推动力,导致传统的农业社会向工业社会的全球性大转变的发展过程;就狭义而言,现代化是落后国家采取高效率的途径(其中包括可利用的传统因素),通过有计划的经济技术改造和学习世界先进科学技术,以迅速赶上世界先进工业国和适应现代世界环境的发展过程。中国的现代化正是狭义而言的"追赶式现代化"。从内容上讲,现代化是一个复杂的社会变迁过程,有着极其丰富的内涵,它不仅仅是高度发展的经济和高度发达的技术,而且是社会的整体变动,包含着从"传统"到"现代"的全部转变。

社会转型是社会变迁的一个子概念,它本身就是一种特殊的社会变迁。但社会转型必须是在现代化的浪潮推动下进行的,它本身属于现代化的一部分。同时,社会转型本身也包含着社会的现代化过程。当代中国的社会转型应该放到整个世界的现代化大背景下进行分析,即作为一个世界性的现代化进程必然要求中国社会转型,就此而言,我国的社会转型是世界现代化、全球化的一部分。同时,当代中国的社会转型应放在社会主义初级阶段的条件下进行认识,我国作为后发的国家,在外生型的发展逻辑下,如何借鉴内生国家现代化的经验,乃是一个现实问题。中国社会转型的巨大动力来自于我国社会主义市场经济的建立和发展,它改变了过去计划经济的经济结构和社会结构,而利用市场这一看不见的手,给社会以活力和活动空间。

现代化的关键是社会结构的现代化,而社会转型就是用来表明社会从传统型向现代型的结构性、整体性转变。可以说,社会转型就是现代化最核心的内容和最关键的环节。社会转型就是人类实践从传统类型向现代类型的转变,或者换一种说法,就是人类实践的现代化变迁。

(二)马克思主义哲学内在地关注社会转型问题

马克思主义理论中存在着关于社会转型问题的重要研究成果,它们构成马克思主义社会历史理论中非常重要的领域。这个领域是由几个重要问题组成的,包括:1)关于西欧资本主义起源问题的研究;2)非欧国家或社会的发展趋向问题;3)关于现代社会的历史地位问题①。由于马克思主义哲学认为社会生活的本质是实践,所以从马克思主义哲学的立场来看,社会转型实际上应该被看作是人类存在方式从传统形态向现代形态的现代化历史实践。这里所谓社会转型既是指人类社会从传统形态向现代形态实现结构性整体性转变的历史过程,同时也是人类存在方式从传统形态向现代形态的现代化转变②。以此为理论指导,当代中国已经或者正在经历着从传统社会主义走向中国特色社会主义、从传统工业化道路走向新型工业化道路、从群体本位和以物为本走向个体自主和以人为本的社会③。

（三）中国社会实践呼唤社会转型问题的研究

改革开放以来,中国人民开始进行旨在完善社会主义制度的改革开放实践,并取得了历史性的成就。20世纪末中国进入社会转型的关键期,改革开放也触及到了深水区,我国现代化社会转型遇到了前所未有的挑战。社会转型理论起源并发展于西方,在发达国家已形成较为完备的理论体系并有效指导着社会发展。但国内关于社会转型理论的研究还处于初级阶段,仅限于理论的综述和不成熟的迁移,并未从具体国情出发对社会转型理论进行建构和探索。这就使得缺乏理论指导的实践更显单薄和无助,尤其是遇到新社会矛盾产生或激发之时更是应对乏力。这一现状就要求我们对社会转型理论作进一步研究,尤其是立足于中国现代化发展的现状进行的理论探索。近年来,随着现代化的不断深入,社会经济结构、文化形态、价值观念等均发生着深刻变化,与这种变化相适应的理论探索却远远滞后,这种滞后带来的不仅是理论研究的空白和话语权的丧失,更多的则是实践的“无方向”。中国的国情决定了政府的每一个举措都不能出现严重失误,而这就需要基于中国现代国情的社会转型理论的保驾护航。中国未来如何发展,需要理论层面的探讨和突破。

（四）职业技能培训的特点决定了社会转型背景研究的重要性

今天,我们所面临的是一个在市场经济条件下的社会结构急剧变动的时期。科学技术的进步推动着社会生产力的高速发展,产业结构处于不断调整改革的过程中,与之相应的职业结构也发生了变化。而职业能力的社会化必然要适应职业结构的变动,以满足现代化产业对职业能力的需求④。职业技能培训也就

---

① 雷龙乾:《马克思主义社会转型理论》,北京大学学位论文,2000年。

② 雷龙乾:《中国社会转型的哲学阐释》,人民出版社,2004年版,第7页。

③ 黄海东:《马克思主义社会形态理论与当代中国社会转型》,《乐山师范学院学报》,2011年第9期,第103-106页.

④ 李宁:《社会转型时期的职业技能社会化》,《宁夏大学学报(哲学社会科学版)》,1999年第3期,第118-122页。

必须适应职业结构和职业能力提升的诉求。职业技能培训起源于社会化大生产背景下的职业分工,分工的精细化和专业化特征对从业人员提出了更高的技能与素质要求。狭义的职业技能培训仅仅涉及对所从事工种的技能培训,但是随着科学技术的不断发展和应用,技能本身的层次也在不断提升。此外社会转型带来的社会观念等的变迁也使得职业技能培训的内容在不断发生着变化,内容体系也在不断地完善和进步。职业技能培训所具有的社会性、时代性等特征决定了对社会转型的研究是必要的,也是有理论和实践意义的。

三、社会转型在当代中国的表现

中国自古以来已经历了多次重大社会转型,如春秋战国时期的社会大变革。从国家政局看,国家由分裂逐步走向统一;从社会性质看,井田制的瓦解、土地私有制的兴起预示着中国社会由奴隶社会逐步向封建社会过渡;从生产力和生产方式看,铁农具和牛耕的使用表明生产力的显著提高,中国历史由青铜时代进入铁器时代,耕作动力由人力转向畜力,耕作方式由商周时期的大规模简单协作转向以户为单位,以男耕女织为特点的家庭个体经营;从民族关系看,诸侯争霸和兼并战争直接推动了中原华夏族与周边少数民族的交往,我国历史上出现了第一次民族融合;从思想文化看,呈现出"百家争鸣"的繁荣景象,其中儒家的"以德治民",法家的"以法治国",道家的"无为而治",墨家的"兼爱"、"尚贤"等思想主张,不仅在当时具有进步意义,而且对当今构建和谐社会也具有重大的借鉴意义。到明末清初时期,统一的多民族国家的进一步巩固和封建制度的渐趋衰落催生了中国第二次较大程度的社会转型。在政治领域,中央集权空前强化,充分暴露了封建统治的腐败。在经济领域,商品经济活跃,资本主义萌芽缓慢发展,但自然经济仍占统治地位。在民族关系领域,明清大大加强了对边疆地区的有效管理,统一的多民族国家进一步巩固和定型。在对外关系领域也出现了新现象:一方面西方殖民者开始侵略中国,中国开始了反殖民侵略的斗争;另一方面,对外政策由开放逐步走向闭关。思想文化领域呈现的特征则表现为承古萌新:"承古"具体表现为一方面集大成的科技著作问世;另一方面古典文化进入总结时期,官方组织编纂大型图书成就突出(类书《永乐大典》《古今图书集成》,丛书《四库全书》)。"萌新"具体表现为一方面带有反封建色彩的早期民主启蒙思想产生;另一方面"西学东渐",西方一些科学技术和自然科学知识开始传入中国。而到了近现代时期,对于社会转型的认识就变得更为深刻,中国社会转型也正在越来越多地受到西方发达国家的冲击和影响,社会转型的脚步越迈越大,渗透的程度也越来越深。接下来对中国社会转型历史过程的阐述将主要以近代史为时间起点。

(一) 中国社会转型的历史过程

多数学者认为,近现代中国的社会转型经历了三个大的阶段:1840－1949年间的慢速阶段、1949－1978年间的中速阶段以及1978年至今的快速阶段。这三大阶段也可以分别称之为“萌芽阶段”、“探索阶段”和“深化阶段”。

1. 萌芽阶段:1840－1949年中国社会转型的慢速发展阶段

中国的近代史可谓一部“民族血泪史”,自鸦片战争以来,中华民族历经了抵御外敌和内部斗争的腥风血雨的百年。也正是自鸦片战争开始,中国社会的发展打破了闭关锁国的旧局面,迎来了自强开放的新局面。但是这种由外而内的社会转型异常艰辛,尤其是近代史的起步阶段,社会转型可谓举步维艰。具体表现在以下几个方面:一是工业化进程极为缓慢。中国的工业化进程起步于半殖民地半封建化社会,它的发展既受到国外资本主义势力的干扰和破坏,也深受本国封建势力的抵制和摧残,加之“天灾”和“人祸”的双重压力,使得中国的民族工业发展“先天不足”(见表1-1)。二是城市化进程较为缓慢。中国工业化的缓慢推进也不断地催生着城市化的演进。城市化的进程表现在城市功能的转化和城市数量与规模的不断增加与扩大。所谓城市功能的转化指的是城市的产生与发展更多地依赖于经济的发展与人口的变迁,而淡化了过去对军事因素的倾斜。三是民主化进程历经沧桑。根据法国政治家托克维尔的观点,社会现代化在政治层面的表现就是民主化,那么民主型社会就是现代化社会指标的重要组成部分,结束封建专制,实现民主共和是中国仁人志士一直以来的梦想,在历经了推翻帝制、辛亥革命、复辟帝制、封建军阀割据后,社会主义革命完成了中华民族的民主共和之使命。

表1-1 近代中国工业发展概况

	商办			外国人办		
	设厂数	资本(千元)	资本所占比重	设厂数	资本(千元)	资本所占比重
第一时期(1872—1894年)	53	4 697	9.6%	103	28 000	57.3%
第二时期(1895—1913年)	463	90 810	41%	136	103 153	46%

2. 探索阶段:1949－1978年中国社会转型的中速发展阶段

中华人民共和国成立以后,中国社会开始全面发展并朝着更为深刻的领域前进。这一阶段历经了社会主义奠基、社会主义探索、社会主义改革三个阶段,也是共产党人对国家建设、国家前途、社会发展规律的摸索阶段。在这一时期,工业发展速度较快(总产值年平均增长率为11%),工业门类较为齐全(新中国成立后新建了重型机械、电机制造、汽车工业、船舶工业等门类),工业布局也较为均衡。此外工业水平也明显提升,并在核工业、航天工业方面取得了历史性的成就。这一时期的城市化发展进程也较为迅速,城市人口比例明显增加,一些大中型城市如沈阳、重庆、武汉等因重工业的提升得到了一定程度的发展。但是这一阶段的社会转型存在着明显的不足和缺陷:首先是过程极为曲折(如"大跃进"、"文化大革命"等),其次就是发展失衡(轻重工业比例失衡、大城市与小城镇发展失衡等)。

3. 深化阶段:1979 年至今中国社会转型的快速发展阶段

十一届三中全会以来,在改革开放的浪潮之下,中国的经济发展与社会转型进入了快车道(见图 1-1、图 1-2)。三十多年工业化和非农业化的不断演进催生着城市化的深入,无论是在经济发展规模、经济发展结构上,还是在城市发展规模、城市内涵发展等各方面,社会转型已经走入了深水区,进入了矛盾突出、改革攻关的关键时期。

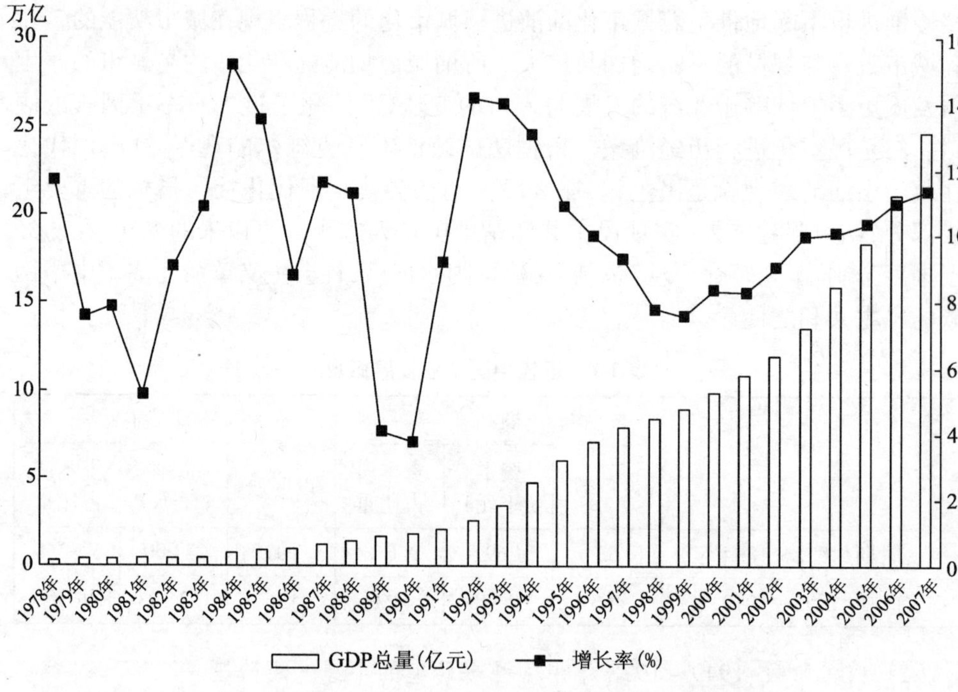

图 1-1　1978—2007 年中国国内生产总值及其增长速度

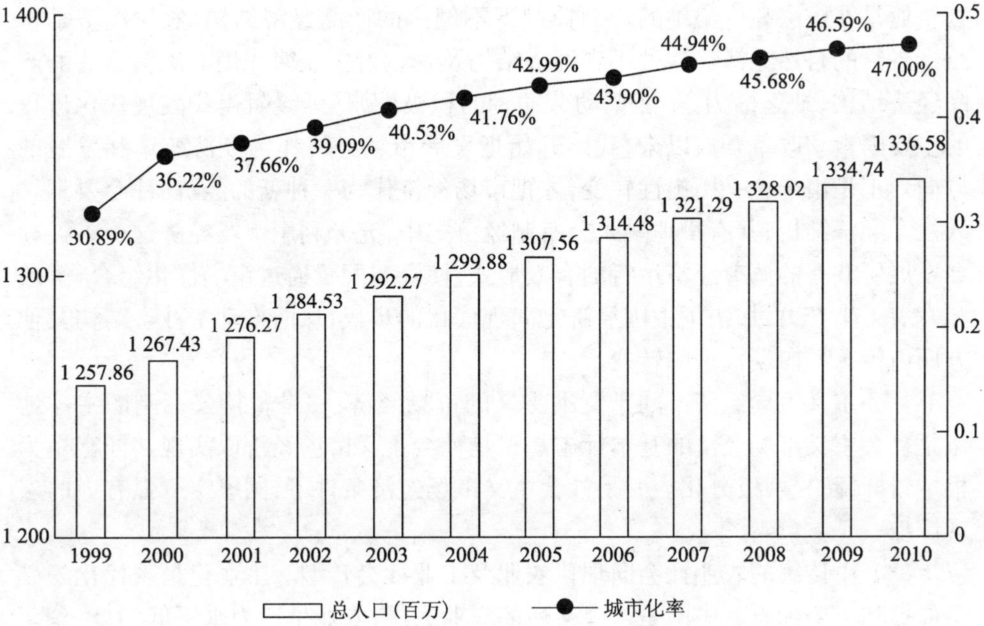

图 1-2 1999—2010 年中国人口和城市化率增长走势

在中国,“转型”概念是 1992 年以后开始流行的。社会学家陆学艺、景天魁解释社会转型“是指中国社会从传统社会向现代社会、从农业社会向工业社会、从封闭性社会向开放性社会的社会变迁和发展”。笔者认为这种观点较简明、确切,但还须要加以补充,因为当代社会已经开始由工业社会向信息社会过渡,因此应该把社会转型表述为中国社会从传统社会向现代社会、从农业社会向工业社会和信息社会、从封闭性社会向开放性社会的社会变迁和发展。

党的十一届三中全会以来,中国开始了由传统型社会向现代型社会的转变。我国的这次社会转型从本质上与发达资本主义国家的社会转型不同,区别在于:社会历史条件和社会性质不同、转型的基础不同、领导力量不同、具体的道路不同。我国社会转型具有自身的特殊性,主要表现在:

(1) 中国的社会转型是社会主义制度的自我完善。对于中国来讲,党和政府作为有组织的领导力量,对社会转型过程起着支配作用。我国的社会转型不是盲目自发的,而是在科学社会主义理论指导下,由党和政府有计划有步骤领导实施的。改革开放以来,中国共产党提出了社会主义初级阶段的理论,开始以经济建设为中心,着力完成社会工业化、商品化、现代化。这不仅指导了我国的社会转型,也丰富了科学社会主义理论本身。

(2) 经济上由计划经济结构向市场经济结构转型,但不是西方国家私有制基础上的市场经济社会。改革开放前,我国公有制经济是“二元”结构模式,国营企业是在国家高度集中的计划控制下不健全的产品经济结构,农村经济是自给半自给的自然经济。这种小农经济结构及否认价值规律作用的国营企业的产品经济结构,缺乏活力,不能调动劳动者的积极性,是延缓阻碍我国现代化进程的主要因素。改革开放以来,我国开始把发展市场经济作为经济改革和发展的方向。正是由于这一历史性转变,才把市场经济作为一种新的经济、社会要素导入社会经济结构,并有机地融入公有制经济之中,充分利用市场经济这一人类社会发展所共有的调节经济运行的有效形式,使资源配置通过市场优化组合,解放和发展了生产力,加快了中国经济走向现代化的步伐,从而推动了社会结构其他方面由传统型向现代型的转变。

社会主义市场经济不同于资本主义的市场经济:一是坚持公有制的主体地位是社会主义市场经济的基本标志。二是社会主义市场经济以实现共同富裕为根本目标,防止两极分化。三是社会主义市场经济条件下,国家实行强有力的宏观调控。

(3) 由传统的农业社会向现代农业及工业社会转型。工业化是现代化的必要前提和主要标志。中国是一个落后的农业大国,农业生产力水平低,农民分化的速度极其缓慢,占总人口 80% 的农民滞留在农村。纵观发达国家的历史,各个国家都从不同的角度证实了同一个结论:农民分化是社会现代化的必要前提。我国要实现现代化,就要求农业这个基础产业高度发达,农业劳动生产率与综合生产能力达到一个相当高的水平,使农业成为经济现代化、社会现代化的基础。首先,要促进农业本身的进步,即建立起广泛采用现代生产工具、现代科学技术和现代经济管理方法的农业生产体系,从事农业生产的劳动者转移到现代工业生产的轨道上来。其次,实现农业的整体现代化。改革开放以来,农村的转型经历了这样几个阶段:一是家庭联产承包责任制使农业劳动者获得了经营自主权;二是劳动力的解放,为富余劳动力寻找出路,使乡镇企业异军突起;三是农村社会分化加快,使农业劳动力就地转移到乡镇企业,彻底改变了农村的产业结构,我国农村由此开始大规模的工业化历程,由传统的农业社会向现代农业社会转型。再次,农业结构转型不是靠行政命令,是靠市场这只无形的手,指导和帮助农民合理安排自己的生产和经营,全面提高农产品质量,遵循市场需要生产。最后,农业结构转型着重解决的问题是:如何适应市场对农产品优质化和多样化的需求,发展高产、优质、高效农业,提高农业与农村经济整体素质和效益,以增加农民收入。

(4) 由封闭半封闭社会向全方位开放社会转型。封闭还是开放,是一个国家和民族是否走向现代化的一个重要标志。几千年的中国封建社会,自然经济和半自然经济占绝对统治地位,决定了中国传统社会的封闭性。改革开放以前的中国基本上仍处于一种半封闭状态，这是制约我国生产力发展和现代化进程的一个重要原因。党的十一届三中全会在选择改革道路的同时，把对外开放列为基本国策，这是经济社会发展的必然要求，是由传统社会向现代社会跨越的历史性选择。自改革开放以来，我国逐步形成了全方位的对外开放，体现在：一是面向全世界实行全方位立体交叉的对外开放。二是不仅实行经济技术对外开放，充分利用世界各国先进的科学技术和管理经验来提高我国的生产效率和管理水平，依靠现代科学技术解放和发展生产力；同时推进思想文化的对外开放，积极吸纳世界各国优秀的文化成果，并且与中国传统文化有机融合，形成有利于改革开放和社会主义现代化建设健康发展的舆论力量、价值观念、道德规范和文化条件。三是全方位、立体的对外开放与对内辐射相结合，全面促进和带动我国经济发展和社会进步。

（5）由伦理道德基础上的“人治”社会向民主法治社会转型。当代中国社会经济结构的转型必然带来政治体制的转型，引发意识形态、思维方式、价值观念的一系列变革和发展。这种变革和发展的突出标志和本质内容，是从传统的伦理道德型社会向现代民主法制社会转变。传统的中国封建社会基本上是一种伦理道德化的社会，等级制是核心，连接社会成员关系的主要是私人感情，规范社会成员行为的主要依据是以儒家思想为主体的伦理道德。几千年来，中国一直是“权力本位”社会。在一个“官本位”的社会里，法律的社会功能极其有限。新中国成立后直至改革开放前，“人治”因素还有广泛深厚的影响。这种“官本位”的旧传统，对当代中国的现代化进程产生了极为消极的影响，严重阻碍了我国法制化、民主化的进程。市场经济的日益发展，已将深入地进行政治体制改革，建设高度民主和法治国家的任务迫切地提到现代化进程上来，这是社会主义社会文明的重要内容和基本标志。改革开放以来，我国在经济结构转型的同时，社会政治结构也在发生着一系列转变，推进民主法制建设，不断完善我国根本的政治制度———人民代表大会制度，从民主选举、制定法律，完善立法、司法、执法等一系列制度入手，逐步由“人治”社会向民主法制的社会过渡。适应社会主义市场经济的发展规律，积极稳妥地推进政治体制改革和民主法制建设，惩治腐败，加快伦理社会向民主法制社会转型的步伐，是当代中国社会转型进程中一项极为艰难而又不可缺少的历史性任务。

（二）当前中国社会转型的特征

从不同角度对中国社会转型过程的特征进行探究就会产生不同的结果。金耀基教授曾经对转型期社会的特征作过提炼，认为转型社会一般具有以下三个特征：异质性、形式主义以及重叠性。但是由于中国独有的发展进程使得中国社会转型也具有很多“中国特色”。概括起来主要包括以下四个方面：

1. 结构转型与体制转轨同步进行

社会结构转型和经济体制改革如此密切地联系在一起,这在其他国家的现代化过程中是很少见的。中国目前的社会结构转型,原因是多方面的,但最直接的动因是经济改革,这是确定无疑的。

经济改革和对外开放促成各种新要素的产生和导入。在体制要素方面,建立起以公有制为主、多种经济成分并存的新所有制结构,改革了原有的高度集权的组织体制,使生产管理体制、流通体制、金融体制、财税体制、价格体制、分配体制等都引入了市场竞争机制。在规范要素方面,初步建立起与商品经济相适应的规范体系。这特别是指引入了市场竞争机制,市场的扩大使资源的流动性显著增强,以职业分化为主体的各种社会分化成为必然趋势,并随之产生各种新型经济社会组织和职业群体。新的规范体系已不再以管严管死为内在要求,而是以资源的合理滚动为前提。在技术要素方面,改革开放以来,我国已引进各种先进技术两万多项。在社会变迁中,技术是一切新要素中的主导要素。因为技术的发明创造所改变的,并不仅仅是生产能力,它会使人们的整个生活方式和行为方式都发生变化。关于这点,只要看看近十几年来家用电器的迅速普及给人们的生活带来的变化就会一目了然。在观念要素方面,商品观念、效益观念、时间观念、法制观念和社会参与等观念的形成,使人们的总体价值观念迅速变动,极大地改变了人们的思维方式。

在拥有广播、电视、电影、广告、报纸、书刊、电话、传真、电脑网络等现代信息传载手段的社会中,这些新要素的产生和导入使社会结构在各个层面都发生或快或慢的变化。

然而,这还只是问题的一面。从另一面来看,在体制转轨过程中,由于旧的传统体制已被打破,社会现实在一些深层次上发生变化,过去的某些社会方式已不再适应现实的要求,而新的社会体制尚未完全建立起来,新旧两种社会体制、秩序规范和机制的并存交替局面将会持续很长时期,由此而产生的各种摩擦、矛盾和冲突会在一定时期内表现得异常激烈。另外,体制改革的过程从根本上说也是利益格局调整的过程。在这种调整过程中,多数人会从改革中获益,但也有一部分人会暂时失去一些利益;放权分权的过程会使一些组织和个人失去原有的权力;在收入水平普遍提高的情况下,由于一部分人通过劳动先富裕起来,会使另一部分人的相对收入地位下移。加之在利益格局调整过程中由于体制不完善而产生的利益分配不公等现象,都会使利益差距拉大的同时伴随着各种利益摩擦和冲突。与此同时,在结构转型时期,各种结构性要素都处于变化之中,具有极大的流动性、过渡性和不稳定性,城乡之间、地域之间、行业之间、经济层面与社会层面之间、物质层面与精神层面之间,都会出现发展的不平衡和不协调。

功能分化的加强和持续,社会流动的增加,社会晋升渠道的多样化,这些都使人们的身份和角色处在一种变动的状态,从各个层面上表现出一种"模糊性"。这种"模糊性"往往使个人和组织丧失对自身角色及其规范的认同,陷入经常性的角色冲突中,如企业所陷入的行政主管部门下属和市场竞争主体的矛盾,乡镇企业工人所呈现的农民户籍身份和工人职业身份的矛盾,等等。

总之,在结构转型和体制转轨同步进行的情况下,结构冲突、角色冲突与体制摩擦、机制摩擦、利益摩擦等互相交织在一起,互相牵制,增加了结构转型的难度,也使情况更加复杂。人们在处理各种冲突中往往投鼠忌器,顾此失彼。

2. *政府和市场的双重启动*

在中国社会结构的转型过程中,政府和市场表现为两种不同的推动力量,但是这两种力量的巧妙结合,的确是世界现代化过程中的一个范例。我们在前面已指出,经济改革和对外开放是中国社会结构转型的最直接动因,由于改革开放极大地促进了生产力的发展,所以也可以说它是最根本的动因。从政府的作用来看,经济体制改革是由党和政府发动的。1978 年党的十一届三中全会确定将工作重心转移到经济建设的轨道上来,并随之颁布了一系列的改革措施。1987 年党的十三大提出建立有计划商品经济新秩序,制订了整套的改革方案,改革开放始终表现为一个倡导、宣传、试点、推广的过程。另一方面,从市场作用来看,由于改革是以市场为取向的,改革直接表现为市场作用的扩大。在调节供求关系和资源配置方面,市场已逐步成为主要的力量,而且市场已不是作为个别、单一的因素介入经济社会生活,而是逐步发育成一个完整的体系。在消费品、中间产品和基础产品方面建立的商品市场以及在资金、劳动力、土地、技术、信息等方面建立的生产要素市场,已经使市场的作用扩展到整个经济领域。市场机制一旦导入,市场体系一经建立,就成为一种不可抗拒的外在力量,不以人们的主观意志和愿望为转移,从而使结构转型成为一种不可逆趋势。

我们发现,在中国社会转型的过程中,政府力量和市场力量的巧妙结合,得益于三方面的条件:一是顺乎民心民意。改革开放从根本上说是反映了广大人民群众的实际要求,而且"包产到户"、"家庭联产承包责任制"、"乡镇企业"这些改革中出现的新生事物都是人民群众在求生存、求发展过程中的伟大创造。二是坚持使大多数人获益的原则。尽管改革是复杂的利益格局的调整过程,很多方面的利益差距会拉大,但由于坚持使大多数人从直接的经济增长中获益,普遍地改善和提高人民的生活水平,从而使经济改革获得广泛的支持,也大大增强了人们对结构类型和体制变动的经济承受能力和心理承受能力。三是顺应结构转型的历史潮流,坚持在实践中探索和不断总结经验、调整政策。政府主动地不断"纠偏",取消那些与市场机制相抵触的做法,政府干预不再作为一种超经济的强制力量,而是作为对市场的有效补缺。

在目前世界各国的发展中,政府与市场的相互作用已越来越成为人们谈论的主题。在这些谈论中有两种较为流行的观点:一种是政府干预和市场调节的二分法,这实际上是把二者有形或无形地对立起来,看成两种相互背离的力量,主张市场决定论的一方往往把政府干预斥为国家强制,而主张政府干预的一方又把完全的市场竞争斥为放任主义;另一种与此相联系的流行观点认为,发达国家的现代化经验表明,市场是经济持续发展唯一可依靠的力量,政府的干预越少越好,政府只应当管理那些在市场之外或市场无法决定的事情。

毋庸否认,竞争性的市场是迄今为止人类发现的有效地进行资源配置和从事生产的合理方式。但是,市场不能在真空中运转,它需要只有政府才能提供的法律和规章制度体系。另一方面,任何市场都是有缺陷的,不可能在一切领域的一切方面都起自发调节作用。政府的很多作用是市场无法替代的,如基础设施和教育投资、减少贫困、控制人口、保护生态环境等,这些几乎在所有的国家都是由政府主要负责的。在中国,政府干预的必要性除了因为市场的不完善和法律体系、体制的不完善,还因为一些特殊的情况:一是非均衡经济和不平衡发展同时并存,矛盾交织在一起,不能单靠市场协调;二是社会关系中血缘、地缘、宗族等情感因素仍起重要的联结作用,尚未建立商品经济所要求的以"事由"为根据的普遍契约关系;三是中国实行的是渐进式的改革,在探索过程中政策调整始终是必要的力量,法律和体制的完善也要有一个过程。

重新考虑国家的作用是发展理论的新课题。这里的关键是国家如何干预,也就是说什么是"有效干预"。从中国改革的经验来看,有效干预的前提是有利于充分发挥市场的调节作用,换句话说,要求企业转换机制,政府要首先转换职能。国家干预应主要体现在利用税收、信贷、利率、汇率等经济杠杆进行宏观调控,而不是直接干预微观经济活动。此外,在不应当由企业负责和不能完全靠市场的领域,如福利事业、社会保障、教育、医疗保健、环境保护、消除地区贸易壁垒、控制收入差距等方面,政府应发挥更大的作用。最后,在维持社会秩序稳定、打击犯罪、搞好精神文明建设、铲除公平竞争的障碍和建立社会主义商品经济新秩序等方面,也应主要依靠政府和法制的力量。

3. 城市化过程的双向运动

根据中国第四次人口普查的统计数据,1990 年全国市镇人口占总人口的比重是 26.23%,这个比重水平不但远远低于高收入国家(75% 以上)和中等收入国家(50%-60%),也低于低收入国家的平均水平(1988 年为 35%)。从表面上看,这个比重水平与改革开放以来大大加速的职业分化和城市化进程是不相符的。但实际上,它反映了中国城市化道路的一个独有特点,即城市的扩展辐射与农村自身城市化的双向运动。

按照世界各国城市化的一般规律,城市化过程一般分成三个阶段:第一个阶段表现为农村人口大量外流,向城市集中,城市数量、城市人口和城市地域规模都迅速扩大,城市成为国家整个经济发展的主体,城市聚集效益明显。第二个阶段表现为城市郊区化和城市群区的形成。在这个阶段,富人和中产阶级为了躲避城市中心拥挤、嘈杂、污染和昂贵的地价,纷纷把住宅迁往郊区,使郊区生活繁荣起来,一些原来毗邻的城市也随之连成一片,形成城市群区,如美国洛杉矶城市群区、日本东京—横滨城市群区。第三个阶段表现为所谓的"逆城市化"趋势,这个阶段城市人为追求乡村的恬静生活和清新空气,纷纷在乡村建立第二住宅,乡村生活获得惊人的复兴,但乡村中的大多数人都已不是以农业为职业。这三个阶段的一个共同特点,就是城市的扩大和向乡村的辐射。

但在中国,城市化过程却表现出它的特殊性。城市化不仅表现在城市的扩大和向乡村的辐射,更主要的趋势是乡村自身的城镇化。形象一点说,城市化趋势具有"农村包围城市"的特点。一方面,改革开放以来乡镇企业迅猛发展,农村的富余劳动力绝大多数都靠乡镇企业吸收,劳动力的转移主要表现为农业人口外流,而不是农村人口外流,即所谓"离土不离乡,进厂不进城",这就使农业劳动者比重的减少和城市人口比重的增加并非是同步的。统计上的"农业人口"更主要的是一个户籍概念,而不是一个职业概念。在一些经济较发达的地区,很多名义上的"村"甚至"乡"都不再是以农业为主,80%以上的劳动力都是从事非农产业,生活也已经城镇化,但他们仍然属于"乡村"。另一方面,改革开放以来在各类规模的城市中,乡村中的镇发展得最快,"镇"人口在全国城镇人口中的比重已由20世纪80年代的30%上升到目前的50%左右,而镇的发展主要是依靠乡镇企业的经济支持和乡村中各种非农产业的专业化、社会化和集中化。总之,镇是被纳入乡村社会并作为乡村社会的网络中心而存在的,因而从一般意义上说,镇的发展首先属于乡村的发展。此外,中国有相当多的城市往往本身就是城乡结合体,特别是那些近若干年来由县升格为市的地方。在那儿,乡村区域并不表现为城市郊区,而是城市被纳入乡村社会网络并成为乡村发展的中心。就是农村中"离土不离乡"的那一部分人口,他们季节性地或全年到城市从事建筑业和各种第三产业,但他们的"根",也就是中国传统意义上的"家"仍在农村,在统计上和户籍上,他们的身份仍是"农民"。

中国城市化过程之所以形成双向运动的特点,主要有三个方面的原因:一是中国的改革是从农村开始的。改革开放以来最巨大、最显著的社会结构转变发生在农村,农村的发展快于城市,而且更加灵活、多样。二是事实上的城乡壁垒(如限制人口流动的户籍制度、城市居民的粮食和副食供应制度、住宅制度、教育制度、医疗制度、就业制度、社会保障制度、劳动保护制度,等等)依然存在,从而使乡村地区的城市化更多地表现为自身的结构转变。三是由于中国人口负担过重,在城市基础设施(如交通、水、能源、住宅等)和生活服务设施尚不完善的情况下,大城市的人口承载能力不高,极大地限制了城市的拓展和辐射能力。

中国城市化双向拓展的特点为存在着二元结构的发展中国家提供了另一种城市化道路的类型。它使中国避免了因农村人口在短时期内大量外流而带来的乡村荒芜、社会震荡和由此引发的种种社会问题,减少了城市的人口压力,促进了乡村生活的繁荣,但城市化中心的分散和城乡的相对分离也造成环境污染在乡村地区的扩散和城市聚集经济效益受到影响,特别是农村富余劳动力的转移受到极大限制。

4. 转型进程中发展的非平衡

发展的非平衡与经济的非均衡是完全不同的两个概念,前者是指发展过程中各地区各领域之间的不平衡状态,尤其是指结构转型过程中的失衡状态;后者则是经济学中的专门概念,是相对于瓦尔拉均衡而言的,特指在市场不完善和价格不能自行调节供求关系的情况下达到的经济均衡。这两种情况在中国都表现得比较突出,并相互交织在一起。但比较起来,发展的不平衡对中国结构性转型的制约更大。

中国发展的不平衡首先表现在地域上。中国地域辽阔,自然条件相差很大,长期以来在发展水平上就存在东部、中部、西部之间的"梯度发展格局",富庶地区多在东部,而贫困地区多集中在西部。改革开放以后,东南沿海地区率先对外开放,建立和设立经济特区、沿海开放城市和经济技术开发区,对外开放分成不同层次的格局与原有的梯度发展格局大致吻合。由于近十几年来沿海地带的发展速度明显高于内地,特别是大大高于西部,从而拉大了东部和西部的差距,从某种意义上说,更加强化了原有的梯度发展格局。

发展的不平衡还表现在产业结构方面。从 20 世纪 80 年代初开始,发达国家已出现明显的从资本密集型产业向技术密集型产业转移的趋势,因为技术密集型产业的利润率一般都大大高于平均利润率。我国虽然在许多领域拥有高新技术并处于领先地位,但在总体应用领域,仍以劳动密集型产业为主,少数高精技术部门和绝大多数技术落后、劳动密集部门的并存,这是反映发展不平衡的一个重要方面,我国每年研究出一万多项科技成果,但能得到应用的只占20%-30%。

发展的不平衡也表现为经济发展与社会发展的不平衡。由于改革主要是在经济领域进行的,社会改革相对滞后。较之经济的发展,科技、教育和社会保障等方面的发展远远不能满足结构转型的需要。这种滞后的影响在改革初期并不明显，随着改革的深入，社会发展滞后造成的一些深层次问题逐步暴露出来。最后，中国作为一个人口大国，人均自然资源会始终处于相对不足的状态，结构转型也会受到某些不可超越的条件限制，从而使转型时期持续得更长一些，特别是人口的重负，将越来越成为结构转型的巨大障碍，在许多方面会改变常规的转型过程。研究和分析中国社会发展的任何问题，都不能忽视人口重负的影响。

第二节 研究方法

一、文献研究法

文献研究法并非直接从他人那里获取研究所需的资料，而是去收集和分析现存的、以文字形式为主的文献资料。所谓文献，指的是包含我们希望加以研究的现象的任何信息形式。根据文献具体来源不同，既可以把文献资料分成个人文献、官方文献及大众传播媒介三大类，也可以把它分为零次文献（未经发表和有意识处理的最原始资料）、一次文献（原始文献）、二次文献（检索性文献）、三次文献（参考性文献）四大类①。文献是进行科学研究的基础，它贯穿了科学研究的整个过程，从选题、初步调查以及论证课题、制订调查计划，搜集、整理和分析研究资料从而形成研究报告，都离不开文献研究法。研究人员通过文献检索，全面地掌握所要研究问题的情况，可以帮助选定研究课题和确定研究方向，为教育研究提供科学的论证依据和研究方法，避免重复劳动，提高科学研究的效益。在本次课题研究开始之前，我们首先采用了文献研究法搜集了以往关于研究对象区域职业教育发展模式的相关资料，对于所要研究的问题作系统的评判性的分析。

研究中，文献主要来源是书籍、报刊、学位论文、专家询问以及非文字资料。书籍主要包括名著要籍、教育专著、教科书、资料性工具书及科普通俗读物，它们是教育科学文献中品种最多、数量最大、历史最长的一种情报源。报纸和期刊均属于连续出版物。报纸是以刊登新闻和评论为主的定期连续性出版物，发行广泛，传递信息迅速，但材料分散不系统，且不易保存。期刊的出版周期短，内容新颖，论述深入，反映了有关学科领域研究的最新动态和水平，是教育科研工作者查阅文献最有效且简便的主要来源。学位论文是研究生进行专题研究后为取得

---

① 张敦福：《区域发展模式的社会学分析》，天津人民出版社，2001年版。

某种学位而撰写并提交的科学论文，是带有一定独创性的一次文献，一般选题论证充分，文献综述较全面，探讨问题比较专业深入。专家询问是个人通过正式或非正式渠道与专家交流、接触时所搜集的资料，选择的专家应是本专业或相邻专业的学者。通过专家询问所获得的资料具有高度的选择性和针对性，其中的情报和信息具有极大的价值，其中的观点和见解有助于课题研究的深入。非文字材料是包括声音、图像等方式记录的有关知识，还包括非结构性访谈和自然观察得到的记录，通过视听觉传递知识，更直接、精练、形象。对非文字材料也应该注意以科学的方式进行分类，保证材料的科学性、实用性和适用性。

在本研究中文献研究法将扮演十分重要的角色，主要表现在对中国社会转型相关文献、中国职业技能培训市场相关文献、中国农民工职业技能培训相关文献、中国企业员工职业技能相关文献、吴江区职业技能培训市场运营情况相关文献等的整理与研究。文献研究法的应用将为本研究的各个部分提供理论支撑、案例支撑、数据支撑等。

二、案例研究法

案例研究是社会科学以及其他科学研究中的一种独立和高频率使用的研究方法，是定性研究的一个重要组成部分。这种研究方法综合运用多种收集数据和资料的技术与手段，通过对特定社会单元（个人、团体组织、社区等）中发生的重要事件或行为的背景、过程的深入挖掘和细致描述，呈现事物的真实面貌和丰富背景，从而在此基础上进行分析、解释、判断、评价或者预测，并得出书面性的报告和结论。在案例研究中，作为研究素材的一个或多个案例本身是研究的一部分，对案例的收集、整理和叙述本身体现着研究者的研究旨趣和研究立场。但是，案例素材本身并不是理论，在研究者对案例素材进行分析、解释、判断和评价时，不可避免地要回到自己的理论假设或者理论取向上来，从而形成特定的理论。从这个意义上来说，案例研究是从具体经验事实走向一般理论的一种研究工具。

本研究将引入农民工培训、企业培训、社会其他人员培训的具体案例以丰富社会转型背景下职业技能培训的理论阐述。这些案例来源于作者的实地调研和权威报刊的报道，也来源于部分文献中的介绍。案例的类型多样，包括故事叙述、经验介绍、数据支撑、图表等，以便于更好地阐述所述问题。

三、比较研究法

比较研究法是对事物同异关系进行对照、比较，从而揭示事物本质的思维过程和方法。它是人们根据一定的标准或以往的经验、教训把彼此有某种联系的事物加以对照，确定其相同与相异之点，对事物进行分类，并对各个事物的内部矛盾的各个方面进行比较后，得出事物的内在联系，从而认清事物的本质。

比较研究作为一种思维方法，贯穿在教育研究的全过程。通过比较研究，选定有重要价值的研究课题；通过比较分析，在搜集文献情报与资料过程中，不仅对所需要的材料进行定性鉴别，而且有助于揭示一些较专深的不易明察的资料信息，在进行教育调查和教育实验时，也须要运用比较方法对实验结果进行定性与定量分析；对理论研究的结果与观察、实验实践的事实之间是否一致作出判断，从而对理论研究的结果进行实践检验。没有比较，就不可能获得更好的研究结果。

社会转型背景下的职业技能培训有何特点？与发达国家在转型时期的职业技能培训工作部署上有何共性和特性？吴江区职业技能培训工作有何独特之处？与其他地区的职业技能培训工作相比有何经验可循？这些都须要借助于比较研究法进行探索。

第三节　本书整体框架

本书除结语外共分为五章。第一章为导论。导论包括社会转型背景分析、研究方法和本书整体框架三个部分。社会转型是本书所要研究问题的背景，是所有问题研究的起点和前提。正是因为社会大环境发生的深刻变化，才使得具有多元利益攸关体的职业技能培训有了新的含义和内容。本节主要介绍社会转型的含义、特征及其在中国社会发展进程中的表现。“研究方法”一节主要介绍本研究涉及的主要研究方法。

第二章主要围绕“农民工培训”展开论述。在介绍中国农民工产生与发展背景后，围绕农民工培训的现状，基于存在的问题对社会转型期农民工培训的实施提出预期效果和设想。

第三章主要围绕“企业职工培训”的相关内容展开。企业职工培训是职业技能培训中的重要板块之一。该章主要围绕企业职工培训的含义、内容，中国企业职工培训现状，吴江区企业职工培训现状、问题、可取经验总结，社会转型背景下企业职工培训的基本架构与实施及设想几个方面展开论述。

第四章主要介绍除企业职工和农民工以外的其他社会成员群体的培训。这里主要围绕大学生、社会失业群体、弱势群体（失学青年、残障人士、农村留守妇女、老人等）、公务员、事业单位在职职工等若干群体的职业培训展开讨论，并尝试构建以上群体的职业培训体系。

第五章专门论述社会转型背景下社会职业技能培训体系的建设。在对农民工、企业职工、大学生等群体职业培训进行系统论述后，该章重点阐述地区性职业技能培训体系的构建，包括培训组织、培训需求、培训课程设计与开发、培训师资、培训效果评价、培训支持与保障体系等六个部分组成的系统性结构。

本书的整体结构如图1-3所示。

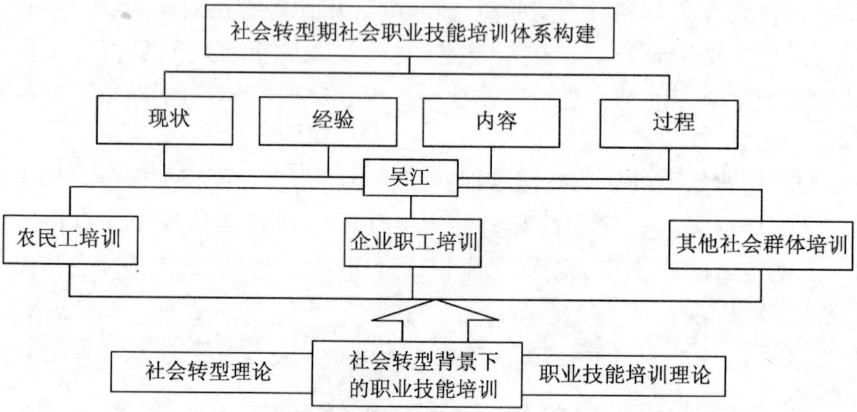

图1-3　本书整体结构

第二章

社会转型背景下的企业员工技能培训

企业培训是社会职业技能培训中极其重要的一环。以企业员工为主体的技能提升培训为企业自身的发展及全民素质的提升提供了更为开放和灵活的平台。我国的企业员工培训起步较晚,在理论建构及模型开发方面受西方影响较大,且存在着培训目的不明确、培训过程“走过场”、培训效果不达标等各类问题。企业员工培训事关企业可持续发展战略目标的实现,也关乎每一位员工的技能提升与自身发展。无论从宏观角度审视,还是从微观角度探析,企业员工培训始终是职业技能培训实现其社会价值与经济价值的“重头戏”。

第一节　企业培训的概念及发展历程

企业培训(又称培训与开发)是指企业为了使员工获得或改进与工作有关的知识、技能、动机、态度和行为,提高员工的工作绩效以及员工对企业目标的贡献所做的有计划、有系统的培养和训练活动。

从人力资本的意义上说,企业培训就是一种投资的过程。企业投入人力、物力对员工进行培训,员工素质提高,人力资本升值,公司业绩改善,获得投资收益。它区别于其他投资活动的特点在于它的系统性。企业的员工培训是一个有多种培训要素组成的系统,培训更是一个深入企业各个方面和层次的过程。例如全员培训要求企业中所有的员工,从高级经理到基层工人,从新近招聘的员工到公司元老都要参加。而全方位培训就要求对企业员工的各个方面,包括对知识、技能、职业精神、企业价值观等进行全面系统的培训。企业培训有助于组织形成一种学习的过程,而组织的创新和进步就依赖于自身的不断学习①。

① 孟涛:《企业培训模式研究》,青岛大学学位论文,2007 年。

自新中国成立以来,我国企业的教育培训主要经历了四个发展阶段:第一阶段是1949年至1980年的“计划经济时期”。此阶段,企业教育培训主要分为由上级部门组织的方针政策学习、企业自行组织职工进行的内部上岗、职业技能“扫盲培训”。第二阶段是1980年至1996年的“大学主导时期”。这一阶段,企业一般请大学教授为员工做“普及教育”,主要是开拓思想、把握宏观形势和进行现代企业管理知识的基础教育。第三阶段是1997年至2000年的“培训产业化时期”。短期公开课程持续升温,开始注重专业技能和行业特点,但内容仍缺乏针对性。1999年后企业开始注重个性化服务,开展从个别内部培训到系列内部培训的多种培训,企业内训市场大幅增长。第四阶段是2000年以后的“企业自主教育时期”。一大批知名企业开始建立自己的培训管理体系,尤其是企业商学院或企业大学,根据企业的实际情况独立或与外部机构一起开发适合自己的系列培训课程和培训管理机制。

第二节　企业员工培训开展现状与存在问题

一、我国企业员工培训现状分析

员工培训作为企业人力资源开发与管理的一个主要内容,对全体员工知识与技能的更新和提高、创造力与创新精神的发掘和培养、行为准则与责任意识的规范和强化发挥着重要作用。伴随着知识经济时代的到来,企业之间的竞争越来越表现为员工素质的竞争和学习能力的竞争。造就高素质员工成为企业参与知识经济时代竞争的必然选择。了解我国企业培训现状,有利于为制定有效的员工培训政策和制度提供决策依据。以下是《中国企业人力资源管理现状调查报告》①中关于中国目前企业的员工培训现状分析:

(一)不同背景公司培训经费投入情况

总体上看,我国企业在员工培训经费的投入上普遍较低,占公司销售收入3‰~5‰以上的企业仅为8.7%,而占销售收入0.5‰以下的企业有48.2%。如果从企业发展和人才竞争的实际需要看,培训经费的低投入必然严重影响员工素质的提高,要引导企业从人才战略和可持续发展的高度认识这一问题,加大培训投入力度。

中、西部企业培训经费投入占公司销售收入5‰以上的比例分别为5.6%和

① 国务院发展研究中心企业研究所:《中国企业人力资源管理现状调查报告》,2004年。

4.5%，明显高于东部企业的3.7%。

国有企业和国有控股企业培训经费投入占公司销售收入3‰～5‰以上的比例为10.4%，高于其他性质企业1.6～6.8个百分点。说明国有和国有控股企业执行劳动部颁布的《企业职工培训规定》情况较好，但培训经费普遍得不到保障的问题应引起企业足够的重视。

上市公司培训经费的投入占公司销售收入3‰～5‰以上的比例为34.1%，非上市公司为22%。

销售额、资产额3 000万元以下企业培训经费投入占企业销售收入5‰以上的比例相对较高（分别为5.7%和5.1%），但培训经费投入占企业销售收入0.5‰以下的比例也最高（分别为50.6%和52.5%）。说明这一类企业在培训经费投入上处于高低不稳定状态。

不同行业企业在培训经费投入的比例上有一定的差距。其中金融保险、交通运输、仓储和邮政业，农林牧渔业培训经费投入占公司销售收入3‰～5‰以上的比例较高，分别为14.6%、13.5%和10.8%；公用事业、建筑业、制造业比例相对较低，分别为4.8%、6.4%和6.5%。

（二）不同背景公司制订员工培训计划情况

企业制订员工培训计划的比例较高（69%），但也有31%的企业在员工培训中没有计划，反映出企业培训的制度化、规范化程度有待加强。

不同地区企业在制订员工培训计划的比例上差别不十分明显，但西部企业制订员工培训计划比例要高于东部4个百分点（西部企业72%，东部企业68%）。

不同所有制企业在制订员工培训计划的比例上表现出一定的差距。国有企业和国有控股企业制订培训计划的比例最高（76.1%），外资、港澳台资企业比例较高（72.4%），集体、私营企业最低（60.7%、60%）。国有企业继续保持着培训制度上的某些优势，但也表明不同背景企业的差距正逐步缩小。

上市公司制订员工培训计划的比例要明显高于非上市公司。其中，境内外同时上市公司制订培训计划的比例最高（86.3%），高于仅在境内或仅在境外上市公司4个百分点左右，高于拟上市公司11个百分点、没上市公司22.5个百分点。

不同销售额、资产额企业在制订员工培训计划的比例上表现出很大的差别。销售额、资产额3亿元以上企业制订培训计划的比例最高（分别为81.3%和80.2%），销售额、资产额3 000万元以下企业制订培训计划的比例最低（分别为52.1%和52.7%）；而且销售额、资产额越高的企业，制订培训计划的比例也越高，说明企业培训的制度建设与企业规模有一定的关系，规模小的企业不太注重员工培训制度建设。

不同行业企业在制订员工培训计划的比例上差别明显。采掘业制订员工培训计划的比例最高(91.7%),建筑业、金融保险业、交通运输仓储邮政业制订员工培训计划比例较高(80.8%、79.2%和79.1%),农林牧渔业制订员工培训计划比例最低(45.9%)。如果从"准备制订"培训计划的数据判断,所有行业对这一工作有程度不同的认识,只有集体企业"不打算制订"培训计划。

(三)不同背景公司员工培训计划执行情况

大部分企业员工培训计划执行情况不好。"严格执行"培训计划的企业只有42.1%、"执行不力"的56.4%、"没有执行"的1.5%。尽管企业制订培训计划的情况较好,但执行不力,难以达到预期的培训目的并产生好的培训结果。

中部和东部企业"严格执行"培训计划的比例相对较高,分别达49.7%和42.5%;西部企业比例较低,为34.2%。说明中部和东部的相当部分企业在员工培训中比较规范,相对而言西部企业培训可能比较重视形式,有待加强培训制度的执行力度。

国有企业和国有控股企业、集体企业"严格执行"培训计划的比例相对较高,分别为49.6%和47.1%;私营企业"严格执行"培训计划的比例较低,为34.4%。说明国有企业、集体企业培训计划执行情况较好,但培训过程中"执行不力"的情况也有待改善。

上市公司"严格执行"培训计划的比例要明显高于非上市公司,其中境内外同时上市的公司比例最高(61.4%),明显高于其他上市公司。拟上市公司"严格执行"培训计划比例最低(35.7%),没有上市公司较低(39.8%)。有待强化非上市公司培训计划的执行力度。

不同销售额、资产额企业在"严格执行"培训计划的比例上有比较明显的差别。销售额、资产额3亿元以上企业"严格执行"培训计划的比例最高,分别为48.9%和49%;销售额3~1.5亿元和资产额3 000万元以下企业"严格执行"培训计划的比例最低,均为35.4%。须要正确引导企业,特别是中小企业自觉规范培训工作,并尽快缩小不同规模企业间培训工作的差距。

采掘业"严格执行"培训计划的比例最高,为72.7%;交通运输仓储邮政业比例较高,为52.8%;房地产业比例最低,为27.9%。这一结果说明,传统国有企业在培训制度建设和执行方面存在明显优势。而房地产作为社会新兴产业,对培训工作的规范化还需要一个完善的过程,从房地产业"没有执行"培训计划比例为0的结果上,可以看出这类企业对这一问题已经有所觉悟。

(四)不同背景公司员工培训的主要方式

在所有的培训方式中,企业采用公司"内部培训"的比例占65.5%,采用"外部短训”的比例占47.5%，采用“学历教育”的比例占18.4%，只有5.3%的培训采用了其他诸如脱产或半脱产、替补、出国考察等方式。企业普遍采用以公司内部培训为主的方式，说明企业培训需求更为关注员工岗位技能的提高，是理性选择培训方式的结果。“外部短训”的比例较高，说明企业对外部培训市场的需求较大。同时，企业对“学历教育”仍有一定的需求，但需要在办学方式、课程设计上进行必要的调整和探索。

中部和西部企业采用“内部培训”方式的比例均为67.2%，略高于东部企业2.3个百分点；西部企业采用“外部短训”方式的比例最高（52.2%），东部企业的比例最低（46.2%）；中部企业采用“学历教育”方式的比例最高（28.4%），东部企业的比例最低（16.3%）。

不同所有制企业都采用公司“内部培训”为主的方式，其次是“外部短训”和“学历教育”；“学历教育”方式在不同所有制企业间表现出较大的比例差别。国有企业和国有控股企业采用3种培训方式的比例最高，分别为71.2%、57.7%和34.7%；集体企业采用公司“内部培训”的比例最低，为53.6%；私营企业采用“外部短训”方式的比例最低，为37.9%；外资、港澳台资企业采用“学历教育”的比例最低，为7.8%。导致不同所有制企业培训方式上的差别，可能是企业培训需要不同引起的。国有企业和国有控股企业比较注重学历教育，说明了“学历”对员工的晋升发展作用更大。

上市和非上市公司在员工培训方式上存在明显的差别。境内外同时上市的公司采用“内部培训”、“外部短训”和“学历教育”3种培训方式的比例最高，分别为82.4%、64.7%和39.2%；没有上市公司采用3种培训方式的比例最低，分别为6.1%、43.4%和15.1%；其他上市公司3种培训方式的需要都比较高，但仅境外上市公司采用“内部培训”方式的比例最低（8%），可能是公司业务国际化程度较高，依靠内部培训，师资难以满足现实的需要。

不同销售额、资产额企业采用培训方式的特点是：1）不同销售额、资产额企业采用“内部培训”方式的比例最大，其次是“外部短训”和“学历教育”。2）销售额、资产额越大的企业，在各种培训方式上所占的比例越高。如销售额3亿元以上企业采用3种培训的比例分别为77.8%、61.7%和31.3%，而3 000万元以下企业是47.9%、29.3%和8%。虽然培训方式的选择主要是培训需要决定的，并不能作为判断培训效果的指标，但如果综合分析还是可以看出不同销售额、资产额企业间存在的差距。

采掘业采用3种培训方式的比例最高，分别为91.7%、79.2%和75%；农林牧渔业采用“内部培训”方式的比例最低，为45.9%；批发零售餐饮业采用“外部短训”的比例最低，为27.9%；公用事业、金融保险业采用“学历教育”的比例较高，分别为46.3%和39.6%；批发零售餐饮业和通讯与信息技术（IT）行业采用"学历教育"的比例最低，分别为4.9%和9.3%。其他结果基本反映了不同行业培训需要的倾向。

（五）不同背景公司员工培训效果的跟踪与评价

从统计结果上看，样本企业不太重视培训效果的跟踪与评价，对培训效果"进行"跟踪评价的比例为48.3%，"没有进行"跟踪评价的比例为31.8%，"准备进行"跟踪评价的比例为19.4%。一方面说明目前企业的培训工作不够规范，执行情况不力；另一方面也说明了相当部分企业对培训效果进行跟踪评价的作用有了一定程度的认识。由于培训效果的跟踪与评价，是检验培训目标实现与否和实现程度的重要根据，因此亟须提供具操作性的评价指标和技术、工具。

不同地区间企业对培训效果进行跟踪评价的比例有较明显的差别。中部企业"进行"跟踪评价的比例最高（52.5%），东部企业较高（49.1%），西部企业最低（42.7%）。尽管西部企业在培训经费投入上明显高于东部企业，但在培训效果执行的力度上要低于东部企业，因此不能完全用培训经费的投入来评价企业的培训工作，有待于研究制定更为科学的培训评价标准。

外资和港澳台资企业、私营企业、非国有股份和有限责任公司，对培训效果"进行"跟踪评价的比例分别为53.5%、51.9%和50%，明显高于国有企业和国有控股企业11个百分点。说明非国有企业在培训中更加注重培训实效。虽然国有企业和国有控股企业在培训经费投入、培训制度的制定执行上，要明显好于其他所有制企业，但这一结果也暴露出国有企业培训管理工作的问题，须要加大对国有企业培训经费投入产出的评价力度。

上市公司对培训效果"进行"跟踪评价的比例要高于非上市公司。其中，仅境外上市公司的比例最高（61.9%），没有上市的公司的比例最低（45.2%），拟上市公司与仅境内上市公司的情况趋于一致。说明上市公司在这一问题上的优势并不十分明显，拟上市公司的培训工作正朝逐渐规范化方向发展，但须要引导没有上市公司注重培训实效，尽快缩小培训工作的差距。

不同销售额、资产额企业在对培训效果"进行"跟踪评价的比例上没有特别明显的差别。销售额、资产额3亿元以上企业，对培训效果"进行"跟踪评价的比例最高，分别为50.8%和52.1%；销售额、资产额3 000万元~1.5亿元企业，对培训效果"进行"跟踪评价的比例最低，分别为45.6%和43.2%。

通讯与信息技术（IT）、批发零售餐饮、采掘业等对培训效果"进行"跟踪评价的比例最高，分别为58.9%、58.5%和54.5%；建筑业、公用事业对培训效果进行跟踪评价的比例最低，分别为30.2%和33.3%。表明不同行业对培训效果进行跟踪评价工作的实施水平参差不齐，有待进一步规范和强化。

（六）不同背景公司实施培训对改善员工工作绩效的作用

总体上分析，样本企业认为实施培训对改善员工工作绩效作用不大。认为培训对改善员工绩效作用“非常大”的比例只占3%，“较大”的比例占23.9%，“一般”的比例占59.4%，“有一点”和“没有”的比例分别占10.6%和3%。这种结果必然会降低企业对培训投入的积极性和关注的热情，如果培训对改善和提高员工工作绩效作用不大，企业就不会投入更多的财力、物力对员工进行培训。企业培训无论在目的、任务上，还是在内容、形式、方法等方面都须要认真加以解决。

不同地区企业对培训在改善员工工作绩效作用“非常大”的认识上比较趋于一致，但在“很大”、“一般”和“有一点”的认识上却存在一些差异。中部企业认为培训对改善员工工作绩效作用“很大”的比例最高，为30.6%，明显高于东部（23.1%）和西部（22.4%）企业；东部企业认为培训对改善员工工作绩效作用“一般”的比例最高，为60.2%；西部企业认为培训对改善员工工作绩效作用“有一点”的比例最高，为13%。无论是中部、东部还是西部企业，实施的培训对改善员工工作绩效作用“非常大”的比例太低（最高为3.8%），有待认真反思企业培训的目的和作用。

在不同所有制的所有企业中，培训对改善员工工作绩效“非常大”的比例很低（最高6.3%、最低2.4%），“很大”的比例不算高（最高31.3%、最低21.5%），“一般”的比例最高（最高64%、最低37.5%），“有一点”的比例比较低（最高18.8%、最低8.1%），“没有”的比例最低（最高6.3%、最低1.8%）。相对而言，集体企业培训对改善员工工作绩效作用“非常大”、“很大”和“有一点”的比例最高，分别为6.3%、31.3%和18.8%，但“没有”的比例也最高（6.3%），说明集体企业在这一问题上并没有特殊的优势。

上市公司实施的培训对改善员工工作绩效作用“非常大”和“很大”的比例明显高于非上市公司。其中，仅境外上市公司“非常大”的比例最高（10.8%），境内外同时上市公司“很大”的比例最高（40.9%），拟上市公司“一般”的比例最高（61.4%），没上市公司“非常大”和“很大”的比例最低（2.2%、22.3%）。须要加强企业对培训目的、作用的认识。

销售额、资产额在3亿元以上的企业，认为培训对改善员工工作绩效作用“非常大”和“很大”的比例最高，分别为4%、27.4%和4.2%、25.8%；销售额、资产额在3 000万元~1.5亿元的企业认为培训对改善员工工作绩效作用“非常大”和“很大”的比例最低，分别为1.1%、17.9%和1.6%、19.2%。企业培训须要满足企业短期内改变员工行为、提高工作绩效的需要，同时也须要引导企业，特别是中小企业树立长远发展的眼光，切实关注员工素质的提高，搞好培训工作。采掘业企业认为培训对改善员工工作绩效作用“很大”的比例最高(54.4%),但“非常大”的比例为0,“一般”的比例为40.9%,很难判断采掘业在这一问题上情况最好。如果我们将“非常大”和“很大”的比例相加,就可以看出不同行业企业在这一问题上的差别。采掘业比例最高(54.4%),社会服务业较高(37.4%),其他依次为农林牧渔业(35.3%)、批发零售餐饮业(34.2%)、通讯与信息技术(IT)行业(32.2%)等,金融保险业最低(7.9%)。亟须解决企业培训与提高工作绩效脱节的问题。

(七)不同背景公司培训结果对员工晋升的影响情况

总体上看,企业培训结果对员工晋升没有太大的影响,“影响很大”的比例只占6.1%,“有些影响”的比例为66.3%,“没有影响”的比例也有27.5%。尽管企业培训结果对员工晋升仅仅是一个方面的作用,但由于晋升对员工的激励较之其他方式更具有实际意义,因而常常作为评估培训结果的一个相对重要的指标。一般说来,如果企业培训的结果对员工晋升影响很大,那么就会使人们日益意识到培训对个体职业生涯发展的重要意义。

中部企业培训结果对员工晋升“影响很大”和“有些影响”的比例最高,分别为9.4%和68.1%,明显高于东部(5.5%和66.2%)和西部(6.3%和66.1%)企业。说明中部企业员工的培训结果与员工发展相关的程度相对高些。

相对而言,集体企业培训结果对员工晋升“影响很大”的比例最高(11.8%),国有企业和国有控股企业的比例最低(4.8%),外资、港澳台资企业培训结果对员工晋升“有些影响”的比例最高(67.6%)。说明不同所有制企业培训结果对员工晋升都有不同程度的影响,但影响有限。

仅境外上市公司培训结果对员工晋升“影响很大”的比例最高(10.8%),但“没有影响”的比例也最高(27.7%);境内外同时上市的公司“有些影响”的比例上最高(81.8%),但“影响很大”的比例也较低(4.5%)。难以合理解释两类上市公司之间影响程度上的差别。拟上市和没有上市公司“影响很大”的比例最低,分别为3.3%和6.1%,可以大体说明上市公司培训结果对员工晋升的影响程度略高于非上市公司。

销售额、资产额在3亿元以上企业,培训结果对员工晋升“影响很大”的比例均为7.6%,相对高于其他销售额、资产额规模企业;销售额、资产额3 000万元~1.5亿元企业,培训结果对员工晋升“影响很大”的比例最低,分别为3.7%和4.5%。尽管销售额、资产额3 000万元以下企业,培训结果对员工晋升“影响很大”的比例不是最低,但“没有影响”的比例却较高和最高(30.2%、31.5%),说明销售额、资产额大的企业培训结果对员工晋升影响程度相对大些,但不十分明显。

批发零售餐饮业和交通运输仓储邮政业,培训结果对员工晋升"影响很大"的比例最高,分别为14.6%和13.5%;金融保险业和房地产业的比例比较低,分别为2.6%和3.3%。虽然采掘业和农林牧渔业企业的培训结果对员工晋升"影响很大"的比例为0,但是"有些影响"的比例却高达95.5%和88.2%。可以说明培训结果对员工晋升的影响,在不同行业间存在一定的差别,但影响程度普遍不大。

(八) 不同背景变量在培训方面的差异比较

统计分析发现,大部分培训方面的问题在各种不同背景变量公司之间存在显著性差异(p值都小于0.05)。

根据T检验结果,国有和非国有两种不同所有制企业在"培训经费投入比例"、"制订培训计划"、"执行培训计划"、"对培训效果进行跟踪评价"等培训现状及执行方面存在显著性差异(p值都小于0.05)。在"培训对改善员工工作绩效作用"、"培训结果对员工晋升影响"方面未发现显著性差异(p值都大于0.05)。

上市和非上市两种不同类型公司除在"培训结果对员工晋升影响"方面未发现显著性差异(p值大于0.05)外,在"培训经费投入比例"、"制订培训计划"、"执行培训计划"、"对培训效果进行跟踪评价"和"培训对改善员工工作绩效作用"5个方面都存在显著性差异(p值都小于0.05)。

销售额在3亿元以上和3亿元以下的两种不同规模公司在"培训经费投入比例"和"对培训效果进行跟踪评价"两个方面未发现显著性差异(p值都大于0.05)。在其"制订培训计划"、"执行培训计划"、"培训对改善员工工作绩效作用"和"培训结果对员工晋升影响"4个方面都存在显著性差异(p值都小于0.05)。

资产额在3亿元以上和3亿元以下的两种不同规模公司在"对培训效果进行跟踪评价"和"培训对改善员工工作绩效作用"两个方面未发现显著性差异(p值都大于0.05)。在"培训经费投入比例"、"制订培训计划"、"执行培训计划"和"培训结果对员工晋升影响"4个方面都存在显著性差异(p值都小于0.05)。

二、我国企业员工培训存在的问题

(一) 对企业员工的培训缺乏科学的认识和态度

由于知识技术的迅速增长与更新,职业半衰期越来越短,现代企业要想在激烈的市场竞争中谋求创新和持续发展,就必须对员工进行终身制教育和培养,并以此保证企业发展所需人才储备的充实和技能的更新,但是事实却并非如此,大多数企业在对人才的培养方面多多少少都存在短期行为,并未形成与企业的发展战略相匹配的持续性、系统性的培训机制，只使用但却不培养业已成为普遍现象。

我国的企业数量是比较多的，但是数年之后还能存在下来并有一定发展的企业却不多，究其原因是在企业发展初期决策者更多关注的是企业品牌市场份额和国际化的问题，追求企业的高速发展，而往往忽视人才培训工作。企业培训本是提升企业从业人员整体水平，加快企业生产与转型步伐的具有战略意义的举措，也是企业寻求可持续发展的必经之路。但是国内企业对员工培训的复杂心态却使得这样一种战略举措变得举步维艰，抑或是在实施过程中走样。对员工培训缺乏科学的认识和态度主要表现在以下几个方面：

1. 培训无用论

这种论断是基于员工培训对企业效益提升所具有的时效性这一客观事实。由于员工培训是一个阶段性的过程，员工培训后将所学技能用于提升工作效率和技术含量也需要一段时间。这就使得员工培训并不能成为一些企业愿意投资的领域。更有企业认为员工培训会浪费员工的工作时间，进而影响公司的日常工作和价值增值。很明显这是一种目光短浅的想法和行为，不利于公司与员工之间架设信任和互促的桥梁。

资料链接 2-1

摩托罗拉公司通过拓展培训杜绝“隐性浪费”①

摩托罗拉公司（Motorola）的培训是出名的，目前该公司将工资总额的4%用于员工培训。摩托罗拉公司认为商战中最重要的是应变能力、适用能力和创新能力，而培训就是最有用的竞争利器。

基于这样的认识，摩托罗拉公司的培训并不局限于自身。在奥斯汀的摩托罗拉芯片工厂，曾经有这样的例子：工厂很早就知道如果外部零件供应商控制不好质量，那么公司再好的制成品质量也达不到标准。生产越多，“隐性次品”就越多，“隐性浪费”也就越大。然而，很多供应商为了获得摩托罗拉的订单，承诺他们根本无法达到的特殊要求。对此该厂的办法是，把培训拓展到供应商方面去，他们专门为供应商组织了有关统计工艺流程控制的培训班，杜绝了可能出现在供应商方面的“隐性浪费”。

奥斯汀芯片工厂使用培训手段杜绝厂内“隐性浪费”的经验，也值得回味。一般先进的芯片工厂需要3～4年才能开工，摩托罗拉靠全员培训，仅18个月就开工了。首先，他们为让员工学会实际操作，曾在培训中成千上万地使用每个价值100～150美元的晶片，而且用完就报废了。这样做虽然成本非常昂贵，却使操作人员和技术人员了解这种新设备，找到了正确使用设备、生产合格产品的标

---

① 资料来源：世界经理人网站。http://www.ceconline.com/manufacturing/ma/8800020881/01SB/

准工艺流程。培训的成本是巨大的，然而，与正常需要3～4年才能开工的现实相比，成本又是很小的。真正杜绝了将近两年多时间的“隐性浪费”，这还不包括两年多市场变化可能带来的负面结果。

另一个例证是，培训对企业加工部门以团队工作的方式，杜绝隐性浪费也是十分必要的条件。在爱尔兰的斯沃兹，摩托罗拉有一个无线寻呼机生产厂。这个企业的加工团队中有80%的人受过杜绝浪费方面的培训，这使加工团队中员工的整体节约意识处在一个较高层次上。团队成立了“浪费现象督察小组”，经过对工艺流程的检讨，这个小组发现，在最后一道工序中，如果用更小的海运包装盒，可以使企业每周能节约250美元。这个分析结果，使原来是企业隐性的浪费，很快就暴露在光天化日之下了。

摩托罗拉培训的传统，也带进了中国。在电话采访摩托罗拉广州分公司培训部时，培训部小姐介绍说，在广州分公司，摩托罗拉主要开展三个方面的培训：一是管理方面的，二是专业技术方面的，三是员工个人发展的。这三方面的培训基本覆盖了摩托罗拉在中国发展的方方面面。广州的培训一结束，马上要求受训的员工填写培训评估表，整理送交北京总部。总部也会派专人跟踪受训雇员的工作绩效，看对企业哪方面起了作用。培训部小姐介绍说，那种企业的隐性浪费是摩托罗拉最关注的。总部一直要求通过培训，能够把隐性的浪费外显化，尽快纠正，以提高摩托罗拉在中国市场上的竞争力。

2. 人才跳槽论

这种论断认为，员工的技能已经足够企业使用，再进行培训只能增长员工的才干，对企业并没有多大的益处。对于企业来说也就是投入小于产出，担心自己辛苦培训的人员会“跳槽”。

多数企业对培训的定位只在于为企业自身培养有用的人才，使员工能够及早地胜任企业的工作，从而带来更大的经济效益。但是，企业员工可能正是在企业组织的培训中才学习到了一些在职场生存的技能，并以此为资本不断地跳槽。因此，企业往往认为员工培训是导致人才流失的重要因素之一，更有甚者认为企业实际上是在为竞争对手培养有才能的职员。这样一来，企业当然不愿意对员工进行高质量高成本的培训。当然，也有的企业愿意对员工进行培训，他们试图通过相对规范的培训制度，与员工签订较为严苛的培训协议，或者通过约定相应的违约补偿金等措施来尽量减少人才流失①。

3. 培训万能论

“培训万能论”则认为培训可以解决企业遇到的一切技术和管理层面的问

① 史建芳：《我国企业员工培训的现状、问题及对策》，《现代交际》，2010年第4期，第26－27页。

题。事实上,培训对于企业而言,只是提高人才成长的手段,但不一定是包治企业百病的万能药。培训有自己的价值功能,正确组织培训会取得一定的效果,一旦组织不力或抱有不切实际的幻想,轻者浪费时间、资金,重者还会导致负面作用,加重或增加新的企业问题。

(二) 缺乏高效的企业员工培训的资源配置

1. 培训时间分配不科学

培训时间的分配是企业实施员工培训过程中经常遇到的"阻碍"。分配中主要涉及两种不科学的现象:一是占用员工休息时间。由于大部分员工需要正常在岗维持企业生产,这就与企业安排员工培训的时间相冲突。在不方便进行轮岗的情况下,部分企业考虑到生产效益将培训时间安排至员工的休息时间。这种不科学的安排方式饱受员工诟病,且培训效率也无法得到有效提升。二是培训科目间的安排比例不协调,实用性课程,或与生产相关的紧缺型内容安排不够,而对于通识性内容、较为复杂的理论性知识,或与实际生产不太相关的内容安排较多,导致培训效果不明显。

2. 培训对象分配不均匀

这是较为传统的培训观念所导致的结果。一些企业的高管认为企业培训的机会应该贡献于企业的优秀人才,使其能够"锦上添花",而对于普通员工则只须要掌握基本的操作技能,完成自己的本职工作即可,无须进行大规模的技能培训。这是典型的以"静止的观点看问题",即企业高管无法认识到员工技能培训对于提升企业生产水平和创新发展的重要性,也过于重视企业眼前的发展利益而忽视了对企业可持续发展的长期投资。这种失衡的培训投资也容易导致企业员工的向心力不足,发展机会欠缺,从而缺乏工作的动力机制。

(三) 企业培训体系缺乏健全设计与运行机制

企业员工培训作为人力资源管理的一个重要方面,它应该是一种程序化、系统化、科学化的体系,是培训需求、培训计划、培训实施、培训评估、评估反馈的有机集合体,不能把其中的任何一个方面淡化或者取消。否则,培训的效果就无法得到保证①。

当前,我国的企业员工培训还不成熟,在很多方面存在亟待完善之处。第一,培训的计划性差。很多企业随意安排培训时间,没有专门的培训管理制度,缺乏相应的培训规范和培训指导教材,培训师资也大多是临时选择。计划性差导致一旦遇到企业的其他活动,员工培训往往首当其冲地被推迟或取消。第二,培训项目和内容脱离实际。企业培训能否取得预期成效在很大程度上取决于培

① 张波:《我国企业员工培训体系的研究》,天津大学学位论文,2005年。

训项目和内容的正确选择与实施。目前,很多企业在确定培训内容和项目时不是依据企业的实际需要和员工的潜在要求,而是单凭主观意愿决定或是照搬其他企业的培训项目与内容。第三,培训方式缺乏变化。面对激烈的挑战与竞争,许多企业的员工培训还是采用最简单的课堂式教学,灌输单纯的理论。究其原因,既与企业的领导者缺乏相关的培训知识或对培训内容知之甚少有关,又与很多培训者受自身水平所限没有熟练掌握现代化的培训手段和方法而习惯于单纯的理论教授密不可分,由此导致许多培训活动的培训效率很低。第四,培训制度尚未建立。没有规范的制度就没有规范的培训。目前,除一些较为知名的大型企业外,我国很多企业在培训过程中尚未建立起规范的培训制度,如训练方法、考核体系、跟踪评价等,导致培训的实际操作往往无章可循、无法可依。

(四) 员工培训缺乏主体主动性与客体激励性

当前我国的企业员工培训开展得如火如荼,从数量和规模来看令人鼓舞,但很多企业的培训是在外部压力(市场竞争的无奈之举、政府决策的被动接受等)的迫使下进行的,企业的自主培训意识依然不强,至今"培训浪费论"的说法依然在一些企业中流行,尤其是民营企业,他们将培训看作是项昂贵且得不偿失的活动。这些企业的领导者们普遍认为:企业的目的就是赢利,花钱搞培训是不明智的,况且现在每年的高校毕业生很多,人才市场供过于求,企业完全可以到市场招聘所需人才,投资员工培训完全没有必要。正是由于这种思想的广为流行,在目前火热的员工培训背后,我们不难发现很多企业存在走形式、走过场等应付现象。在这些企业对于员工培训普遍缺乏系统有效的评价机制,培训过程缺乏严格的考评制度,再加之培训内容的脱离实际、培训形式的过于简单等,导致职工厌恶培训,借故逃避培训的现象时有发生,而很多企业对此又缺乏必要的管理与规范,因此在一定程度上纵容了这类现象的发生。由于企业员工培训意识的淡化,导致从总体来看目前我国企业员工培训的实际效果难以令人满意。缺乏务实的企业员工培训不仅造成了巨大的人力、物力、财力的浪费,同时也阻碍了我国企业参与正常的市场竞争,无形中削弱了企业的国际竞争能力。

企业人力资源管理培训是必要和必需的,在当今竞争激烈的市场经济环境下,培训更是企业增加活力,培养和储备高素质、高技能、高科技人才,拥有市场核心竞争力的重要且行之有效的手段之一。但是,如果一个企业的员工对培训的态度淡漠,参加培训的积极性不高,甚至是排斥,那么其培训的效果便会大打折扣,企业则会是直接损失者,花钱却收效甚微,也有可能会出现负面效应,使员工更加漠视培训,亦有可能使员工对企业的忠诚度降低,影响企业的稳定和发展,长此下去便形成了恶性循环。当今的社会条件下,一些企业也面临着员工整体素质不高的境况,在企业文化不健全的情况下不可能会存在培训文化浓厚的氛围，所以员工不会真正形成终身和动态的受教育理念，安于现状者居多，更谈不上为了实现自我价值而积极主动参加企业培训的情况，再加上企业传统的培训模式，内容单调，不但影响了实际效率，更没办法调动员工的积极性。可见，培训的成功与否与员工参加培训的积极性和主动程度息息相关。只有在员工参加培训的积极性和主动性高的前提下，培训才能真正成为员工职业生涯规划发展中的自身需求，才能成为企业可持续发展的内在需要和动力，才能为企业创造效益。

（五）培训的过程欠缺科学设计与处理

目前，我国的企业员工培训从指导方针到具体实施整个过程都不同程度地存在科学性和有效性的缺失。首先，在指导方针方面，注重员工技术操作、生产效率等方面的提高，而忽视员工发展潜能的发掘和学习能力的培养；注重培训的次数、人数等外在数量性指标的增加，而忽视质量、效果等质量性指标的提升；注重学历文凭证书的取得，而忽视学习效果的实际检验；注重一般应知应会内容的培训，而忽视与本企业的技术、管理等方面紧密相连内容的培训；注重单一型人才的培训，而忽视复合型人才的培养；注重“要你学”式培训模式的运用，而忽视“我要学”式培训模式的思考与研究。其次，在培训内容方面，一是重复性严重，面对变幻莫测的市场形势，企业的培训内容年复一年缺乏变化；二是偏差性明显，目前企业的员工培训仍多侧重于文化、技术、业务等方面，缺乏政治理论、思想道德等方面的培训。再次，在经费的投入与管理方面，企业往往不能按照国家规定足额提取员工教育培训经费，而是以各种理由挤占和挪用员工教育经费。即使是已投入的有限培训经费，由于管理松散和不到位，往往也难以发挥其应有的作用。

同时，开展企业员工培训须要处理好以下几大关系：一是培训时间与工作时间的关系；二是近期效益与长远效益的关系；三是培训质量与数量的关系。目前，企业在这些关系的处理上不是很合理。首先，很多企业在培训时间的安排上缺乏灵活统筹，往往主要依据企业的业务进展而定，缺乏一定的系统性和连续性。当培训时间与工作时间发生冲突时，企业往往采取保生产弃培训的方式加以解决。其次，由于员工培训的终期收益相对较慢，而短期损失又比较明显，很多企业在进行员工培训时不同程度地存在动摇和犹豫心理，由此导致员工培训常常因时间、资金、场地等问题而时断时续，从而影响了培训的整体效果。再次，很多企业的员工培训存在赶场子、追时髦的现象，单一追求培训的数量和规模，而对于培训的实际成效缺乏有效的检验①。

① 于金翠：《我国企业职工培训的现状与发展趋势研究》，《职教论坛》，2007 年第 3 期，第 30 – 33 页。

资料链接 2-2

龙商集团的“魔鬼培训”①

所谓“魔鬼培训”，是形容其整个培训过程的艰苦性。如在短时间内接受培训的学员，在课堂学习中要记、要背、要考核大量的商业相关知识，同时还有类似于公司理念、规章制度、业务要求、岗位责任制等内容灌输其中；在课堂学习之外，还有体能训练、军队式纪律、形体规范、礼仪要求等培训项目，可谓是智力、体力与毅力相结合的培训。龙商集团本次“魔鬼培训”的主题是“训练有素的营业员”，这次参加培训的员工有的已经在商业岗位工作了多年，有的甚至已担任过相关职务。

具体的培训计划是：在夏季销售淡季时，组织20天的集中培训。其中有一个24小时的封闭项目，封闭培训中间绝无休息，不能睡觉，连续培训。他们认为，只有这样的员工才最有“拼搏精神”。培训第一阶段，被冠以“入职培训”。集中5天，讲授企业文化理念、礼貌礼仪规范、通用基本技能，同时完成军训和形体训练。考试合格标准为90分，低于90分的只有一次补习和再考的机会，不合格不能进入第二阶段的上岗培训，颇有“重新造人”的意味。第二阶段上岗培训。15天实行业务对口负责。学习岗位技能、相关法规。如产品质量法、价格法、消费者权益保护法、禁止生产和销售假冒伪劣商品条例等十几项法规。学员分为18种岗位，分别到相应的业务部门培训并实习，从商场一楼至五楼，营业现场、员工活动室、接待室、会议室和办公室到处可以看到学员在巡视，在听课，在操作电脑，在完成作业，有的学员白天学了一天，晚上回去一直学到10点，休息到凌晨2点，又起来学。整个培训实行双向考核，不仅考学员，而且还要考教师。学员每日填写的“实习日志”上，除了自己的心得体会和收获外，还要填上对教师和实习指导人的评价。“实习日志”将由培训负责人认真阅读并给出批示。

这次培训的教材，除了公共课程由相关专业理论教师确定外，各个业务对口部门的教材，均由高级经理、咨询公司和总经理逐级审核签字认可，并评分。没有过关的培训教材必须重写，甚至通报批评。这次参加编写培训教材的18个相关部门，准备的教案达20多本，涵盖了目前商场培训模式的精华，而且都是经过反复修改而成。比如说监控部，这次只有1人参加培训，但是，教案同样一丝不苟，几次修改，最后定稿的培训教案有28页，加上用图表表示的12页工作流程，共有40页之多。

以上资料是国内某集团将国外企业培训方式——“魔鬼培训”引进并加以改造的实例。实际上，“魔鬼培训”有很大的“作秀”成分，看起来很到位，实际上

---

① 资料来源：搜狐财经。http://business.sohu.com/20050426/n225348045.shtml

缺乏严谨的科学依据。如由专家审核的教材,谁来保证专家的工作态度和业务水平？企业原来采用的是"伯乐相马",现在为了防止某一位"伯乐"的失误,通常采用几位专家打分的方式,即"伯乐群相马"。但目前中国企业出现的问题,很大一部分是出在中高层以上的管理者的决策和领导上,出在整个中高层管理者群体"腐败"上。"魔鬼培训"是针对基层员工的培训,对一线员工如此残酷的就业要求,"公平原则"和"榜样效应"被弱化了,往往更加深了员工层次间的隔阂,阻碍了整体团队的实力。另外,只强调个性化培训,忽略了员工职业和层次的共通性,而且大大增加了培训的成本和其他投入,从投入产出的角度考虑这种做法也未必合理。

三、吴江区企业员工培训实施现状

（一）培训的实施格局与实施单位

目前,吴江区企业员工培训形成了以企业为基本单元,以培训中心为纽带,高校及行政部门积极参与的培训体系。企业员工培训主要通过吴江区人力资源与社会保障局下设的吴江区职业培训指导中心进行统筹协调与安排。此外,吴江区各行政单位根据本单位工作职能开展相应的社会职业技能培训服务。吴江区职业培训指导中心是吴江区人力资源和社会保障局直属事业单位,为全国重点就业训练中心,发挥统筹、协调、指导、服务的功能,开发劳动者的职业技能,提高劳动者的素质,增强劳动者的就业能力和工作能力。组织和管理全区初、高中毕业生的就业前培训以及农村劳动力的就业培训,组织实施全区失业人员再就业培训、农村富余劳动力转移技能培训、在职员工职业技能培训。主要职能包括:1）充分发挥统筹、协调、指导、服务的功能,统筹、规划全区就业和再就业培训工作。指导各镇劳动所及培训单位开展就业和再就业的培训。2）为应届初、高中毕业生提供就业训练,实施劳动预备制度。3）为失业职工实现再就业提供技能培训、创业培训。4）统筹、规划全区农村劳动力的转移培训。5）为适应吴江经济建设对高技能人才的需求,开展对高技能人才的培养和继续教学。6）技工教育管理。7）规划、组织实施和管理外来农村劳动力免费职业提升培训。8）负责吴江区公共实训基地的管理与运行。

（二）培训内容

吴江区根据地方企业的基本情况,结合地方经济发展需要、企业员工培训需要、个人创业发展需要等设立了 SIYB 创业培训、全国计算机信息高新技术培训考试、特种作业上岗证安全培训、维修电工培训、全国海关报关员培训等十余项培训(具体培训内容下文阐述)。此外,为深入贯彻落实《江苏省"十二五"公务员培训规划》和《2011 年全省干部教育培训工作要点》的文件精神,培养一批高学历、高素质、复合型的管理人才，吴江区人力资源和社会保障局委托吴江区职业培训与指导中心与同济大学合作开展全市公共管理硕士（MPA）、工商管理硕士（MBA）和工程管理硕士（MEM）的报考和学习工作，同期开展的还包括与西北工业大学网络教育学院合作的专升本培训项目。

（三）培训的定点机构

1. 吴江区职业培训定点机构

吴江区职业培训定点机构名单，见表2-1。

表2-1　吴江区职业培训定点机构

编号	机构名称
1	吴江交通学校
2	吴江区七都成人中心校
3	吴江区平望成人中心校
4	吴江区桃源成人中心校
5	吴江区汾湖镇劳动和社会保障所
6	吴江区横扇镇劳动和社会保障所
7	吴江区同里镇工会
8	吴江区保安服务公司
9	吴江区松陵镇农创村
10	中达电子（江苏）有限公司
11	吴江南玻华东工程玻璃有限公司
12	江苏恒力集团
13	江苏通鼎光电股份有限公司
14	吴江盛泽易达职业培训学校

2. 公共实训基地

2010年7月，经苏州市人民政府批准同意设立"吴江区公共实训基地"，地点设在吴江区职业培训指导中心。按照"统筹规划、合理布局、市场导向、技术先进、功能互补、资源共享"的原则，充分整合社会资源在技能人才培养工作中的作用，拟在相关职业（院）校设立现代纺织业、现代机械制造业、现代旅游业、现代交通运输业、现代服务业、电子资讯业等6个专业性公共实训分基地，以促进培训、资源使用的集约化，形成该区"1+6"的公共实训基地建设模式。目前现代纺织分基地（设立在吴江区第二职业高级中学[苏州市高级技工学校吴江分校])已完成设备采购,汾湖职业培训指导分站已建成电子信息实训室并投入使用。其他五个专业公共实训分基地,将视上级有关失业保险基金使用规定逐步投入资金建设。

3. 输出地实训基地

输出地技(院)校实训基地合作建设是投资小、见效快,利在长远,双赢多赢的好办法。2010年,吴江区人力资源和社会保障局先后走访考察了陕西、甘肃、广西、四川、黑龙江、河南等省的30多所技(院)校,与当地学校进行了深入的交流与洽谈,选定了其中的6所技(院)校达成了合作意向,分别是陕西富平技工学校、广西桂林技师学院、河南焦作市化工高级技工学校、甘肃兰州铁路技工学校暨兰州铁路技师学院、陕西省榆林能源工程学校、哈尔滨工业大学华德应用技术学院。吴江区人力资源和社会保障局授予这些学校"吴江区技能人才实训基地",优先为吴江企业输送技能人才。

(四) 培训的相关优惠政策

吴江区在进行培训的同时为参与培训的弱势群体提供了一系列的优惠政策。这些优惠政策主要分为两类:

1. 培训费用的优惠

对于本市居民,吴江区向其免费开放创业培训、会计实务、中级会计做账、电子商务、纺织面料分析、跟单员、网页制作、计算机高新技术、CAD(制图)网络操作员、数控车床、维修电工、PLC(可编程序)、电(气)焊工汽车修理、物流管理、外贸单证员、海关报关员、叉车驾驶、保健按摩、管道工、插花艺术、人力资源管理师、绿化养护工、仓库保管、中式烹调、物业管理、营业员、家政服务员、保洁员、保安员、水产养殖、瓦工、空调安装及维修、电瓶车维修等30余项职业技能培训项目。这一优惠群体主要为已在当地就业管理所领取失业救济金,办理失业登记手续,有就业要求的失业职工;大中专毕业后,已在当地劳动保障所办理就业登记手续,半年后,还未就业的大中专生;身体健康,有转移就业愿望的农村富余劳动力和失地农民。以上各类人员培训期满,经职业技能鉴定工作平台(ATA)、人力资源和劳动保障部门考核合格发给相应的证书。该证书将作为今后就业的有效证件。

对于外来务工的农村籍人员,吴江区开放了物流管理、国际外贸单证员、报检员、CAD制图、汽车修理、宾馆管理与服务、中式烹调师、中式面点师、美发美容、保健按摩师、熟肉制品加工、保安、家政服务员、物业管理、调酒员、插花员、制冷技术、中央空调工、数控操作、焊工、模具钳工、服装缝纫工、建筑安装工、中级会计做账、电子装配与调试、叉车驾驶、计算机信息高新技术、电子商务(淘宝)等20余项工种的免费培训。务工人员仅需凭本人身份证到市职业培训指导中心、定点培训站办理培训报名手续即可。培训期满,经职业技能鉴定工作平台

(ATA)、人力资源和劳动保障部门考核合格发给相应的证书。该证书将作为今后就业的有效证件。

此外,吴江区的 SIYB 创业培训也对具有吴江区户籍人员(初中以上文化[含初中],男不超过 55 岁,女不超过 45 岁)的农村户籍人员、城镇失业人员、毕业半年内未就业大中专毕业生、符合条件的未就业退役士兵等其他符合条件的人员免费开放。

同时,为进一步贯彻落实《关于在加快经济转型升级中充分发挥人才支撑和引领作用的若干意见》(苏发〔2009〕66 号),建立促进高技能人才培养的政府扶持机制,鼓励广大职工积极参加高技能培训,加快苏州市高技能人才队伍建设步伐,根据《关于实施吴江区人才创新创业"55352"工程的若干意见》(吴发〔2010〕28 号)和《关于进一步推进姑苏人才计划的若干意见》(苏发〔2010〕20 号)精神,吴江区制订了《吴江区高技能人才培养"515"资助计划》,即每年确定面向社会培训的 50 个职业(工种),资助培养 100 名技师(高级技师)、500 名高级工。凡具有吴江区常住户口或已在吴江工作并签订劳动合同、缴纳社会保险连续三年以上的人员,参加吴江区指定职业(工种)高技能人才培训,当年取得高级工、技师或高级技师职业资格证书者,均可按本办法规定申请相应的高技能人才培养经费资助。经费资助的标准主要依据职工参加指定职业(工种)高技能培训鉴定的等级,对参加高级工、技师、高级技师技能培训鉴定,并取得相应职业资格证书的,给予高级工每人 1 000 元、技师每人 1 500 元、高级技师每人 2 000 元的培养资助。经费资助采用先缴后补的方式,由学员按规定标准先行向培训鉴定机构缴纳培训和鉴定费用,待取得相应职业资格证书后,办理有关申领手续。

2. 培训优待政策支持

吴江区针对创业培训合格人员制定了一系列优惠政策。其中包括《吴江区小额担保贷款优惠政策》《吴江区创业培训自办实体人员享受社会保险补贴优惠政策》《吴江区创办实体人员创业补贴优惠政策》(政策具体内容见附录)。

第三节　企业员工培训内容与培训过程

一、企业员工培训内容

(一) 分类

语言信息方面:企业培训中,员工通过记忆一些语言或文本信息,如名称、符号、时间、地点等描述性知识,并能够根据需要复述出来。这些培训内容以语言信息为载体，也是企业培训中的基础层次培训，能够为员工开展进一步的培训打下基础。智力技能方面：员工掌握语言信息以后，要能够将这些知识转化为一定的技能并运用到实践工作当中去，解决实践生产中的一些具体问题，形成一定的运用概念和办事能力，认识、思考和处理企业各种情况。认知策略方面：认知策略是员工提高学习能力的学习，就是学会学习。这是促进员工自我发展的必备素质，是培训员工如何管理自己的思考和学习的过程。例如，指导被培训者自主复习与运用所学知识评估自己的学习过程并进行监控、提升学习效率等。动作技能方面：是指员工通过培训获得的按一定规则协调自身肌肉运动的能力。例如在施工过程中熟练使用各种工程机械的能力、熟练进行工程制图的能力等。这是提高企业生产效率与工程质量的基本要求。态度方面：员工态度的培训是非常重要的，员工的态度对于企业的服务质量来说关系重大，与企业文化的形成也关系重大。在建筑施工企业中，员工的工作责任心与敬业精神、安全生产、施工质量具有直接关系①。

（二）具体培训内容

1. 本岗位必需的基本知识与基本技能

这是企业职工培训最基本的内容，也是最重要的内容。培训真正的目的是通过培训学习，使知识转化为生产力，让企业利润最大化。所以设定的基本知识与基本技能的培训就是维持企业员工基本生产，并在原有的生产水平基础上进一步提升生产效率和产品质量。

基本知识与基本技能的培训广泛存在于企业的各项培训当中。如新晋员工对产品了解、安全生产、机器操作技能等方面的学习，普通员工对新设备的使用学习等。其特点在于所涉及的内容为企业运转所需要的最基本条件，是维持企业生产发展的最低层次途径。

2. 岗位前沿更新知识

岗位前沿更新知识即在行业内部的与企业发展密切相关的前沿科技、生产信息。一般而言，前沿信息的传递有利于企业员工对行业发展与自身发展保持清晰的头脑，使员工对产品或生产工艺保持敏锐的市场嗅觉，激发员工对生产的创新意识并通过生产和培训投入到积极的行动之中。

目前针对岗位前沿信息的传递培训主要包括三种：一种是针对企业新进的各种设备、生产工艺、管理理念等的培训；二是针对理论界关于某项能力的最新研究成果的介绍；三是针对企业高管、中层干部进行的管理理念、经营理念等的更新培训。由于岗位前沿信息具有较强的流动性和随机性，所以这类培训基本

---

① 张建民：《对企业培训内容与策略的思考》，《人才资源开发》，2012 年第 7 期，第 85 - 86 页。

通过邀请业界知名人士开展相关讲座的形式进行。此外，通过建设定期的信息传递机制也可以实现对员工的前沿信息传递培训。如在企业网站中实时更新行业最新信息，通过内部刊物的形式向员工介绍行业内部的各项最新研究成果及其应用等。

3. 品质保证体系的系统文件

企业依据1509000系列质量体系编写的系统文件，系统涵盖企业从经营理念、品质政策，到营销服务、产品开发设计、原材料配件采购与物流、生产工艺与质量控制、设备与人员等各方面，以及企业和生产各环节的管理体系、运作程序，甚至还包括了各工艺流程详细的操作规范S(OP)，这些是企业员工培训中非常好的内容。通过对系统文件的学习，员工们不仅能够了解与其相关的企业管理体系、生产工艺流程和质量控制方法，还可以了解到企业的经营理念，增强品质意识，加深对企业文化的理解①。

4. 企业文化

企业文化是一种亚文化，从广义上说，是指企业在社会实践中创造的物质财富和精神财富的综合；从狭义上讲，企业文化是指企业在经营管理过程中所形成的独具特色的思想意识、价值观念和行为方式。企业文化以人为本，以知为先，不仅能提高企业的核心竞争力，还能提高企业的整体管理水平，内部能加强企业的凝聚力和亲和力，外部能提高企业的竞争力和扩张力②。通过对员工，尤其是新晋员工的企业文化熏陶，可以促进企业员工凝聚力和向心力的增强，促使员工将个人的利益与企业的利益紧密联系起来，与企业的发展命运合二为一。此外，良好的企业文化可以提高企业的管理成效，使企业制度化建设起到实效。

5. 员工职业道德

除了针对员工的本职工作进行专业知识、专业技能培训外，对员工进行价值观教育、爱国主义教育、光荣传统教育等与社会主义荣辱观和中华民族传统美德有关的教育都有益于提高员工的综合素质，尤其是职业修养③。可以说，员工的职业道德素质直接影响职业行为的结果。由于市场经济是强者的经济，要想在竞争中立于不败之地，不仅在于技能技术和硬件设备的硬实力竞争，还包含着人员素质和职业道德的软实力竞争，强烈的职业责任心和社会使命感是员工提升自我素质的精神支柱和动力源泉。所以职业培训中的岗位技能培训、业务知识学习只有建立在卓有成效的职业道德教育上，才能结出丰硕的果实④。

---

① 彭吉祥：《企业员工培训内容与形式的选择》，《企业活力》，2004年第4期，第46－47页。

② 张婉楠：《辽宁联通的企业文化建设探析》，吉林大学学位论文，2013年。

③ 鄂凤如：《职业道德教育应该作为员工培训的必要内容》，《石油教育》，2007年第5期，第15－16页。

④ 王建华：《职业道德教育：员工培训的核心内容》，《中国职工教育》，2012年第7期，第37－38页。

员工职业道德教育的开展形式比较灵活,可以是职工的各项文化活动,也可以是优秀职工的先进事迹报告,还可以通过评比的方式进行员工道德模范的评优争先活动。其最终目的是要让员工能够在正确价值观的引领下将职业道德贯穿到工作的每一个环节之中,进而促进企业文化和企业精神在生产中的践行。

二、我国企业员工培训实施模式

(一)传统培训模式

1. 学科中心模式

学科中心模式完全脱胎于传统教育,它的基本框架属于典型的学历教育模式。它的主要特征是教师讲、学员记,然后考试过关;它的逻辑过程是从具体到抽象,重在知识传授而无法达到能力转换,即保“知”不保“会”。主要优点是:1)学科体系的逻辑性较强,便于传授文化知识和科学成果;2)以学生获取一定数量的知识技能为目标,使学习者容易学到系统的知识;3)在教学方法上强调学生的背诵和教师的灌输,使学员在短时间内获得大量知识,知识传授的接受效率高,故这种模式比较受欢迎。当然,它的致命弱点是在强调“科学逻辑”时,忽视了学员的接受能力和个性发展的需要,忽视了学员的动手能力,忽视了学员解决生产过程中经常出现的实际问题的能力,而这些有时会造成严重的损失①。

2. 学徒制培训模式

澳大利亚新学徒培训制度是为适应澳大利亚社会、经济发展和教育改革的需要而产生的学徒培训制度的现代模式。传统学徒培训制是一种古老的职业教育形式,在正式的职业学校产生之前,传统学徒培训制曾经是人们学习的普遍方式。在传统学徒培训制中,作为学习对象的知识和技能存在于实际运用的情境之中,熟练的从业者在教学的过程中始终持续地使用着这些知识和技能,学徒是在解决真实的任务时进行学习的。在过去的20年里,尽管澳大利亚学徒培训制和受训生制得到政府的强力支持,可仍然有一些因素无法使学徒培训体系带来预期的结果,如产业和职业的扩大导致技术短缺等。另一方面,由于20世纪80年代以来,澳大利亚加入国际化大市场带来的国际性经济竞争影响着澳大利亚国内的劳动力市场。经济全球化使得澳大利亚正逐渐从生产为导向的经济形式向提供服务和信息为主的经济形式过渡,手工技术含量在生产过程中的比重逐渐减少,对劳动者提出了新的要求和挑战,如要求劳动者具备更广泛的一般技能,而非那些很快就被淘汰的特殊技能;经济全球化使得澳大利亚那种曾为工艺

---

① 孟涛:《企业培训模式研究》,青岛大学学位论文,2007年。

行业而开发的培训体系也要逐渐适应并满足新兴的服务业和信息产业发展的需要,所以必须建立与之相适应的职业教育与培训体系,提高劳动者在国际市场的竞争力,增强国力。与此同时,基于传统学徒培训制度的基本特征,20 世纪 80 年代末,西方的一些学者提出进行第二次教育革命的呼吁(现行学校教育被认为是第一次教育革命)。他们认为:如果使传统学徒制的方法适应学习者思考和解决问题等认知技能的培养,那么这种新的现代学徒模式将在实现理论和实践的结合,在改革传统学校的物质设施、组织形式、教学方法、评价标准等方面,尤其在消融传统学校与社会各行各业的界线,加强校企的结合和渗透等方面掀起一场真正意义上的学习革命与教育革命。正是在上述背景之下,20 世纪 90 年代中期,随着澳大利亚政府的更替,霍华德政府将学徒培训制和受训生制合并,统一称之为“新学徒培训制”。

(二) 现代培训模式

1. 系统培训模式

该培训模式产生于20 世纪60 年代,美国陆军针对军事教学体系而设计,英国工业培训局向英国企业推广的培训工作中,都体现这种培训模式的特征。该培训模式的主要环节为:制定培训政策→分析培训需求→制订培训目标与计划、设计培训课程→实施培训计划→评价培训效果。其特点是:以培训需求和组织目标作为培训的出发点,培训被看作一系列的连续循环工作。其价值在于:培训工作有结构、有规则,强调了对培训工作实行有效的评价的重要性,以及它可以带给培训过程及其他环节的益处。因此,该模式应用最普遍,影响最广泛、最深远。其最大的缺点是对培训操作的实践指导性不是很强。

2. 持续发展型模式

该模式始于20 世纪90 年代。该模式提出了实现组织学习和持续发展必不可少的7 项内容:1) 培训政策:要形成文件,并有充实的内容;2) 培训责任与角色要求:包括高层管理者、经理人员、人事职能人员以及所有学员;3) 培训机会和需求的确定:对此要有相应的计划、任务说明,并进行专项评审;4) 学习活动的参与:应通过激励和协商来达到,而不是强迫的;5) 培训规划:要确定从培训工作预算开始的一系列问题的政策和具体内容;6) 培训目标的确定:应满足组织持续发展的要求;7) 培训效果:对此应从不同的角度和层面评估和管理。

该模式有两个基本特征:一是将有效培训置于更广泛的组织背景中,并探索培训与组织其他活动的联系;二是提出了实现组织持续发展的一系列相关活动内容。但这一模式关于持续发展的标准相对绝对,有些超出了培训经理的控制。

3. 学习型组织模式

从20世纪末开始,"学习型组织"理念在我国受到了广泛的推崇,成为许多组织培训工作的目标。其创始人美国组织心理学家克里斯·阿吉利斯在研究如何开发公司的个人潜力时,提出组织学习的概念,提倡企业应鼓励适宜的学习气氛,以期通过共同的努力达到企业的共同发展。之后,大卫·科尔勃和彼得斯分别对组织进行了描述,在此基础上,彼得·圣吉在《第五项修炼》中对"学习型组织"的概念加以充分的利用,并提出五项修炼原则,将学习型组织系统化、理论化,学习型组织理论在实践中开始全球盛行。

需要强调的是,学习型组织理论在实践中非常难以把握,也存在被滥用的现象。

4. ISO10015 模式

该模式来自国际标准组织发布的《国际标准培训质量管理指南(ISO10015)》。其培训实施的大体框架同系统培训模式基本相同,即包括确定培训需求、设计培训计划、提供培训和评估培训结果四个阶段。与系统培训模式相比较,ISO10015 模式的价值在于提供了一套操作性很强的培训实施步骤、方法和标准,并明确了培训实施每个阶段相对应的培训人员应尽的责任。其优点是:培训实施过程规范化,确立了培训的专业性和在组织中的权威地位,从而有助于改善培训在企业中可有可无以及培训人员在培训工作中无所适从的状况。但是,这一模式的硬性操作标准,会影响培训对组织目标的适应性以及培训的创新意识。

5. 行业培训模式

此模式立足于行业的需要,为行业、公司、企业培养所需人才。在从计划经济向市场经济的过渡中,一些大的国有公司经过减员增效,缩小了规模,而有的在市场经济的大潮冲击下倒闭停业。同时也涌现了许多小的企业,这些小的企业很难有能力培训所需员工,行业培训就解决了这个难题。在培训中,各个企业互展优势,弥补所需,达到了资源共享,使有限的人力、物力发挥了最大的效益。其不足之处在于仅立足本行业,难与社会其他行业沟通。

6. E 培训模式

e-training、e-learning,由于其具有培训内容更新快、培训时间随意、培训地点开放、培训费用低、工学矛盾小、培训效率高等显著的优点,因此网络培训模式必将成为新经济时代企业培训首选的模式。

A　远程教育模式

远程教育模式目前主要采用三种方式:第一种是利用电视网进行培训,培训信息源通过卫星发射信号,学员收看电视进行培训;第二种是利用"天网"进行培训,培训信息源通过卫星发射微波信号,受培企业通过微波接收装置接收后,供学员学习;第三种是利用因特网进行培训,培训信息源通过 INTERNT 传输信息,授权用户通过网上击点进行培训。这三种方式中,第一种方式广泛应用于电视大学教育,但是由于师生间无法互动,培训时间无法选择,故在企业培训中很少采用;第二种方式虽然可以实现师生互动,但在培训时间选择上也具有局限性;第三种方式是随着计算机国际互联网的发展出现的,既可以实时传输,实现师生互动,也可以随时随地点击,进行培训和考核,所以这是三种培训方式中最优秀的一种。中国石化集团公司计划在“十五”期间,建立远程培训网,下属子公司分别设立培训点。

B　企业内部网络培训模式

e 时代必然带来 e 企业,许多企业为了提高管理效率,实现生产和办公自动化,建立企业内部局域网成为必然趋势。企业内部网络培训一般通过两种方式来实现,一种是把培训软件发布在网上,供企业内员工下载后培训。如,镇海炼化公司计算机二级培训,就是通过这种办法,为自学者创造了培训条件,提高培训效率。另一种是 VOD 点播培训,由于局域网速度快,可以毫无阻力地在网上进行多媒体资料传输,这为 VOD 点播创造了条件。教育培训部门只要把培训资料放在服务器上,通过 VOD 软件,企业员工可以像唱卡拉 OK 一样自由点播自己喜欢的培训项目。至今镇海炼化公司不仅在企业内部建立了局域网,而且在员工家属区也建立了宽带网,为企业内部网络培训创造了条件。不远的将来,员工足不出户在家里随时都可以参加培训将成为现实。

C　仿真培训模式

许多现代化企业的生产装置都是连续生产的,这给生产装置技术人员、操作人员的实践性培训带来困难。采用计算机仿真培训,把生产装置和生产过程在计算机中动态模拟出来,用于培训,既安全又有效,在国内外已经得到广泛应用。仿真培训分为两类:一类是集中式培训,把几台装有仿真培训软件的计算机联成一个小局域网,集中安放在培训单位或生产单位一个地方,供员工培训;另一种是分散式培训,把仿真培训软件安装在服务器上,与企业局域网相连,经过授权的培训用户可以随时随地进行仿真培训。

7. 顾问型培训模式

随着国外专业顾问机构大量进入中国市场,顾问型培训模式开始受到广泛关注,主要原因在于它提供了较有价值的培训管理解决方案。它为培训管理者扮演组织战略促进者时要行使的培训支援的职能提供了方法。此模式如图 2-1 所示。

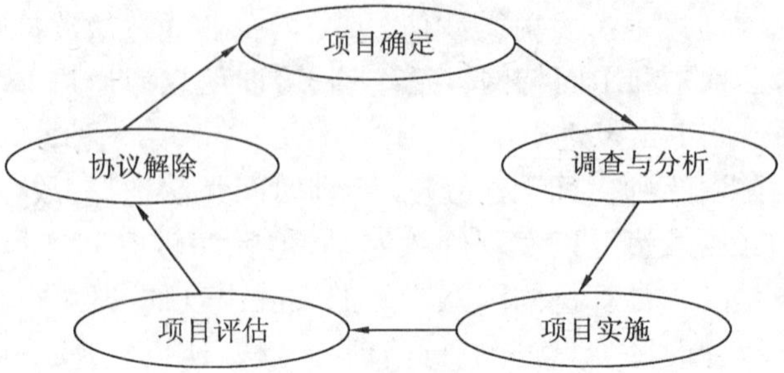

图 2-1 顾问型培训模式

但是顾问型培训模式本身仍存在不少问题。首先,外部顾问是独立于组织之外的,作为组织战略促进者的培训管理者有相对独立的组织结构,虽然在工作上必须与外部顾问建立密切的联系,但作为培训管理者个人,有更强的相对独立性和自由度,这完全违背了培训作为战略促进者角色定位的本意,培训管理者组织地位的提高完全是为了促进培训对组织发展的带动作用,是为了建立供应领先的培训文化考虑,而绝非因为培训工作须要给予培训管理者以特权。其次,顾问型培训模式因其对培训工作的介入完全是阶段性的,使得培训的连贯性和持续性发展难以得到保障。

为克服以上缺点,职业培训顾问对顾问型培训模式进行了改进。改进后的培训模式如图 2-2 所示,基本上没有实现对改进前局限性的突破。值得肯定的是改进后的培训模式将“评估”列为整体培训循环的核心,这是培训模式发展的重要一步,此种模式已经体现出组织评估为培训服务的迹象,观念的改进为更为先进的培训模式的提出提供了思路。

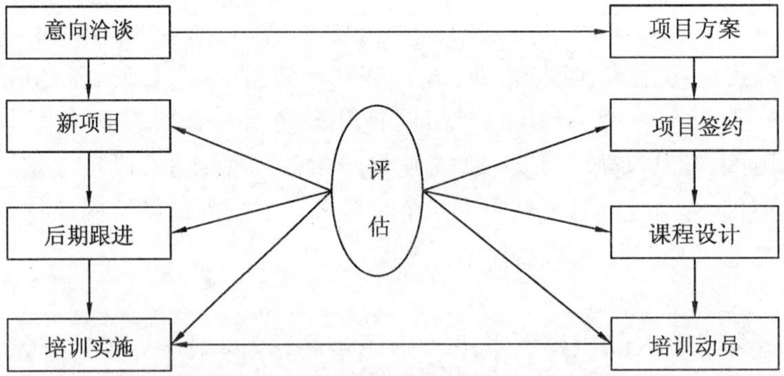

图 2-2 改进后的顾问型培训模型

三、吴江区企业员工培训内容

在“农民工培训”章节中,我们介绍了吴江区开展的特种培训、双千双百培训、巾帼家政服务员培训等涉及农民工及其以企业员工身份培训的项目。此外，针对企业员工的集体或个人培训提升需要，吴江区还开展了丰富多彩的技能培训项目。

（一）知识技能型内容

1. SIYB 创业培训

为了扩大就业，促进再就业，经劳动保障部与国际劳工组织协商确定，在我国全面引进并组织实施“创办和改善你的企业”系列创业培训项目，项目名称简称“SIYB 中国项目”。

SIYB 项目是国际劳工组织针对微小企业创办者提高能力的品牌培训项目，包括 GYB、SYB、IYB、EYB 四个培训模块，是就业促进战略的重要组成部分（见图 2-3）。在全球八十多个国家（近三十年）的推广实践中，培训体系得到了不断发展和完善；在中国近三年的试点中，SYB 培训受到了小企业创办者的普遍欢迎，成功创业和就业人数倍增，效果显著。

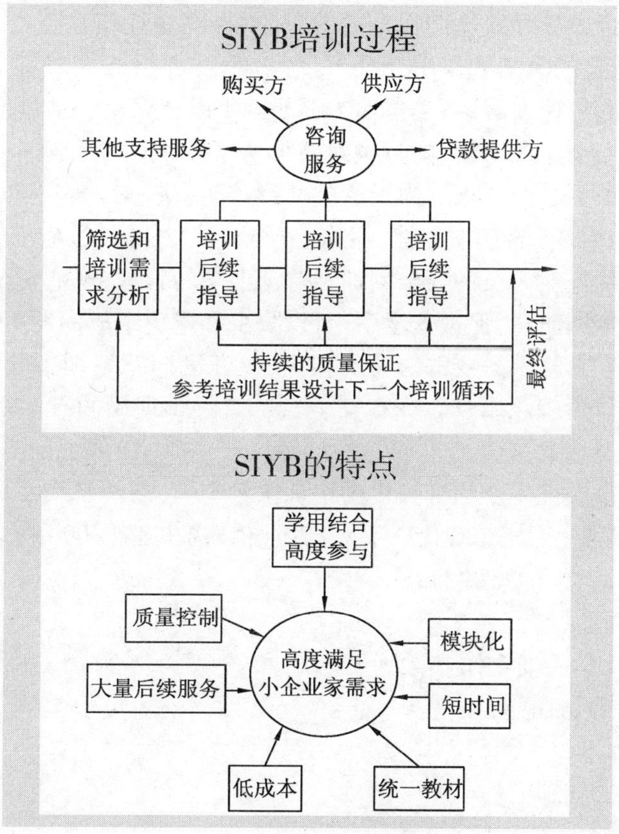

图 2-3　SIYB 创业培训与特点

2. 全国计算机信息高新技术培训考试

全国计算机信息高新技术考试是根据原劳动部发[1996]19号《关于开展计算机信息高新技术培训考核工作的通知》文件，由人力资源和社会保障部职业技能鉴定中心统一组织的计算机及信息技术领域新职业国家考试。

原劳动部劳培司[1997]63号文件明确指出，参加培训并考核合格者由劳动部职业技能鉴定中心统一核发“全国计算机信息高新技术考试合格证书”。通过计算机信息高新技术考试，获得操作员、高级操作员资格者，分别视同于中华人民共和国中级、高级技术等级，其使用及待遇参照国家相应规定执行；获得操作师、高级操作师资格者，参加技师、高级技师技术职务评聘时分别作为其专业技能的依据。

3. 特种作业上岗证安全培训

特种作业人员的安全教育和培训是企业安全管理和政府安全监督的重要内容。做好这项工作，对保障特种作业人员及其他人员在作业过程中的生命安全，防止重特大安全事故和人员伤亡事故的发生，提高企业安全生产水平及经济效益，具有十分重要的意义和作用。

经济社会的快速发展、科学技术的不断进步以及安全法制建设进程的加快，极大地推进了安全生产工作，同时也对新形势下安全生产和安全培训工作提出了更新的标准和更高的要求。为了适应新形势，更进一步落实党的“安全第一、预防为主、综合治理”的基本方针，实施《安全生产法》《江苏省安全生产条例》，依法加强对特种作业人员的安全培训和持证上岗的管理，规范安全培训工作，大面积提高安全培训质量，促进安全生产，以减少和避免事故的发生，给国家、企业和家庭以及个人带来不必要的痛苦和损失，吴江区职业培训指导中心将依据国家安全生产监督管理总局及江苏省安全生产监督管理局的有关规定，对特种作业人员进行安全技术培训。

特种作业上岗证安全培训开设的培训工种有：

A　电工作业（低压380伏以下），高压（值班）电工（1 000伏以上）；

B　电焊（焊接与热切割）；

C　高处作业（登高）；

D　危险化学品安全作业；

E　冲压、剪切作业；

F　制冷作业。

4. 维修电工培训

◆ 初级维修电工培训

培训内容：电工基础知识、常用电工仪表、低压电器，电气安全基本知识、电气线路、电气设备，接地与防雷、变压器基本知识、异步电动机、并联电容器，电器照明和保证安全的措施。

◆ 高级维修电工培训

培训内容：电路与磁路、电机及电力拖动基础、电子技术应用、工厂供电技术、电气设备控制技术、可编程序控制技术（PLC 技术、变频器技术等）共六门专业课程和一门高级电工技能训练指导课。

◆ 维修电工技师培训

培训内容：电子技术基础、电机、晶闸管变流技术、自动控制、电动机调速系统、可编程序控制器和机床数控技术。此外，教材部分还介绍了机电一体化技术、计算机辅助设计和现代管理的基本知识。

5. 全国海关报关员培训

报关员是指通过全国报关员资格考试，依法取得报关从业资格并在海关注册登记，代表所属企业（单位）向海关办理进出口货物报关业务的人员。

培训内容主要采用教材《报关员资格全国统一考试教材》《进出口商品名称与编码》，主要辅导考试重点、答题技巧、解题方法及对知识结构体系的理解。

6. 全国报检员培训

报检员是指获得国家规定的从业资格，在国家质检总局设在各地的出入境检验检疫机构注册，办理出入境检验检疫报检业务的人员。报检员受国家质检总局主管，检验检疫机构负责组织报检员资格考试、注册及日常管理、定期审核等工作。报检员在办理报检业务时，应当遵守出入境检验检疫法律法规和有关规定，并承担相应的法律责任

培训内容：针对专业法律法规、报检实务、专业英语、最新检验检疫规定等内容进行详细的讲解，帮助考生在最短时间内掌握报检专业知识、专业技能和相关知识以及与报检工作相关的法律法规等。

7. 会计类培训

会计从业资格证培训：会计证是具有一定会计专业知识和技能的人员从事会计工作的资格证书，是证明能够从事会计工作的唯一合法凭证，是进入会计岗位的"准入证"，是会计工作的"上岗证"，不分级。

培训内容：主要课程有：《会计基础》《职业道德与财经法规》《财会电算化》。

8. 插花艺术培训

培训内容：

A　插花理论知识：基本概念、插花发展简史、花材、花器、花语、习俗、基本技法、插花的基本形式及其操作方法、插花艺术中的美学原理、点线面块在插花中的应用、作品的品评、商品花艺、花店经营。

B　插花技能要求:熟练掌握花篮、花束、盆花、捧花、水果花篮、开业花篮以及干花的插花艺术,并且对插花的造型、搭配(环境、花色、器具)、层次应有一个明确的了解,并能掌握各种样式插花的方法及技能。

9. 烹饪师培训

培训内容:中(西)式烹饪师,以《烹饪基础知识》《烹饪原料知识》《原料加工技术》《烹调技术》为主要教材。理论和实践相结合,具体分为:营养学、饮食卫生及安全生产、成本核算及职业道德,原料的基本概念、特征及分类方法,水产、禽类干货的加工,菜肴"冷热菜"的制作工艺等。

10. 计算机类培训

◆ 初级办公自动化

培训内容:

A　简单使用和编排 Word 电子文档的方法。

B　使用 Excel 制作、编辑和美化,以及电子表格的简单排序、筛选和分类汇总。

C　介绍简单的上网方法。

◆ 中级办公自动化

培训内容:主要介绍 Windows XP、Word 2003 和 Excel 2003 这三种软件的使用方法、操作技巧并通过大量的实例演示了它们的具体作用。

◆ AutoCAD 2006

培训内容:主要介绍 AutoCAD 的基础知识、二维图形的绘制与编辑、尺寸和文字标注、图块与外部参照、简单三维绘图及其编辑、图形的输出与 Internet 功能等。

◆ Photoshop

培训内容:主要介绍数字图像与 Photoshop、Photoshop 的工具箱、Photoshop 的基本操作、图层的概念及其使用技巧、图像的调整与影调的修饰、Photoshop 中的通道和蒙版、Photoshop 中文字的使用。

11. 绿化工培训

绿化工指具备绿化养护专业知识,熟悉植物生长习性,以管理养护植物为职业的实用性人才。

培训内容:植物学、土壤肥科学、园林植物保护学、园林树木学、花卉与地被、种植设计、种植施工与养护等知识。具备土壤理化性质测定或改良、防治植物病虫害、识别园林植物、树木整形修剪、大中型树木移植、花坛或展台布置等技能。

12. 电子商务(淘宝)培训

培训内容:

网店经营细节、玩转淘宝各项功能,制定定位策略,组织合适的货源。如何做好客户服务，如何控制物流成本，如何做好图片处理与美化，如何做好网店装修，如何解决网店安全与纠纷，如何让你的网店人尽皆知。

网上开店课程天数为5天，由淘宝专业讲师负责讲解。

创业优惠政策、创业计划制订课程为一天，由SYB专业讲师负责辅导，为成功创业的学员提供小额贷款、创业补贴、社会补贴等多项优惠措施的咨询。

13. 纺织面料分析设计员培训

培训内容：

A　纺织原料性能、特点、应用及各种原料鉴别方法。

B　熟悉使用各种织物分析相关设备（捻度机、天平、显微镜等）。

C　了解织物生产的工艺流程。

D　面料成本核算及上机织造工艺单的编制。

E　实例分析各类织物。

F　纺织面料流行趋势的捕捉与运用。

G　面料创新设计手法。

H　新型化纤原料的特性及其在面料设计中的应用。

14. 纺织染整跟单员培训

培训内容：

A　纤维分类及各种纤维染整要点。

B　纺织品染色加工流程分类、基本常识及专业术语。

C　染厂确认与匹样确认。

D　染整跟单的颜色控制。

E　常见品种染色加工中易出现问题及解决方法——春亚纺、涤塔夫、尼丝纺、塔丝隆、桃皮绒、锦涤、阳离子、仿真丝产品等。

F　印花技术要点及常见问题解决方法。

G　涂层技术要点及常见问题解决方法。

15. 企业人力资源管理师（二级）培训

培训内容见表2-2。

表2-2　企业人力资源管理师（二级）培训内容

课程内容	知识和技能
人力资源规划	组织机构的设置、调整与分析，企业人员计划的制订、管理制度与费用预算
招聘与配置	招聘需求分析、工作与胜任能力分析、招聘程序与策略、招聘渠道分析与选择、人才选聘的技巧及运用、降低员工流失的措施
培训与开发	建立培训制度、制定培训规划、确定培训对象、培训需求分析、制订可提升员工的发展计划、培训方法的选择、培训效果的评估

续表

课程内容	知识和技能
绩效管理	绩效管理系统的设计与运行、绩效管理的面谈、绩效考评的方法
薪酬福利管理	岗位评价与薪酬等级，薪酬调查、计划、结构，制度的制定、调整，人工成本核算，福利项目的设计，补充养老保险和医疗保险的设计
劳动关系管理	劳动合同管理，劳动合同文本的准备、订立和变更、解除与终止，集体合同的协商和履行、劳动争议处理制度、员工沟通

16. 企业培训师(二级)培训

培训内容：

A　企业培训师基础知识(经济学、职业教育、职业培训基本常识、政策法规基本常识)。

B　培训计划的制订与实施、培训项目的策划与开发、培训课程开发的技术与方法、培训教材的选择与开发、培训教学管理、培训评估及培训质量管理体系建设等。

C　人员素质测评、岗位职务描述、现代培训技术应用等。

17. 企业高管培训

2007 年吴江区经贸委调整了工作方式和重点，提出了“抓大、促中、扶小”的工作思路，全面实施“中小企业素质培育工程”。其内容主要是：充分利用和发挥社会各类资源优势，对全市年销售收入 3 000 万元以下、500 万元以上的企业组织培训，开展国内外宏观形势辅导、如何让家属化管理向现代企业管理转型、现代企业管理方法的运用技巧、新会计制度、新税法、物权法等方面的培训和辅导，进一步提高中小企业管理人员(特别是中小企业家)综合素质和企业管理水平，破解制约中小企业发展的“头脑问题”，促进中小企业持续健康稳定地发展。

其主要培训内容包括：

A　中小企业负责人培训

表 2-3　中小企业负责人培训内容

项目	内　容
首期中小企业负责人培训班	民营中小企业面临的新形势及新对策、中小企业营销战略与实战、现代企业管理与战略、全面预算管理与企业内部控制、外贸营销
服装集群产业班	民营中小企业面临的新形势及新对策、中小企业营销战略与实战、现代企业管理与战略、外贸营销
丝绸纺织集群产业班	中小企业营销战略与实战、现代企业管理与战略、外贸营销、现代纺织行业发展的走势及前沿
钢构净化集群产业班	中小企业营销战略与实战、现代企业管理与战略、JIT 生产和精益生产管理、中小企业的 ERP 管理

B　优秀企业家赴新加坡培训

吴江区已经连续多年选派优秀企业家赴新加坡国立大学管理学院培训，与新加坡国立大学管理学院建立了良好的协作机制，在课程设置、行程安排、手续办理、师资选择等方面，已经积累了丰富、有效的经验。该区每年选派30名优秀企业家及高层管理人员赴新加坡国立大学管理学院培训，培训课程包括“决策管理”、“领导与管理”、“企业竞争优势与战略”、“创新经营与管理”、“企业变革与流程再造”、“战略人力资源管理”、“品牌建设”、“销售管理”等。

（二）企业文化与员工素养

企业文化和员工素养等“软文化”在企业员工培训中同样占据着重要的部分。吴江区从行政部门到企业个体均重视企业文化的熏陶和员工综合素养的提升。在企业文化方面，各企业主要通过新员工的入职培训进行企业精神、企业核心价值观、企业经营理念的介绍以及在待人处事细微处感染员工，使之认同并将企业文化渗透到工作的每一个环节之中。部分企业更是通过志愿服务、社会公益等形式让企业文化以员工为个体在社会中传播；政府部门则组织丰富多彩的评奖评优、成果展示活动来展现和培植企业的独特文化，发扬吴江企业顽强拼搏、开明开放、创新实践的精神。如吴江区工会精心营造“文化留人，情感留人”的氛围，举办了十佳优秀企业报刊、十佳企业文化示范点评选，建成康力电梯等工会职工图书分馆（站）15家，为企业培育了竞争软实力。成立吴江职工文化艺术协会；顺利举办第五届全区职工文艺大赛、时代印记职工收藏展；吴江职工艺术团进企业慰问演出30场，培训企业文艺骨干4 000人次，电影进企业115场。江苏工人报以《职工艺术团　吴江新风景》为题，专题头版报道了吴江区职工艺术团工作，吴江电视台制作了系列报道节目——《我的团长我的团》。随着企业文化建设的深入进行，涌现了中达达人秀和福华厂歌歌曲大赛等文艺品牌，使企业文化建设逐步推进。

资料链接2-3

吴江农商银行以志愿服务推进企业文化建设①

开展志愿服务是吴江农村商业银行落实省级文明单位创建工作的重要抓手。今年以来，该行注重从三个重点，围绕七个方面，以志愿服务为载体，以构建长效机制为目标，积极营造“温暖他人，提升自己”的企业文化氛围。

吴江农商银行整合扩充了志愿队伍，成立彩虹志愿者服务队，负责人由行领导亲自担任，同时整合现有资源，加强思想引导，按照“一支行一分队”的思路，组织分团队，扩充志愿队伍，目前，全行已有登记志愿者427名，占员工总人数的

---

① 资料来源：吴江新闻网。http://www.wjdaily.com/node/NewsShxw/2013-8-12/20130812081952561.html

30%以上，基本覆盖全行各业务条线。同时，加强管理引导，建立总支两级统筹协调管理机制，一方面将志愿服务列为基层责任制考核项目，增强主动性；另一方面注重协调开展，将基层自主开展与总行统一部署相结合，调动积极性。

吴江农商银行围绕便民服务和慈善公益两大主题，采取义务上门服务、广场设点咨询、发放宣传资料、包干劳动、捐款捐物、爱心助学、扶贫救济等多种形式，同时结合先锋党组织建设、文明城市测评迎检等当前重点工作，积极发挥志愿者作用，参与本单位各类文明创建活动。该行将志愿工作纳入企业文化建设，将志愿者队伍建设纳入员工职业素质提升范畴，将志愿活动作为企业落实服务三农、小微企业责任的延伸，通过不断"走出去"，拓展服务，锻炼能力。

吴江农商银行还组织青年志愿者开展拓展联谊、道德讲堂、职业素养培训、青年员工思想道德教育大会、员工座谈会等活动，加强团队凝聚力、向心力，并建立定向联系人制度，促进志愿组织管理进一步由分散向集中的发展。

在员工素养方面，企业通过建立工会、职工文艺团等组织提升员工的综合素养；通过开展职工技能竞赛、优秀职工评选等活动着重提升职工职业素养；通过职业生涯规划、职业指导课程等项目对职工的职业规划、职业理想、职业兴趣等进行引导；通过成立心理辅导机构、为企业培训或派驻心理咨询师等对企业职工的心理健康工作进行指导。例如"双百双千"工程是吴江区总工会于2012年年底启动部署并着力为全区企业职工打造的一项实事工程，力争在三年时间内命名并扶持100家企业作为培训基地，为企业提供100家精品课程，培养1 000名企业工会职业化干部，创建技能人才工作室，建立1 000名"首席技师"、"金牌工人"职业技术人才数据库。该工程在建设过程中围绕加强科学文化素质建设、技术技能素质建设、职工心理健康教育、健康安全素质建设、职工业余爱好培养五个方面，就开展学历教育培养、通用性职业技能培训、管理人员培训、艺术培训等课程作了详细介绍，并提出了各类技术技能培训和劳动竞赛、岗位练兵活动覆盖率达到85%以上，建立一支由20名企业心理咨询师组成的专业心理危机干预团队，培养100名企业心理辅导员，"安康杯"竞赛活动覆盖率达到80%以上，企业职工劳动法律知识普及率达100%，最大限度地满足职工业余艺术爱好等目标，不断完善技能竞赛平台、学历提升平台、心理素质教育服务平台、职工文化艺术平台。

江苏省吴江供电公司职工书屋书香味浓①

在宽敞明亮的职工阅览室里，书架上摆满了琳琅满目的图书和杂志，借阅书籍的职工络绎不绝，有的在专心致志地挑书，有的在认真地查阅资料，还有的则

---

① 资料来源：吴江新闻网。http://www.wjdaily.com/node/NewsShxw/2013-8-12/20130812081952561.html

聚精会神地阅读,沉浸在浓浓书香之中……自7月22日苏州市吴江供电公司开放职工书屋以来,每天都迎来了一批又一批读者,在公司上下营造出了“创建学习型企业、争做知识型员工”的良好氛围。

今年上半年,为全面提高员工队伍的整体素质,丰富职工的业余生活,吴江供电公司克服办公室资源紧张等困难,专门在大楼7楼开辟新空间,建立职工书屋。经过精心组织、筹备,书屋现有藏书一千五百余册,涉及电力技术、政策法规、文学艺术、历史传记、医学保健等。同时为方便职工查阅和解决在工作上遇到的各类疑难问题,职工书屋还设置了专门的阅读区和资料查询区。如今,集阅览、查询资料、休闲为一体的职工书屋已成为吴江供电职工丰富业余文化生活、学习充电、拓展知识的主阵地,受到广大干部职工的广泛好评。

第四节　企业员工培训效果与未来培训设想

一、企业员工培训的相关理论基础

(一) 建构主义理论

建构主义是近年来影响最为广泛的一种学习理论,皮亚杰、维果茨基是该理论的代表人物。建构主义认为学习是学习者在一定的情境中,借助他人(包括教师和学习伙伴)的帮助,利用必要的学习资料,通过意义建构方式而获得结构性的知识和非结构性的经验背景。建构主义认为,理想的学习环境应当包括情境、协作、交流和意义建构四个部分。

知识观上,建构主义者一般强调,知识并不是对现实的准确表征,它只是一种解释、一种假设,它并不是问题的最终答案。相反,它会随着人类的进步而不断地被“革命”掉,并随之出现新的假设。而且,知识并不能精确地概括世界的法则,在具体问题中,我们并不是拿来便用,一用就灵,而是须要针对具体情境进行再创造。另外,建构主义认为,知识不可能以实体的形式存在于具体个体之外。在学习观上,学习不是知识由教师向学生的传递,而是学生建构自己的知识的过程。学生不是被动的信息吸收者,而是意义的主动建构者,这种建构不可能由其他人代替。学习是个体建构自己的知识的过程,这意味着学习是主动的,学生不是被动的刺激接受者,他们要对外部信息做主动的选择和加工,因而不是行为主义所描述的S—R的过程。在学生观和教学观上,建构主义者强调,学生并不是空着脑袋走进教室的,在以往的学习和生活中,他们已经形成了丰富的经验。有些问题他们即使没有接触过,没有现成的经验,但当问题一旦呈现在他们面前时，他们往往也可以基于相关的经验，依靠他们的认知能力（理智），形成对问题的某种解释。教学不能无视学生的这些经验，另起炉灶，从外部装进新知识，而是要把学生现有的知识经验作为新知识的生长点，引导他们从原有的知识经验中“生长”出新的知识经验。

（二）分布式认知理论

分布式认知理论是20世纪80年代认知科学在对自身研究方法进行反思的背景下，受到现代哲学和心理学等因素影响，结合了社会科学的研究方法，通过对社会实践共同体中认知现象的研究而逐渐发展起来的。分布式认知观点认为，认知分布于个体内、个体间、媒介、环境、文化、社会和时间等之中，强调认知功能的系统性，这与现代系统论原理是相符合的①。

传统认知观把认知看成局部性现象，总是在个体层次上，从大脑内部信息处理的角度对其进行解释，这样就限制了对在个体层面上不可见的一些有意义因素的关注。赫钦斯力图打破这种局限，认为认知具有分布性：“我将从个体的自然的情境性认知角度来思考问题。只是在海上（对轮船导航的研究）完成了我的第一个相关研究之后，我才意识到认知之社会分布性的重要性。”“有充分的证据说明一个小组的认知属性是不同于小组之成员的认知属性的。在研究人类的认知能力时考虑到这一点是很重要的。”“……这是什么意思呢，当然是说个人的认知也是分布式认知。”所以他认为认知最好被理解为一种分布现象。分布式认知据此提出了一个研究认知的新的分析单元——功能系统（Functional System，一种社会—技术系统，包括参与者全体、人工制品和他们在其所处特定环境中的相互关系），在这个超越个体的分析视野中强调认知在时间、空间上和在个体、制品、内部及外部表征之间的分布性，并且要求在工作情境的层次上解释人类活动中的智能过程是如何超越个体参与者之界限的。

（三）联想学习理论

联想学习理论是传统的学习理论，包括两个基本方面：经典条件反射理论和操作条件反射理论。

经典条件反射理论是由苏联生理学家巴甫洛夫于1903年提出的，而操作条件反射理论则是由美国心理学家斯金纳于1938年提出的。经典条件反射理论认为学习者是被动的，学习是两种刺激间形成的某种联结。这种理论认为某种能引起有机体非条件反射的非条件刺激物与一种中性刺激反复接近出现时，原来不引起反应的中性刺激，也能引起反射。操作条件反射理论认为，学习是由于反应与奖惩之间形成的某种联结所造成的，即当有机体做出某种反应总能得到

① 唐文君：《论现代企业培训的理论基础》，《职教论坛》，2008年第1期，第30－33页。

奖励(斯金纳称为正强化)时,这种反应就会增强。当然,这种反应的强度取决于许多因素,如奖励量、奖励或强化时间、强化方式、反应行为的复杂程度等。

斯金纳对这些影响因素,尤其是对强化方式进行了深入的研究。斯金纳把强化方式分为两种:一种是连续强化,它是指有机体每次做出反应都给予强化;另一种是部分强化或称间歇强化,是指有机体作出反应后不是每次都强化,而是时有时无、时断时续地强化。部分或间歇强化实施方式也分几种:定时强化,是指按一定时间给予的强化,如工资就是定时强化。变时强化,是不按一定时间所施予的强化,有时几天一次,有时几星期一次,使员工无法投机,而时时注意努力。定率强化,是按一定的反应次数施予强化,如计件工资,以售货多少定成绩等;生产或销售越多,得到的报酬越多。变率强化,强化次数不等,有时出现一次反应便给予强化,有时做出十次反应才给予强化。

以上几种强化方式对反应强度与反应持续性影响的确不同,部分或间歇强化会比连续强化有效,变时、变率强化又比定时、定率强化有效。若要使培训对象努力学习,则定率强化较定时强化为佳,而变率强化又较变时强化为佳。因此,培训或管理者宜采用变率强化。然而,每种强化方式各有其特征和优点,培训和管理人员应视整个情境的变化善为应用之。例如,例行性的培训,开始时可采用连续强化,其后可改换各种不同的强化方式,以收到较好的效果①。

(四)学习型组织理论

美国麻省理工学院斯隆管理学院教授彼得·圣吉在1990年出版的《第五项修炼——学习型组织的艺术与实务》一书中提出:未来真正出色的企业将是能够设法使各阶层人员全新投入并有能力不断学习的组织——学习型组织。这种组织具有持续学习的能力,具有高于个人绩效总和的综合绩效。彼得·圣吉提出了创建学习型组织的"五项修炼",即自我超越、改善心智模式、建立共同愿景、团体学习、系统思考。彼得·圣吉将"系统思考"放在其他四项修炼之上。创建学习型组织的关键是企业要成为一个具有系统思维的组织。

"学习型组织"理论对企业培训工作的意义在于全面更新了培训理念:认为企业培训的目标是创建"学习型组织",培训的内容是以提高员工的学习力即学习的动力、毅力和能力为主,将员工个体培训扩展为团体培训,将局部培训扩展为全员培训,实现由"阶段培训"向"终身培训"的转变,实现由"知识、技能的传授"向"学习力的提高"的转变,才能使组织适应不断变化的环境,实现可持续发展的战略。

"学习型组织"理论对员工培训的内容、方式、目标及侧重点等各方面都提

① 陆珉:《员工培训的理论基础综述》,《商场现代化》,2007年第30期,第107－108页。

出了更加系统的要求，开辟了研究培训的新领域，使培训本身真正转化为一种高回报的新产业。可见，系统管理理论时期对培训理论的研究侧重于将组织目标作为培训的起点、手段和归宿，通过确立系统的组织目标、明确的企业文化和一定的个体需求分析，全方位激发员工的学习热情，使员工培训的研究日趋成熟、全面、科学，对实践产生更强的指导意义①。

（五）社会学习理论

社会学习理论是由美国心理学家阿尔伯特·班杜拉于 1977 年提出的。它着眼于观察学习和自我调节在引发人的行为中的作用，重视人的行为和环境的相互作用。班杜拉认为，应探讨个人的认知、行为与环境因素三者及其交互作用对人类行为的影响。按照班杜拉的观点，以往的学习理论家一般都忽视了社会变量对人类行为的制约作用，他们通常是用物理的方法对动物进行实验，并以此来建构他们的理论体系，这对于研究生活于社会之中的人的行为来说，似乎不具有科学的说服力。由于人总是生活在一定的社会条件下的，所以班杜拉主张要在自然的社会情境中而不是在实验室里研究人的行为。

二、企业员工培训的“现实”与“理想”——基于几个问题的思考

企业员工培训是企业维持正常运营并谋求可持续发展的必由之路。人才对于企业的成长，尤其是新兴产业下的大中型企业来说更是“致命要害”。所以员工的引进和岗位提升成为保证企业员工整体素质稳中有升的关键步骤。企业员工培训正是岗位提升的具体化运作方法，也是企业最为普及和经济地提升员工素养的方法。无论是西方国家百余年在其独特文化土壤上形成的追求标准化、制度化、人性化的员工培养与晋升体系，还是中国在几千年文化积淀里提炼出的宇宙之道与人生智慧中形成的具有中国特色的管理与培训体系，在实际运转过程中，总是绕不过关于培训目的与培训实施的几个关键问题。不同阶段、不同背景、不同规模的企业对于这几个关键问题的回答也许存在着较大的分歧，有些讨论似乎是新旧观点的博弈，并不具备时代性的价值。以下的讨论并不是试图去弥补分歧，而是在不同观点的陈述和分析中探寻企业培训存在的真正意义与未来可能的发展路径。

问题一：培训依托个人魅力还是团队协作？

我们常常可以看到某一培训师慷慨激昂地在讲台上高谈阔论，台下的员工聚精会神地聆听和记录，时不时也能发现个别员工“眼含热泪”地“点头附和”。也可以看到某一位西装革履的教师拿着教材，在一间挤满员工的教室里为员工

① 张星：《西方员工培训理论：从传统到现代》，《中国城市经济》，2011 年第 15 期，第 309－310 页。

传授经验、“指点迷津”——这是中国企业绝大多数员工培训的组织形式和开展方式。不可否认的是,“教授型”培训的确为企业员工的技能提升贡献了实际价值,某些专家学者的言谈说辞也的确具有时代性和启发性,也能够为企业(尤其是中小企业)“以小代价取得高收益”的培训理念所认同。所以,这种现象背后抽离出的培训模式即为某些专家的“个人秀”。而与之相对应的却是以团队运作为主的企业员工培训模式。团队运作强调员工培训的系统性和多元性,不仅是培训内容的系统设计,还包括培训方法、培训地点、培训时间的精心挑选与合理搭配。讲座和授课仅仅是员工培训的一种实现手法,更重要的是要注重员工在培训中的个性化的多元体验。如今专门为公司提供员工系统化培训和所谓素质拓展训练的企业比比皆是,其背后的运作团队包含培训内容的设计、员工现状的实际考察、员工培训的时空安排、培训方法和频次的选择、培训效果的评估与验收等。当然,团队化的运作以及系统化的设计与实施也需要一笔不小的实施经费做后盾。越来越多的企业也开始着手建立专门的员工培训部门以开发适合企业的员工培训体系。

个人魅力与团队协作的两种不同风格的培训方式在实际运作中似乎并不矛盾,企业完全可以根据自身的需要选择任意一种培训方式,抑或是其他新颖的方式进行培训工作。可是两种培训方式背后隐藏的关于培训的内在含义却有着较大的区别:一种强调经验的传授与情感的互动,另外一种则强调内容的系统与体验的多元,经验和情感只是培训中的一小部分。也许有人认为后者更具科学性和系统性,但是就权威性和性价比而言前者可能更具优势,关键就在于对培训目的的认识和对培训投入产出比的考量。无论将何种方式作为培训操作过程中的“指导思想”,实现培训目的才是最终的归宿。

问题二:哪痛医哪还是前瞻性培训?

中国企业员工培训往往是出于新技术或新工艺操作员工的缺失,抑或是全行业整体技能水平的提升导致的“不入流”状态,也就是俗话所说的“哪痛医哪”。这种亡羊补牢的培训理念拯救了部分即将“垮塌”的企业,但也在行业内部饱受诟病。与之相对应的则是很多大中型企业实施的“前瞻性培训”。这种培训不仅仅在于定期制订完善的培训计划,更在于其建立在对行业内部技术更新换代和新技术的潜在应用价值的科学判断基础之上,使得企业能够在新一轮技术革命到来之前做好充分的人力资源保障准备。

就先进培训体系建设应该具有的特点来看,前瞻性培训应该是企业今后寻求建立科学完善高效的培训体系所应该选择的方向。但是就目前中国大部分企业,尤其是中小企业的运作情况来看,以“哪痛医哪”为代表的培训理念似乎占据了大片江山,特别是对新晋员工的培训更是如此。再加上前瞻性培训所占有的企业资源和背后所需要的资金支持，也使得一些中小型企业对此望而却步。所以企业对于培训理念的改变，不仅是时代发展的推动，同时也须要建立在企业发展的客观环境之上。

问题三：医生？教练？

沿着问题二的思路，我们提出第三个问题：培训师或者培训团队究竟应该是"医生"的角色，还是"教练"的角色？反过来思考，培训对象是应该做一个"等待治疗的病人"，还是做一个"等待被开发潜力的球员"？答案似乎不言而喻。但是这个问题提出的意义在于，很多中国的中小型企业本身就是"带病上阵"：如企业运作体制不健全，员工素质参差不齐，企业发展依旧是本着"劳动密集"、"以环境换效益"等非可持续性发展战略，对行业前沿信息的了解渠道不畅等。如果我们过于强调对员工甚至是管理层的潜能开发，是否会造成类似于"揠苗助长"的培训错位。错位的前提是定位出现偏差，而对于企业员工的定位是否可以一视同仁？这也是一个值得商榷的问题。仅仅就农民工和一般意义上的城镇普通工人而言，两者就存在太多的差异。

问题四：员工人力资本提升 = 企业效益提升？

这个等式是企业愿意从事员工培训的基本判断，似乎也毋庸置疑。但是社会转型带来的观念和物质上的转变却又不得不重拾对基本判断的再思考。人的发展是当今社会转型领域关注的热点话题，胡锦涛同志提出构建以人为本、科学发展的和谐社会，也为社会转型明确了方向。"以人为本"从现代意义上来讲，就是以人的权利为本，简而言之就是以人权为本，在解决温饱以后，要注重人的全面发展。就此看来，将以人为本贯彻到员工培训之中，是否是我们现在看到的这番培训场景呢？社会转型面临的技术革新的冲击和技术价值的审视，又是否提醒我们应该在员工培训的道路上重新审视方向？有学者言：在这个明显浮躁的培训行业里面，即使是那些理论创始人，能够很好地阐述或者利用自己的理论真正为企业创造价值的并不多。如果培训不仅没有给学员带来能力的提升，没有促进企业生意的增长，还将企业带入歧途，那企业的损失就不仅仅是金钱的问题了①。阿里巴巴（中国）网络技术有限公司人力资源总监王丽君也曾经发表过关于"培训无用论"的言论，更是直言"员工发展是自己的事"。

当然，个别企业家、培训师对员工培训提出的质疑并不代表全行业的看法，笔者认为员工培训对于企业的长期发展是具有战略意义的。但是对这个等式提出质疑，是为了能够警示人们去重视对员工进行人力资本投资方式的遴选和方向的把握，将员工真正置于发展的视域去对待，以企业和员工的共进为指导原则

① 穆兆曦：《80%的企业培训是没有用的》。http//news.sina.com.cn/o/2013-08-18/174027981504.shtml

设计和实施员工培训，否则员工培训仅仅只是个耗费企业经营心血的“空架子”。

企业员工培训是一个经济、管理、人力、社会等多学科交叉的研究领域。所要讨论的绝不仅仅是四个业内人士长期“纠结”的问题，更不仅仅是本章关于企业员工培训的简单思考。如何在社会转型背景下做好企业员工培训，如何在建设面向全民的职业技能培训体系的框架下完善现有的企业员工培训体系，都是转型期需要从理论和实践层面思考的重大课题。

第三章

社会转型背景下的农民工技能培训

第一节 从农民到工人的角色转换——农民工培训实施的背景探析

一、农民工——中国城乡二元体制的产物

农民工,是指户籍身份还是农民,家有承包土地,但主要从事非农产业,依靠工资收入生活的人员,在本地乡镇企业或者进入城镇务工的农业户口人员。农民工是我国特有的城乡二元体制的产物,是我国在特殊的历史时期出现的一个特殊的社会群体。农民工有广义和狭义之分:广义的农民工包括两部分人,一部分是在本地乡镇企业就业的离土不离乡的农村劳动力,一部分是外出进入城镇从事二、三产业的离土又离乡的农村劳动力;狭义的农民工主要是指后一部分人。

据有关部门调查,我国狭义农民工的数量为一点五亿人左右,广义农民工的数量大约为二点五亿人,已成为世界上最大的"钟摆式移民"。农民工最早出现在1984年中国社会科学院《社会学通讯》中,随后这一称谓因比较精确、简洁、符合我国国情,约定俗成而被广泛引用。从20世纪90年代开始,作为术语开始频繁出现。农民工主要分布于建筑业、第三产业,沿海地区各个生产领域的产业工人以农民工为主。农民工通过辛勤的劳动,为农民增加了收入,为城市创造了财富,为改革发展增添了活力。他们盖起了城市星罗棋布的高楼大厦,建设了城乡之间纵横交错的道路桥梁,制造了畅销海内外的优质产品,支撑了城市基本的生活服务。可以说,农民工为中国的现代化建设做出了重大贡献。

农民工在中国的发展,经历了两个截然相反的阶段。第一阶段为新中国成立后至1978年,处于被束缚阶段,发展缓慢。此阶段,我国的城市化几乎处于停

滞状态。限制农村人口进城的户籍制度安排,与开始推行计划经济有关,其中典型的是户口管制和粮食统购统销挂钩,与当时农业基础薄弱、农产品短缺有关,也与“以阶级斗争为纲”的指导思想有关。从本质上讲,户籍制度改革进程缓慢很大程度上是因为决策者担心进城农民成为城市的负担。第二阶段为1978年十一届三中全会之后,随着改革开放的脚步,迎来了蓬勃发展的新阶段。

1957年12月18日,中共中央、国务院联合发出《关于制止农村人口盲目外流的指示》,要求城乡户口管理部门严格户籍管理,切实做好制止农村人口盲目外流工作。农民向城市流动被称为“盲流”即源于此。

1961年12月9日,公安部转发三局《关于当前户口工作情况的报告》,要求对户口进行彻底检查整治,健全户口管理机构。同年,公安部将非农业户数和人数这一统计指标改为“非农业人口户数和人数”,这使“非农户口”和“非农人口”成为广泛使用和广为人知的概念。

1963年以后,公安部在人口统计中把是否吃国家计划供应的商品粮作为划分户口性质的标准,吃国家供应粮的也即城镇居民称作“非农业户口”。

1978年十一届三中全会之后,农村改革实行土地家庭承包经营,节约了农业生产力,把很多农民从土地上解放出来,进入了乡镇企业,这一阶段被称为“离土不离乡”。随着改革开放和城市改革的深入,特别是外资企业大量进入,对劳动力提出了需求。农民有了经营自主权,城市有了用工需求,农村劳动力开始大规模地向城市流动。农民工流动在地域上大致分为两类:一类是跨地区流动,随着沿海地区工商业的快速发展和劳动力的不足,中西部地区农民大量短期甚至长期迁移至东部经济发达地区,这种人口流动也称为“民工潮”。另一类流动则是农民就近流动到快速发展的本地城镇。在人类历史上,农民大量转为产业工人是任何一个工业化国家所必然经历的阶段。

1989年,农村外出务工劳动力增加到3 000万人,农民在不改变身份、不改变城市公共产品供应的情况下,开创了“离土又离乡”的农村劳动力转移的又一新模式。同年春运时,第一次出现了“民工潮”。

2012年,在中国共产党第十八次全国代表大会上,26名农民工党员进入代表行列,第一次以群体形象出现在全国党代会上。回首三十多年,作为一个群体,农民工不仅在经济社会发展中发挥着越来越大的作用,在中国特色社会主义民主政治建设中也日益活跃。

当前,国家已经意识到缩小城乡差距、转移农村人口、促进城乡协调发展的重要性,开辟了一条冲破二元结构束缚、改变城乡关系的新路子,即城镇统筹发展,计划让一点五亿左右农民定居城镇,成为新市民,推动中国的城市化建设。这其中既涉及中国城乡关系、工农关系、社会平等、社会流动、社会就业、社会保障等一系列社会现象和社会问题,也涉及中国深层次的经济政治体制改革、党的执政方式和政府管理服务、依法行政、社会和谐稳定等问题,这将是政府接下来要集中解决的。

二、关于农民工生存现状的研究

在谈到农民工生存现状之时,不妨首先关注以下几个关键词:

● "新产业工人阶层"

2003 年 8 月,中华全国总工会宣布,将尽可能多地组织农民工入会,并将离开家乡到城镇打工的农民定义为职工队伍的成员。2004 年 9 月,中华全国总工会第十四次全国代表大会报告明确指出,"一大批进城务工人员成为工人阶层新成员"。2004 年中央一号文件再次提出"进城就业的农村劳动力已经成为产业工人的重要组成部分",明确指出进城农民工也是"产业工人",这说明我国政府不仅承认了"农民工"的工人阶级属性,同时也承认了"农民工"在工人阶级中的重要地位。党和国家斩钉截铁地给"农民工"正了名,这无疑是对"农民工"的一种鼓舞,也是党和国家"重农"思想的表现①。

● "农民工问题"

农民工问题,是指中国大陆农民进城从事非农工作,却未改变农民身份,未被城市认同接纳,他们处在产业的边缘、城乡的边缘、体制的边缘,由此所产生的一系列问题。

农民工群体的产生,为中国现代化建设增添了巨大的动力,加快了大中小城市"旧貌换新颜"的步伐。此外农民工群体的产生也在客观上拉动了刚性需求的加大,刺激了地方经济的发展。但是如前所述,由于政策、体制、传统等多方原因,农民工在务工过程中所产生的问题也层出不穷,有的问题甚至已经到了矛盾激化的边缘。这些问题看似是一个个零散无联系的"个案",但实际上已经成为影响农民工正常工作、影响社会稳定、影响社会公平的"大毒瘤"。

农民工问题是农民工在生活、务工、社会支持等方面的问题的集合。这些问题中的一些问题是农民工群体自产生以来就一直存在的,一些问题具有鲜明的地域性或时效性,一些问题也是随着社会的发展和农民工自身结构发生变化而产生的。常见的农民工问题包括农民工市民化障碍,农民工"留守儿童"、"留守妇女"现象,农民工工资拖欠问题,以及农民工社会保障、社会地位、工作与生活环境等问题。关于农民工的生存现状将在后面的章节中详细叙述。

① 元东维:《团结凝聚农民工的新探索》,北方网 2004 年 4 月 23 日。

● “农民工工作司”

2006年初国务院专门下发了《国务院关于解决农民工问题的若干意见》，并建立了农民工工作联席会议制度，其办公室就设在原劳动和社会保障部。2008年，新成立的人力资源和社会保障部的6个新增司局中，农民工工作司是其中之一，其主要职能有权益保护、劳动就业、社会保障、公共服务等。设立这样一个管理农民工工作的日常性机构，表明政府已经将农民工管理工作常规化。据了解，发达国家没有这样的部门，因为没有农民工这一称谓，农民工与城市工人只有统一的“工人”或“劳动者”称谓，他们的制度保障是相同的，我国的农民工工作司是在特定时期、特定的国情下出现的。专家推测，这个部门应当是一个过渡性质的部门，至于过渡多长时间，会和我国城乡二元结构的改革进程有关。

● “参政议政”

2006年，昆明“两会”出现了中国首位农民工政协委员秦明，28岁的秦明是昆明《都市时报》发行员，曾被评为昆明市十大杰出农民工代表。昆明“两会”开幕前，秦明特意到工地等农民工聚集的地方，听取他们的心声。

2007年，河南籍农民工樊书生被评选为基层群众代表到中南海参加温家宝总理就《政府工作报告(征求意见稿)》召开的座谈会。樊书生在2006年全国建筑业职业技能大赛砌筑工比赛中，曾荣获第7名，建设部授予其“建设行业技术能手”称号。

2008年1月21日下午，在广东省十一届人大一次会议第三次全体会议上，经过无记名投票，佛山市三水区白坭镇新明珠集团胡小燕以740张赞成票高票当选为全国人大代表，成为我国首个农民工全国人大代表。胡小燕符合农村居民、外省户籍、公司一线工人这三个条件，自身素质也很高，因此经省总工会推举，最后当选。此次会议共有三个农民工代表。2012年的十八大上，则有农民工代表26人。

● “新生代农民工”

2010年，中共中央、国务院在备受关注的“一号文件”中，也首次提出了“新生代农民工”这一概念，主要指20世纪80年代、90年代后出生的，年龄在18到25岁，在城市务工的农民。目前在全国外出打工的2.69亿人里面占到60%，大约1个多亿，已经成为农民工群体的主流。一方面，新生代农民工出生以后就上学，上完学以后就进城打工，相对来讲，对农业、农村、土地、农民等不是那么熟悉。另一方面，他们渴望进入、融入城市社会，而我们在很多方面还没有完全做好接纳他们的准备。2010年6月14日，温家宝总理召开新一代农民工代表座谈会，要求“政府以及社会各界都应该像对待自己的孩子一样对待年轻农民工”，引起强烈反响。

● "民工荒"

"民工荒"是指民工短缺现象。这种现象最早出现在南方一些主要城市，在春节时期尤为明显。"民工荒"既包括"普工荒"，也包括"技工荒"，但无论哪种类型，其所反映出"荒"的特征都可以概括为一种结构性短缺。

民工荒为一些用工单位敲响了警钟。用工单位更应该思考如何提高农民工的工资待遇，改善恶劣的工作条件，对农民工进行技术培训。虽然一段时期内，民工荒会对经济发展产生一定的影响，但是从长远来看，这也不是坏事，可以促进企业善待农民工。

民工荒意味着劳动力开始从"无限供给"转而成为稀缺资源。无疑，农村收入的提高，内陆省份经济的发展，为外来工群体提供了除沿海省份之外的更多选择。而随着60后、70后外来工的逐渐老去，80后、90后粉墨登场，与父辈相比，新生代外来工对个人自由的重视，以及对"吃苦耐劳"等外来工传统价值观的颠覆，更令不少传统制造业企业开始朝向更人性化的人力资源管理模式转变。种种迹象表明，当劳资供求关系发生逆转之时，外来工的议价权也会逐步提升。将来会更规范化，对企业本身的管理也会更现代化。值得一提的是，相对于"民工潮"而言，"民工荒"不仅预示着经济发展水平的提高，更预示着新一代民工觉悟的提高、权利意识的增强，是一种真正的进步。

● "返乡创业"

由于借贷过度消费和超前消费，自2007年2月美国"次贷"危机逐渐升级，房价猛烈下跌、股市大幅下挫、投资银行接二连三地破产，华尔街濒临崩溃。金融危机波及范围之广、影响程度之深、冲击强度之大，为20世纪30年代以来所罕见，进而演变成了经济危机。美国经济危机已经演变成为全球性的经济危机，而中国的经济又是高度依赖出口，随着经济危机下外部需求的大量萎缩，中国有近10万家外向型中小企业纷纷倒闭，不少农民工失业。据中央农村工作领导小组数据，全国大约有2 000万农民工失业返乡。

经济危机给农民带来了生产岗位上的减产、收入上的减少、生活上的困难，但也给农民工带来了创业的新机遇。不少农民工放弃外出就业，返乡创业，当地政府想方设法为农民工就业和创业提供条件。通过改革个体经营工商登记制度；调整金融制度，多途径、多渠道解决创业融资困难问题；对农民工返乡创业实行一定时期的税费减免；改革土地制度；抓好硬件基础设施建设；提升内陆地区人文环境建设水平等措施为农民工的返乡创业提供条件。如广东农民工返乡创业可申请5万元贷款。湖北省则面向全省技工学校和社会培训机构公开招标，针对新开工项目、新创办企业、缺工企业的用工需求，面向城镇登记失业人员、农村劳动力和农村初高中毕业生开展订单式培训，使16万返乡农民工实现省内再就业。

以上几个关键词从侧面反映出了农民工在中国改革开放及经济转型过程中的变化。在政府的积极干预和引导下，农民工问题在很大程度上得到了缓解，一些问题也得到了较好的解决。但是新的问题也在不断产生，有些问题在新形势下又表现出了新的特点，产生了新的连带问题。总体而言，农民工问题主要包括以下五个方面：

（一）农民工生存环境正逐渐改善，但总体情况不容乐观

农民工的生存环境涵盖了农民工的消费指数、居住环境、生活水平、医疗水平等与生活密切相关的一系列指标。生存环境反映了农民工城市生活的最基本面貌，体现了农民工群体的生存质量，是维持农民工生活工作和自我发展的最基本要素。需要指出的是，经过政府和全社会的努力，农民工群体的生存环境正在得到进一步的改善，包括其住房环境、饮食环境、医疗环境等正在发生着积极的变化。但是就总体情况而言，农民工的整体生存环境还不容乐观。

据中国人民大学心理学系和工众网联合发布的《中国农民工"生存感受"2013年度报告》所述：农民工幸福感依然依赖于收入、物质资源和基本生存需要满足。报告指出：自雇的农民工幸福感相对最强，打散工的农民幸福感相对最弱，但有工作的和找工作的农民工差异不大；办公室或服务人员幸福感相对较强，普工的幸福感相对较弱；离家的距离越近，幸福感相对越强，离家的距离越远，幸福感相对越弱，在老家打工的农民工幸福感明显高于跨省打工农民工。这些说明了农民工的幸福感还是来源于刚性和基本需要的满足，受制于物质资源和基本生存满足①。

据国家统计局发布的《城市农民工生活质量状况调查报告》显示，克扣拖欠报酬、缺乏权益保障、生活质量不高依然是农民外出务工经商中存在的主要问题。在被调查的农民工中，被克扣和拖欠过报酬的农民工分别占到了两成。拖欠报酬时间最短的一个月，最长的达到八年。农民工权益受保障的程度也明显偏低，90%以上的农民工没有享受住房补贴和住房公积金，另有五成左右的农民工得不到工伤补偿或者加班补贴，而在生病时，只有少数人会选择去正规医院，大部分农民工都选择自己买药治疗或去个体诊所。

可以看出，在农民工生存环境上仍然有改进的巨大空间。这种改进可能是体制上的，也可能是政策上的，还有可能是观念上的。但无论何种改变，其结果都是要切实提升农民工的生存环境，让农民工群体即使身在异乡，也能够享受到家的温暖。

---

① 工众网：《农民工生存感受调查报告概要》。http://job.gzh.com/yanjiu/zhuanti/survive2013/detail/briefintroduction.html

（二）农民工工作环境逐步改善，但讨薪问题仍是“老大难”

农民工的工资是维持其生活和积蓄的最重要途径。农民背井离乡来到城市打工的很大一部分目的也在于城市的工资水平较高，能够为自己带来生活上的改善或富足。在农民工中，从事制造业的比重最大，占36%，其次是建筑业占17.7%，服务业占12.2%，批发零售业占10.1%，交通运输、仓储和邮政业占6.6%，住宿餐饮业占5.3%。从近几年调查数据看，变化较明显的是建筑业，农民工从事建筑业的比重在逐年递增，从2008年的13.8%上升到17.7%，从事制造业的比重则趋于下降。

但是在建筑业、餐饮业等行业中，农民工的工作环境却一直饱受诟病。中科院经济研究所发布研究报告《农村迁移工人的劳动保护问题》称，当前，农民工劳动保护十分薄弱，53.7%的被调查者处在不良工作环境中，36.5%的农民工每周休息不足一天，心理健康状态不佳者达40%以上。根据调查，目前我国有2.69亿多农民工，并且这一数字还在迅速增长，作为一个特殊而庞大的群体，随着我国改革开放和工业化、城镇化进程的不断推进，这支劳动大军已经成为城市建设中不可忽视的一部分。然而，在农民工们怀揣梦想，远离家乡，用辛劳与汗水构筑起城市繁华的同时，他们中的不少人却不得不忍受着不良工作环境对身心健康的侵害。“粉尘”、“噪音”、“潮湿”的工作环境让他们身体疲惫，“高空作业”、“有毒物质侵害”又缺乏安全保护措施的工作环境已经将他们推向欲罢不忍的边缘。

值得肯定的是，目前政府已经注意到了农民工工作环境存在的严重问题，开始从各个层面通过制定相关制度、发布工作卫生标准等予以改善。例如针对从事建筑业的农民工作业环境比较恶劣、生活条件比较艰苦的实际情况，建设部等部门积极采取措施，不断改善建筑业农民工的工作及生活环境。一是制定了《关于开展建筑施工安全质量标准化工作的指导意见》，把标准化工地创建活动作为企业考核的重要内容。二是制定了《关于进一步加强建筑工地食堂卫生管理工作的通知》《关于进一步改善建筑业农民工作业、生活环境，切实保障农民工职业健康的通知》，出台了《建筑施工现场环境卫生标准》，指导企业合理设置农民工宿舍、食堂等基本生活设施，为农民工创造良好的作业生活环境。三是组织开展建筑业农民工安全教育培训工作。四是加快推进工伤保险和建筑意外伤害保险。据对18个省份的调查，目前意外伤害保险的覆盖面已超过86%。

农民工薪资问题也是社会每年关注的焦点。中国农民工工资长期以来处于偏低的水平，并且一度几无增长。但是从2004年珠三角地区开始出现“民工荒”以后，农民工工资出现持续快速上涨。至2011年，外出农民工月平均工资已增长到2 049元，与2005年的875元相比增长了一倍多。从区域看，中西部地区农民工工资增长加快，与东部工资差距明显缩小。根据国家统计局的调查，2011年在东部地区务工的农民工月均收入2 053元，中部地区为2 006元，西部地区为1 990元，西部与东部的平均工资差距由2005年的15%左右下降到3%左右。农村富余劳动力从无限供给向有限富余转变，农民工供求关系发生了深刻变化，这种变化必然反映在劳动力价格——工资之上。但是逐年提升的工资却存在着拖欠现象，尤其是每到春节之际，各类讨薪怪相频出。欠薪行为不仅剥夺了农民工合法的报酬权，同时也在很大程度上对社会稳定和社会公平正义构成威胁。自2003年全国启动清欠农民工工资活动以来，对拖欠农民工工资的治理已度过了十余个年头。十多年来，国家对拖欠农民工工资的打击力度不可谓不大。从法院的讨薪绿色通道、人社部门的劳动监察，到将不讲诚信的"无赖企业"、"黑心老板"清除出市场，欠薪入刑，制度在完善。

（三）农民工感情生活问题丛杂

农民工感情生活问题派生于农民工外出务工的大环境之下。由于农民工务工地通常离家乡较远，这样就产生了以下两个问题：一是民工与自己的子女和父母长期远离；二是民工与自己的配偶远离（夫妇共同外出务工除外）。这"两种远离"就产生了以下两个较为严重的社会问题：一是农民工与子女和父母的关系会因长时间分离而变得更加脆弱，这对父母和孩子的心灵均会造成不同程度的创伤；二是农民工与配偶的长时间分离，导致配偶之间的感情逐渐生疏，甚至因为情感和生理需求而出现"临时夫妻"违反基本道德伦理的现象。2013年第2期《新民周刊》指出：我国现阶段1980年以后出生的新生代务工者总数约有8 487万人，占外出务工者总数的58.4%，并且都已陆续步入婚恋，不确定性状态直接影响着他们的生活，或许就是这一代人的宿命：流水的爱情、流水的人生。全国总工会新生代农民工问题课题发布的《关于新生代农民工问题的研究报告》指出了新生代农民工面临的一些主要问题，其中包括情感、精神的强烈需求不能很好地满足，报告认为这是困扰他们的首要心理问题，也是在现实生活中最少得到关注的深层问题。这种较为复杂的感情生活问题一旦长期存在下去，必将对社会稳定和正常的伦理道德产生不小的挑战。

（四）农民工社会地位与人际关系

农民工的社会地位与人际关系反映了农民工作为社会群体应取得的公平待遇情况。由中国人民大学心理学系和工众网联合发布的《中国农民工"生存感受"2013年度报告》指出：绝大多数农民工认同社会地位为底层，底层自我认同影响其幸福感。自我认同社会地位越高，幸福感越强，自我定位社会地位越低，幸福感越弱。同时，底层社会认同，生活和社会的隔离感要高于自我认同地位较高的对象。底层认同的农民工孤独、寂寞、无聊等情绪感受超过50%（见表

3-1)。此外,超过50%的农民工经常感受负面情绪,超过40%的农民工感觉到对生活、对社会以及对工作无能为力。无能为力感影响农民工幸福感,社交能力强的农民工幸福感相对较强,而性格内向、社交能力弱的农民工幸福感相对较弱(见表3-2)。之前提到的欠薪,或许只是这一庞大群体在社会转型中遭遇种种不公的一个缩影。

表3-1　自我定位不同社会阶层农民工的社会疏离感

		孤独、寂寞、无聊感			
		几乎天天	偶尔	很少	从不
整体比例		12.7%	39.9%	17.4%	30.0%
自我认同社会地位	高层	10.5%	21.1%	31.6%	36.8%
	中等	8.2%	42.1%	18.0%	31.6%
	底层	16.0%	38.6%	16.7%	28.8%

表3-2　社交能力与幸福感

	生存层次	关系层次	发展层次	生活水平	家庭关系	工作学习	社会地位	整体幸福感
交朋友容易	83.9	66.7	59.8	64.3	86.9	72.2	53.3	69.7
一般	82.2	62.2	58.1	61.7	86.0	68.8	52.2	67.4
交朋友不容易	78.6	54.5	51.9	55.5	84.7	63.8	44.0	61.8

(五)农民工市民化

我国农民工市民化是指进入城市务工经商的农民工转变为市民的过程和现象。其内涵包括:一是职业的转换,即由从事农业生产转变为从事非农业生产,并且由城市次属的、非正规的劳动力市场上的农民工转变为首属的、正规的劳动力市场上的非农产业工人;二是地域的转换,即由居住在农村社区转变为居住在城市社区;三是户籍和社会身份的转变,即由农村户口转变为城市户口;四是自身素质的提高和文化层面的转化,即在生活观念、思维方式、行为习惯、社会组织形态等方面的变化以及思想文化素质和道德水平的提高。这四个层面的内容相互联系,相互制约,其中前两个层面主要取决于宏观体制改革和相关的制度创新,对农民工市民化进程具有决定性的影响;后两个层面构成农民工市民化的核心内容和最高评判标准。农民工市民化是现代经济社会变迁的必然要求,其程度和状况如何,对于整个社会经济发展和现代化的实现意义深远①。但是农民

① 王竹林:《城市化进程中农民工市民化研究》,西北农林科技大学学位论文,2008年。

工城市化却并不是制度优化就可以解决的问题。

资料链接 3-1

农民工生存状况调查:“三重门”挡住入城梦(4)①

首先,我国目前实行“财权上收、事权下放”的财政体制存在结构上的不均衡。地方政府在只享有不到40%财税收入的同时,却要承担近70%的行政事务。财权、事权的不配套,造成地方政府对向农民工提供基本公共服务缺乏积极性。我国江浙地区某地方政府曾经向中央作过测算,对一个到当地务工的外来人员提供与户籍人口完全相同的公共服务,政府需要动用的公共资源成本将近50万元,如果中央不能提供相应的财政支持,这一成本他们难以承受。

其次,城市户籍人口也不希望政府降低户籍门槛,让大量农民工进入城市挤占本不宽裕的公共服务资源。这可以看成是很难平等对待农民工现象的心理成因。但形势的发展已经让这一问题到了必须取得突破的地步了。世界经济的持续低迷,使过去主要靠投资推动、以出口消化产能的中国经济难以为继。面对严峻的形势,从中央到地方都看到了转变经济形态,以消费推动经济发展的药方。这是新形势下中国经济的必然选择,也会是新一届政府今后制定政策的主要思路。而让农民工真正城市化,正是实现这一思路的重要推动力。

当然,农民工本身的庞大数量注定了问题的解决不可能一蹴而就,但解决这一问题的行动已经悄然开始。近日,有国务院专家提出,可以在中央政府加大转移支付力度的背景下,选择全家都已在城市工作生活多年的农民工人群作为突破口,以非核心区为主要安置地带,分阶段、分层次地推动农民工城市化工作。

三、农民工培训的现实意义

前面提到了农民工在工作和生活当中遇到的各类问题以及目前政府所采取的一系列解决措施。实际上,农民工进城务工本身并不单纯是一个孤立的社会问题,同时也存在着农民工生活习惯、自身条件、生存能力等与城市居民有着较大差异的因素。这种差异使得农民工在进入城市生活和工作后,在行为、语言、交际等表现上与城市的内涵显得格格不入。这就需要对农民工进行新环境的生存与提升性质的培训。事实上,农民工培训也正在被提上日程抑或是已经正在付诸实践。农民工培训属于职业教育中的职业培训范畴,是指对拟向非农产业和城镇转移的农村劳动力开展的转移就业前的引导性培训和职业技能培训,以及对已进入非农产业就业的农民工进行的岗位培训。其中

---

① 资料来源:人民网。http://sn.people.com.cn/n/2013/0401/c340887-18390885-4.html

引导性培训主要是开展基本权益保护、法律知识、城市生活常识等方面的培训。职业技能培训是指根据国家职业标准和不同行业、不同工种、不同岗位对从业人员基本技能和技术操作规程的要求，安排培训内容，设置培训课程，并对具备相应条件并有创业意向的农民工开展创业培训，提供创业指导。可以说，在提升农民工生活品质、社会地位、谋生技能等方面，农民工培训是一条较为科学、便捷和有效的途径。

实际上，农民工培训是一个具有长远意义的战略举措。因为这与中国的新型城镇化过程遥相呼应。站在战略高度，并结合眼前农民工进城务工所遇到的各类问题，实施农民工培训具有以下几点意义：

（一）农民工培训是提升农民工素质的重要途径

前面提到，农民工由于其原有生活环境与城镇相差较大，在行为方式、习惯、交际等方面会产生与城镇不相适应的情况。这种情况一方面会导致社会矛盾频发，另一方面也不利于农民工在城镇的工作和生活。实际上，农民工的这一系列问题与其自身素质有着密切的联系，正是由于对城镇生活不熟悉，以及自身生存技能的缺失，才使得他们在城市举步维艰。如果通过培训提升农民工的市民素质和技能素质，将为农民工在城市中和谐生存创造条件。

目前，接受过职业培训、有一技之长的农民工供给严重不足，新生代农民工的受教育程度和职业技能水平滞后于城市劳动力市场的需求，是阻碍其在城市长期稳定就业的关键性问题。因此，职业技能培训不仅有利于增强农民工的职业技能、职业素养和敬业精神，提高企业用工效率，而且对农民工实现长期稳定就业、更好融入城市也具有重要意义。

（二）农民工培训是加快企业转型发展的人才支持

企业转型是指企业长期经营方向、运营模式及其相应的组织方式、资源配置方式的整体性转变，是企业重塑竞争优势、提升社会价值、形成新的形态的过程。在企业诸多转型中，技术转型是企业不断成长的原动力。这不是说其他转型都不重要，管理转型、经营转型、产品转型、融资转型、所有制转型，对企业而言都是重要的，有的是必须的，但离开了技术的转型升级则可能受制于人，特别是在国际市场中决然难以找到一席之地。“一流的设备，二三流的产品”在一些民营企业中依然存在。其他转型即使很完美，也难有发展后劲，更难科学发展、持续发展①。而技术转型关键靠人才，靠拥有高技术的创新与操作员工。传统加工制造类企业是吸纳农民工就业的重要机构，但是随着产业结构的不断升级、经济发展转型的不断深化，单靠劳动力为导向的企业将无法得到可持续发展。同时随

① 马士诚：《民营企业转型的类型、动因与路径》，《中华工商时报》，2010年4月14日，第7版。

着劳动力成本的不断增加,劳动力也将不再是传统产业可以依赖的优势因素。唯有提升劳动力的技能含金量,进而推动整个企业产品的更新换代和技术的革新升级,才能实现企业的成功转型和可持续发展。

资料链接 3-2

珠三角"民工荒"助推企业升级转型(节选)①

尽管农民工一度被看作"低端劳动力",但记者采访发现,部分农民工已经敏锐感受到国家产业升级、企业提升科技竞争力的潮流,主动加强知识技能培训,以适应新的发展趋势。超过2亿人的农民工群体将成为我国劳动生产率提升的关键。

来自湖南邵阳的谢军就是典型。在辞去惠州五金厂的第一份工作后,他又辗转来到东莞一家首饰加工厂,随后又前往广西从事农田建设的管理。尽管工资从惠州时的每月400元上涨到1 500元,但谢军已经本能地感到危机:"这个时代,不提高就会被淘汰的。"在广西期间,他在工作之余进修机电维修。在一位老师傅指点下,从完全摸不着头脑到掌握窍门,只花了十天时间,后来谢军考取了电工资格证书。为了提高电工技能,谢军在中山一间照明厂找到工作,虽然工资每月只有1 200元,比在广西时候还低,但谢军把它当作一个实习的机会。目前,谢军在东莞联冠实业集团有限公司做电工,工资每月2 000元。在智通人才市场,谢军着重看的是编程控制器(PLC)工程师培训的项目,准备报一个初级班,从一名电工升级为货真价实的电气工程师。

相对而言,李清平早早选好了方向。他从1999年开始在几家深圳的台资电子厂辗转,从作业员做到科长,工资也从最初的每月700元上涨到3 000元。近几年深圳电子厂转移到惠州和东莞,他也随之到东莞找工作。"我在电子行业已经做了12年,市场上有我这样经验的工人不多。"言谈间,李清平颇显自信。

相关研究数据显示,在1990年以后,我国劳动生产率增长长期保持在10%以上,位居世界主要大国前列。随着农民工职业培训的逐步开展,知识型、技能型的农民工将占据越来越突出的位置,推动劳动生产率不断提高,促进经济结构转型升级顺利完成。

(三) 农民工培训是推动新农村建设的重要举措

可以通过农村职业培训教育把返乡农民工培养造就成新型农民。

"新型农民"是指主要居住在农村,愿意并且能够将自己的智慧融入新农村

---

① 资料来源:新华网。http://www.gd.xinhuanet.com/newscenter/2011-03/01/content_22173979.htm

建设过程中去的农民,而且必须具备一定的文化知识,掌握一定的技能,并能利用自身的优势为自身获得一定的收益等。近年来受到国家政策的影响及劳动力市场的供需失衡,一部分农民工选择了留在家乡就业创业。农民工返乡创业,把新技术、新理念带回家乡,不但会反哺地方经济,还会改变农村面貌,是推动新农村建设的重要力量。然而在一些地方,返乡农民工因政策、资金、信息、技术等各方面限制,很难如愿创业,陷入了举棋不定的无奈境地。

实际上,促进农民工"回流"也正呼应了我国新型城镇化建设和新农村建设的需求。大城市对外来人口的容量已接近饱和,加之政府对中小城镇及农村的基础设施建设投入正逐年加大,政策也逐渐放宽,使得更多的农民选择了就近就业、在家创业。如果对这批农民工进行因地制宜的培训,依靠当地产业结构和资源优势,派专家对就业和创业农民工进行科学合理的就业创业规划与投资指导,就会在客观上促进地方经济的发展,也会带动地方群众就业创业机会的增加。地方经济发展了,农民的钱包鼓起来了,农民也就自然会选择就地安居,乐业一方,不仅有利于新农村建设,促进农村地区产业结构的合理调整,也符合我国新型城镇化建设的基本要求。

(四)农民工培训是促进新农业发展的基石

新农业是一种体现现代化、产业化和科技化于一体的农业。新农业相对于传统农业来说,有五个显著变化:1)增长方式由依靠劳动密集与资源密集向资本密集与技术密集转变;2)发展目标由追求数量向追求效益转变;3)发展途径由依靠农产品增产和提高价格向非农产业转变;4)劳动者由体力劳动为主向知识型、技能型劳动为主转变;5)新农业与相关产业由城乡分离的二元经济结构向城乡一体化转变。在这个变化中,农村职业培训和农村成人教育发挥着三个方面的作用。一是促进农业科技化。"建设现代农业"是社会主义新农村建设的首要任务,关键在于加快农业科技创新,加快农业科技成果转化应用,提高科技对农业增长的贡献率。农村职业培训和农村成人教育采用现代农业科技知识培养造就新型农民,使新型农民用先进的技术和装备推进农业现代化。二是带动农业产业化。农业是一个系统工程,产前、产中、产后是一个整体的产业链,须要完善以市场为导向,以经济效益为中心,形成具有区域性特色的农产品专业化生产、一体化经营、社会化服务、企业化管理的新模式,实行产供销、贸工农、经科教相结合的产业化经营机制。农村职业培训和农村成人教育通过对返乡农民工的培养,发现和培养农业产业化经营的应用型人才,从而全面提高农业产业化经营水平。三是推进农业现代化。在农业现代化中的作用表现为新型农民对耕作、运输、收割、排灌等机械设备的采用,对优质化肥、高效低毒无残留农药、除草剂和全价配合饲料等的使用,对企业化的饲养和栽培等的经营管理,促使新的科学技术在农业生产中得到越来越广泛的应用①。

（五）农民工培训是新型城镇化建设的战略考量

中国在改革开放三十多年时间中，城市空间扩大了二三倍，城镇化率也达到了52.6%。但是，空间城市化并没有相应产生人口城市化。中国有2.6亿农民工，户籍问题把他们挡在了享受城市化成果之外，他们是被城镇化、伪城镇化的。如果挤掉水分的话，我国只有36%的城镇化率。党的十八大明确提出了"新型城镇化"概念，中央经济工作会议进一步把"加快城镇化建设速度"列为2013年经济工作六大任务之一。中国的新型城镇化，是确凿无疑的大方向。推进城镇化，核心是人的城镇化，关键是提高城镇化质量，目的是造福百姓和富裕农民。农民工培训正是"人的城镇化"的侧面体现，也是农民工市民化的迫切需求。

农民工市民化关键是要让进城人口能稳定就业、能安居和享受基本公共服务，让他们融得进、留得住、住得下，能就业、可创业。市民化的难点在于让进城人口有稳定的就业机会。有研究表明，接受过职业培训、有一技之长的农民工供给严重不足，新生代农民工的受教育程度和职业技能水平滞后于城市劳动力市场的需求，是阻碍其在城市长期稳定就业的关键性问题，致使当前农民工就业的"短工化"趋势严重，农民工融不进城市，回不去农村，十分纠结。岗前和在岗职业培训不仅有利于增强农民工的职业技能、职业素养和敬业精神，提高企业用工效率，而且对于农民工实现长期稳定就业，更好融入城市也具有重要意义。

第二节　农民工培训的现状及存在问题

一、农民工培训现状研究

（一）农民培训的政策与措施

党的十六届五中全会通过的《中共中央关于制定国民经济和社会发展第十一个五年规划的建议》明确提出了建设社会主义新农村的重大历史任务，并提出了"要按照生产发展、生活宽裕、乡风文明、村容整洁、管理民主的要求，坚持从实际出发，尊重农民意愿，扎实稳步推进新农村建设"。党的十七届三中全会从中国特色社会主义事业总体布局和全面建设小康社会战略全局出发，描绘了我国农村全面小康建设的宏伟蓝图，制定了新形势下推进农村改革发展的行动纲领。坚定不移推进社会主义新农村建设，坚定不移走中国特色农业现代化道

① 陈小青、吴洁：《农民工培训的意义及培训机制的完善》，《农业考古》，2009年第3期，第310页。

路，坚定不移加快形成城乡经济社会发展一体化新格局，切实把《中共中央关于推进农村改革发展若干重大问题的决定》提出的大政方针落到实处。文件指出要加快农业科技创新步伐，加强和完善现代农业产业技术体系。采取委托、招标等形式，引导农民专业技术协会等社会力量承担公益性农技推广服务项目，进一步开展农业科技培训，培养新型农民。

自改革开放以来，特别是进入21世纪以来，国家对于农民培训工作的重视达到了前所未有的程度。为贯彻落实党的十七大精神和《国务院关于大力发展职业教育的决定》（国发[2005]35号），提高中等职业教育教学质量和办学效益，推动职业教育又好又快发展，更好地适应全面建设小康社会对高素质劳动者和技能型人才的迫切需要，教育部制定了《关于进一步深化中等职业教育教学改革的若干意见》，提出适应社会主义新农村建设、按照新型农民的需要，开发相关专业。随着改革开放国策实施的不断深入，为职业教育的发展提供了沃土、气候、空间和环境。近几年来，特别是党的“十七大”后，国家对职业教育的支持力度明显加大，政策导向更加鲜明。十七届三中全会《中共中央关于推进农村改革和发展若干重大问题的决定》中指出：“加快普及农村高中阶段教育，重点加快发展农村中等职业教育并逐步实行免费。”2008年我国职业教育快速发展。国家助学制度进一步完善，中央财政投入223亿元，地方财政也加大投入，资助学生超过2 000万人；向中等职业学校中来自城市经济困难家庭和农村的学生提供助学金，每人每年1 500元，惠及90%的在校生。河北省从2010年起，对中等职业教育农村家庭经济困难学生和涉农专业学生免收学费。同时开展送教下乡、服务三农的“新农村建设双带头人培养工程”，面向初中毕业或具有同等学力，年龄45周岁以下的农村党员、入党积极分子、基层干部、农村后备干部和返乡农民工、农村专业户及有志在农村创业的社会青年，开设专业培训班。河北省现代农业职教集团和部分骨干职业学校牵头，为农民开设种植养殖技术及农村经济管理专业，或结合当地实际需要开设专业，实行工学交替、学分制为基础的弹性学制，让农民免费学技术、上中专。针对农民文化程度不高、因农时限制培训难以整齐划一等特点，河北为农民量身定制了2～5年的学习计划，通过农民“点菜”专家“下厨”方式，农闲时集中上课，农忙时边学边实践，并组织专业技术人员到田间地头、果园农场、大棚、猪场等生产一线服务。农民除免交学费外，还可享受每年补助1 500元的全日制中职学生待遇。温家宝总理2009年12月2日主持召开国务院常务会议，决定从2009年秋季学期起，对公办中等职业学校全日制在校学生中农村家庭经济困难学生和涉农专业学生逐步免除学费，免费标准按各省（区、市）政策批准的学费标准确定。对在依法批准的民办中等职业学校就读的一、二年级符合免费政策条件的学生，按照当地同类型专业公办中职学校免除学费标准，由财政给予补助。

针对我国农业进入新阶段后“三农”所面临的机遇和挑战，进一步贯彻落实科教兴国战略，围绕农业部实施《优势农产品区域布局规划》，大力提高农民科技文化素质，促进农业增效、农民增收和农产品国际竞争力增强，特制定《2003—2010 年全国新型农民科技培训规划》。开展农村劳动力转移培训，是加快农村劳动力转移、促进农民增收的重要环节，也是提高农民就业能力、增强我国产业竞争力的一项重要的基础性工作。党中央、国务院高度重视农村劳动力转移培训工作，中央农村工作会议、中央人才工作会议和《中共中央、国务院关于促进农民增加收入若干政策的意见》（中发[2004]1 号）对做好该工作提出了明确要求，国务院办公厅下发的《2003—2010 年全国农民工培训规划》对培训工作做出了具体部署。2010 年为提高农民工技能水平和就业能力，促进农村劳动力向非农产业和城镇转移，推进城乡经济社会发展一体化进程，出台了《国务院办公厅关于进一步做好农民工培训工作的指导意见》，遵循“统筹规划、分工负责；整合资源、提高效益；政府支持、市场运作；突出重点、讲求实效”的原则，按照培养合格技能型劳动者的要求，逐步建立统一的农民工培训项目和资金统筹管理体制，使培训总量、培训结构与经济社会发展和农村劳动力转移就业相适应；到 2015 年，力争使有培训需求的农民工都得到一次以上的技能培训，掌握一项适应就业需要的实用技能。

国家对农民培训的日益重视还表现在国家积极筹措资金加大对农民培训力度，为加强农民培训，科技部推出“星火计划”，农业部和财政部共同推出“新型农民科技培训”工程，农业部等六部门推出“农村劳动力转移培训工程”。各地方政府也多方筹集资金用于农民培训，例如广西壮族自治区 2009 年投入 2.4 亿元作为返乡农民工技能培训专项资金，用于返乡农民工的创业培训、技能提升培训、企业转岗技能培训、劳动预备制培训、农业实用技术培训等。在培训手段上，政府将组织各技工学校根据返乡农民工的特点开设专业和课程，突出培训的针对性和实用性。

（二）农民培训的机构与体系

1. 农村职业教育体系

在全国多数地方形成了以县职教中心（或骨干职业中学）为龙头，以乡镇成人学校为骨干的县、乡、村三级教育培训网络，为农村小学、初中、高中毕业生和广大农民创造了更多的接受职业教育和培训的机会。农学类专业和农村急需专业的建设得到了加强，农村职教中心示范基地的建设速度不断加快，教学质量不断提高，涌现出了一大批促进农村经济社会发展的好典型，培养了一大批有技术、高素质的新型劳动者，促进了农村经济的快速发展。农村职业教育体系的形成，成为进行农民培训最重要的途径之一。

2. 农业技术推广体系

当前，我国的政府农业技术推广体系共包括农业部下属的种植业、畜牧业、水产业、农业机械服务和农业经营管理五大服务机构和林业局所属的林业科技服务机构。除了政府主管的农业技术推广系统外，其他的农业技术推广组织也非常活跃，包括农民协会和农民合作社、农业公司和龙头企业、科研单位和高等农业院校、地方农业职业学校和其他社会团体等，形成了多元化的农业技术推广体系。农技推广体系的发展有效地推动了我国农民培训工作的发展。

3. 远程教育技术体系

农业广播电视学校是全国唯一一个专门从事农民培训工作的完整体系，是一所以广播、电视、卫星网络、互联网络以及文字、音像教材、计算机课件等手段和媒体开展农村远程教育和实施农民终身教育的中等职业学校。农广校与“三农”有着天然的联系，具有了解农村、熟悉农业、贴近农民以及费省效宏的显著优势，是培养农村基层干部，培养农村实用人才，培养农村致富带头人以及培养农村外出务工人员的骨干力量，在农民培训中发挥着主渠道和主力军的作用。除培养了大批大中专毕业生外，开展实用技术培训近亿次，为广大农村培养了大批管理和技术人才。经过多年的发展，远距离教育得到了进一步的完善和发展，规模越来越大，内容和传播手段越来越多样化、现代化。如广播、有线电视、多媒体技术、网络等都用于远程教学，一些地方还实现了教师和学生的互动。农广校在多年办学实践中，始终坚持“面向农村、面向基层、面向农业生产”，“为农业服务、为农村经济建设服务、为农民科技致富服务、为农村两个文明建设服务”的办学方针，利用远程教育手段，采取电化教育与面授相结合的方法，直接对农民进行科技培训，取得了良好的培训效果。

4. 高等农林院校体系

高等农林院校一直承担着培养高层次农民、传播农林高科技知识的重任，是我国农民培训的生力军。多年来，这些农林高等院校发挥强大的技术信息人才资源优势，及时将科研成果、市场信息提供给农民，引导农民组织生产，并通过校园网、农业网站、新闻媒体、成果推广、科技下乡、科技咨询等向广大农民和农业技术人员传输现代农业技术。新时期，高等农林院校继续发挥农业特色明显、学科门类齐全、师资力量雄厚、基础设施比较完善的优势，通过现场走访、技术指导、科技咨询、讲座等形式，为我国农民切实解决生产中遇到的困难和问题，并进行技术传播和科技扶贫。除了发挥自身优势，加强对农民的科技管理知识培训外，还将高等教育自学考试、成人高等学历教育推向农村，为培养高层次的农民贡献力量。通过加强农民继续教育和培训，开发农村人力资源，提高农村劳动力的综合素质和就业技能，推进农业、农村的新发展。

5. 农业科研院所体系

多年来，我国各级农业科研院所在组织开展农业重大科技攻关研究的同时，还利用科研示范基地，组织引导广大科技人员深入农业生产第一线开展技术开发和技术培训服务。在农业科技领域，各级农业科研院所通过集中力量解决提高农业质量和效益的关键技术问题，大批先进适用技术引入农村，大批优良品种在农业生产中广泛应用，通过实施“星火”计划，提高农业标准化、产业化和信息化的水平，促进了农村经济发展和农业生产质量、效益的提高。

6. 农民合作组织体系

农民合作组织主要包括农业行业协会和农民专业合作社。行业协会是社会中介组织，不具有政府行政管理职能，不以营利为目的，坚持为政府服务、为社会服务、为企业服务、为农民服务的宗旨。协会的服务质量决定协会在会员中的信誉度，协会的服务效果决定了协会的社会地位。农民专业合作社是在农户家庭经营的基础上，按照合作制的基本原则，由从事农业生产、经营、服务的农民或团体自愿组织起来的，以市场为导向，以增加会员收入为目的，适应农业产业化经营需求，实行劳务、资金、生产、技术、加工、贮藏、销售等方面互助合作，并对会员开展技术培训活动的民办技术经济合作组织。

7. 科技示范园区体系

科技示范园区和示范基地是科研工作的载体，是科技成果转化的孵化器和展示窗口，是科技信息的源头和辐射源，也是指导农业生产的样板和培养科技人才的摇篮。农业科技示范园区作为科研成果和农科教结合的突破口，可带动科技流、信息流、资金流向农村扩散，激发广大农民学科技、用科技的热情，配合开展农民培训工作，提高了农民的生产技能。近几年，全国各地建设了一大批农业科技示范园区，已成为展示现代农业科技成果，推广农业高新技术，培训农民的重要基地。各地根据园区规划及时提供管理和技术知识，为园区培养各类人才，从而使园区得到了巩固和发展。同时，农业科技示范园区不断完善自身功能，指导农民学、做给农民看、带着农民干，凭借着园区高新技术和实用技术及名优品种对周边地区产生了较强的辐射、带动作用。园区的订单户，都不同程度接受了种养殖、贮藏保鲜、生物防治、物流配送等技术的培训，依托科技示范园区已经成为提高农民生产技能的重要途径。

（三）农民培训的实践

在改革实践中，各地普遍把教育、科技和农业部门分别提出的“燎原”、“星火”、“丰收”三个计划结合起来，通过培养适用人才和提高农村劳动者素质，加快了实用技术的推广，对农村经济的发展起到了重要作用。农科教结合打破了各部门的各自为政，是汇集许多农村地区的实践经验教训而总结推广的，河北、安徽等省较早做了有益的探索。农科教统筹的任务是：大力提高农村劳动者素质，推广普及科学技术，振兴农业，加速农村“两个文明”建设。为此，要求各地要积极推进农村、林区各类教育的协调发展，做到三教（基础教育、职业教育、成人教育）统筹，广泛开展实用技术培训。农科教结合在实践中显示了强大的生命力，使“燎原”、“星火”、“丰收”三个计划配套，科教兴农落到实处。它促进了教育思想的转变，使教育与经济建设紧密结合；提高了农民采用实用技术的积极性，加速了科技成果向现实生产力的转化；有利于农科教各部门的人、财、物力的合理配置，形成良好的整体效益。

20 世纪 90 年代初期，农业部在认真总结全国各地农民技术教育经验的基础上，借鉴国外对农业劳动者实行绿色证书培训的做法，根据我国农村的实际状况和农民的文化素质情况，提出了适合我国国情的绿色证书培训工作。不少地方根据当地实际，制定规划，明确目标任务，有目的、有计划、有步骤开展工作。各地根据农业部制定下发的《绿色证书管理办法》，制订管理实施细则。1994 年，国务院办公厅转发了农业部《关于实施绿色证书工程意见的通知》，由此，绿色证书培训进入全面实施阶段。全国近两千个县实施绿色证书工程，有一千多万农民参加绿色证书培训，有近五百万人获得绿色证书，培训规模和范围进一步扩大，由传统的种植养殖业向特种养殖、农产品加工和市场营销等方面拓展，涉及的行业由单一、较少向全方位多元化发展，有些省已涉及农村领域的第一、二、三产业。培训对象由过去的农村干部、科技示范户、种养大户、农村社会化服务体系人员向农村初高中毕业生、复转军人、农村妇女和广大骨干农民扩展，培训的组织工作由部门行为提升为政府行为。中国绿色证书培训逐步进入规范化、制度化的轨道，在对从业农民开展绿色证书教育的同时，农业部和教育部联合下发了《关于在农村普通中学试行绿色证书教育的指导意见》，在农村中学增设绿色证书课程，推行双轨制，促进农村职前教育与职后教育的衔接。农村初中学生学完总教学课时数为三百课时左右“农村实用科技”课程后，经考核合格者由省农业主管部门发给《绿色证书》，未取得《绿色证书》的学生，县级教育行政部门不能发给初中毕业证书。这使农村学生初中毕业时能够获得“双证”。绿色证书培训是我国农民培训的重要形式，也是首次单独以农民培训的形式出现的大型培训工程，之前的农民培训往往和农村教育和农民职业技术教育结合在一起进行。

从 2006 年起，农业部、财政部共同实施“新型农民科技培训工程”，该项工程是“跨世纪青年农民科技培训工程”的延续，同时国家加大了财政补助的力度。根据优势农产品区域布局规划和地方特色农业发展要求，在全国选择 1 万个村实施。中央财政安排 1 亿元专项资金，按每村 1 万元的标准给予培训补助。主要针对务农农民开展农业生产技能及相关知识培训，提高农民的务农技能，促进农业生产发展，增加农民收入。以村为基本单位，按照“围绕主导产业、培训专业农民、进村办班指导、发展一村一品”的要求组织实施。选择主导产业明晰的示范村，确定 40 名以上主要从事农业生产和经营、农业生产经营收入为家庭主要收入的专业农民，作为基本学员，结合各示范村的特色产业、资源条件、农情季节等实际情况开展系统培训。培训采取集中办班、现场指导、技术服务相结合等多种方式进行。全年进村开展集中培训的时间不得少于 15 天，根据农时季节进村指导不得少于 15 次。通过培训指导，使受训的专业农民能够掌握从事主导产业的生产技术及其相关知识，推进示范村“一村一品”发展，进一步提高项目实施县的农业专业化生产和产业化经营水平。规划“十一五”期间在全国 20 万个村实施该项工程。

2005 年农业部开始实施“全国农业科技入户示范工程”，该工程以科技示范户能力建设为核心，以优势农产品和优势产区为重点，以推广主导品种、主推技术和实施主体培训为关键措施，以整合资源与创新农技推广和服务机制为突破口，通过政府推动，市场引导，项目带动，建立科技人员直接到户、良种良法直接到田、技术要领直接到人的科技成果快速转化长效机制，不断提升主要农产品综合生产能力和劳动者素质。首先在全国选择 100 个试点县，培育 10 万个科技示范户，辐射带动 200 万农户。通过培训和示范，推广 50 个主导品种和 20 项主推技术，使示范户先进实用技术入户率和到位率达到 90% 以上，示范户农产品产量和收入比上年提高 10% 以上。引导农民发展新型农业技术服务组织，探索不同地区农业科技入户的有效途径和模式，为全面实施科技入户工程奠定基础。根据农业部的统一部署，通过政府推动、部门组织、专家负责、技术指导员包户的形式，组织实施科技入户工程行动。

农业部、财政部、劳动和社会保障部、教育部、科技部、建设部从 2004 年起，共同组织实施农村劳动力转移培训阳光工程。2004—2005 年，年培训 250 万人，重点支持粮食主产区、劳动力主要输出地区、贫困地区和革命老区开展短期职业技能培训，探索培训工作机制，为大规模开展培训奠定基础。2006—2010 年，年培训 600 万人，在全国大规模开展职业技能培训，建立健全农村劳动力转移培训机制，加大农村人力资源开发力度。2010 年以后，按照城乡经济社会协调发展的要求，把农村劳动力培训纳入国民教育体系，扩大培训规模，提高培训层次，使农村劳动力的科技文化素质总体上与我国现代化发展水平相适应。2009 年全国大力开展农民工职业技能培训，其中“百日百万”农民工培训行动共培训 350 万人。中央和地方财政也增加了农民工培训资金，其中“阳光工程”培训补助资金达11亿元，各类农民工培训不同程度地提高了人均补贴标准。全国以后每年培训农民工要达到600万人以上，培训补贴人均800元左右。

二、农民工培训存在的主要问题

（一）农民培训的专门立法空缺

目前，我国还没有一部专门针对农民教育培训方面的专项法律法规。虽然我国现行的法律法规如教育法、职业教育法、农业法、农业技术推广法、劳动法等都从不同的侧面涉及农民培训问题，但是这些法律法规不是专门针对农民培训而言的，存在着内容不全、针对性不强、规范性不够等问题，有着很大的缺失。由于法律的缺位，使我国的农民培训工作无法可依，依法施教成为空谈，依法治农也凸现了法律体系的先天不足。这种法律缺位的现状，是形成我国农民培训因人而异、因地而异、因时而异，缺乏长期持续有效性的根本原因。

1995年9月实施的《中华人民共和国教育法》对农民这一特殊群体的教育没有做出具体规定，因此，靠《教育法》不能解决农民教育培训问题。1996年通过的《中华人民共和国职业教育法》针对农民这一庞大的职业群体规定得过于笼统，针对性不强，特别是对农民教育缺乏必要的、具体的、有针对性的规定，在农民培训实践中难以运作。1993年7月通过的《中华人民共和国农业法》只对农民培训做出了原则性规定，缺乏具体内容，在实践中《农业法》很难使农民培训得到有效的法律保障。同时通过的作为农业技术推广方面的专门性法律《中华人民共和国农业技术推广法》，只是原则性规定了教育部门应当在农村开展有关农业技术推广的职业教育和农业技术培训，提高农业技术推广人员和农业劳动者的技术素质，但缺少具体措施，更没有关于农民培训方面的具体规定。1995年1月1日起施行的《中华人民共和国劳动法》虽然对职业培训做了专门规定，但劳动法规定的职业培训只是针对企业的职工，广大农民没有被包括在内。

虽然，我国对农民培训日益重视，出台了很多文件，各地也出台了农民教育培训方面的意见、决定或条例，但都没有上升到法律层面，这与农民培训的重要地位和作用极不相称，与农业和农村经济的发展，与建设社会主义新农村对农民素质的要求很不适应，农民受教育培训的权利无法得到保障。这就迫切须要加快农民教育培训专项立法，用法制来保障农民接受教育培训的权利。

（二）农民培训的管理制度缺失

目前，我国的农民培训工作没有明确的管理主体。在我国农民培训的实际工作中，参与农民培训的涉及农业、科技、教育、人社、财政、扶贫、工会、妇联、共青团等二十多个部门，培训资源难以有效整合。各培训机构条块分割，分属于不同的行业和部门,各种职业中学属于教育部门,农业广播电视学校属于农业部门,劳动技工学校属于劳动部门,另外还有一些属于民间培训机构。机构设置零散重复,残缺不全,临时、应急成立相应机构现象严重,缺乏系统规范化的长效培训机制。从表面上看,这种各部门积极参与的局面,体现了各有关部门对农民培训工作的支持。但由于多头管理,体制不顺,全国缺乏统一而明确的目标和工作任务,造成宏观指导有较大的盲目性。由于部门力量难以有效协调,保障措施不够明确,培训资源难以科学合理地配置到位,培训任务落实难度较大。

我国对农民培训管理制度缺失主要表现在:1) 我国农民教育培训的内容被人为分割为三部分:农民学历教育(各级各类农业职业技术学校开展的以取得学历为目的的教育)、农民后续教育(扫盲及中小学毕业后的经常性文化教育)和农民的技术培训。前两部分内容由教育部门来负责,各级教育部门都有职业与成人教育机构,第三部分内容主要由农业部门负责,各级农业部门都有科技教育或农民培训机构。同时,科技部门、人力资源和社会保障部门、共青团、妇联、扶贫部门等十几个部门也有培训农民的职能。多头领导的管理体制把农民培训整体工作人为地分解成好多块,许多单位和部门都去组织管理农民培训,但农民培训工作又不是这些单位的主要工作,这就造成了很多单位不能全身心投入到农民培训中去,仅仅为了完成任务而敷衍了事。2) 农民培训的多头管理,造成人力资源的浪费。人力资源的浪费主要体现在上述各部门都设有管理农民培训的办公室,众多的单位和机构具有培训任务,各自去开展工作,从而造成农民培训工作中管理人员较多,形成人力资源的浪费,同时也增加了农民培训的费用和成本。项目的繁多,体现在众多管理部门都有自己的培训项目,不要说农民,就是专门研究农民问题的学者有的都分不清楚,其实这些培训工作差别不是很大。3) 缺乏统一协调的管理体系,造成部门利益倾向严重。虽然农民培训面广量大,需要众多的培训资源及社会力量参与,但是缺乏统一协调的管理体系,从而使农民培训相关管理部门之间各自为政,缺乏沟通,配合较差,农民培训的盲目性、无序性非常突出。据调查,涉及农民培训经费的部门除财政外,其他相关部门都有自己的培训任务和经费渠道。中央和各级财政投入到农民培训的一大块资金就像切蛋糕一样切割给多个部门,各部门的培训资金标准和使用方式各不相同,部门利益倾向严重。资金量大利益高的培训,各部门都抢着去做,资金量少或没有资金的培训就躲避或敷衍了事。

（三）农民培训的经费投入不足

近几年来,我国对农民培训投入的经费增长较快,但是从全国农民培训工作的实际需要来看,资金投入不足问题仍然突出。国家财政对农民培训的总体数量较大,但平均分到各省的资金数量就显得十分有限,尤其是西部一些财政较困难的县市,本身财政不能自保,主要依靠国家财政的转移支付保吃饭、维持运转,因此拿不出财政资金用于农民培训,有的地方还出现挤占、截留农民培训经费的现象。例如福建省人民政府闽政[1997]97号文件规定,各级政府要把农业广播电视学校的办学经费列入当地的财政预算,并逐年有所增加,各级教育部门应从地方教育附加费中列出专项或按一定比例用于农广校的教育事业。但目前,80%以上县(市)这笔办学经费已经取消,而且还有部分县(市)在农广校收缴的学费中扣除20%作为创收指标,上缴当地财政。办学经费的不足直接影响到农广校的招生和办学,挫伤了办学人员的积极性。省级有限的培训资金还是通过调整支农资金结构,从其他农业资金中挤出来的。由于经费有限,参加培训的农民数量十分有限,例如安徽省2009年全省培训新型农民仅56万人,全省安排2.54亿元资金,其中阳光工程争取中央财政补助资金6 510万元,而省财政安排3 000万元,市、县财政配套1 500万元,根据培训内容和时间确定补贴,人均补助标准200~500元;新型农民科技培训工程争取中央财政补助资金2 100万元,省财政安排300万元,根据培训内容和时间确定补贴,人均补贴标准350~400元。省财政新增农业专业技术培训和农民创业培训1亿元,市、县配套2 000万元,共1.2亿元。目前,我国农民培训的经费主要来自中央财政、地方财政、用人单位及农民个人,从中央到地方经费投入呈现逐步递减的趋势。中央及地方财政是农民培训经费的主要来源,有的县拿不出配套资金或者未列入项目示范县,就享受不到中央和省级财政的支持。由于我国农村人口多,再加上许多地方政府财政投入较少,农民培训经费总体上仍然不足。因此,许多地方职业学校的条件得不到改善,甚至停办。据调查,农民要掌握一技之长,培训时间一般要达到3个月以上,培训经费一般在800~1 500元,一些技能性较强的培训甚至达到三四千元。中央投入的资金总量虽逐年增加,如2009年"阳光工程"资金就达11亿元,但相对待训人员的增加而言,人均培训经费是微乎其微的。经费短缺已成为制约农民培训工作的重要因素。

目前,由于我国农村金融信贷资金渠道不畅,农民自身培训支付能力低及民间资本介入农民培训的投资效益不高,也使得农民培训经费投入不足的问题更加突出。由于农村融资体系与农村经济发展需要严重脱节,随着国有商业银行经营战略的转移和县以下机构网点的撤并,只剩下农村信用社势单力薄,使农村经济发展失去了原有的资金来源。在这样严峻的农村金融信贷形势下,根本没有用于农民培训的融资空间和有效渠道。由于我国农业整体发展水平较低,农民收入增长缓慢,大部分农民几乎不具备用于自身培训的基本支付能力,因此,依靠农民自身投资接受培训的路子行不通。虽然从长远看,持久有效的职业培训必然会有效提高农民科技素质,提高农产品的科技含量,从而为农产品加工、营销企业带来间接的利润,但是由于教育培训的投资周期过长,加之企业与农户之间并没有形成稳定有效的利益联结机制,对企业来说,投资农民培训回报和资金安全得不到有效保障。

(四) 农民培训的思想观念陈旧

农民培训应该为农业现代化建设服务,与生产劳动相结合,自觉地服从和服务于经济建设这个中心,促进社会的全面进步,同时适应广大农村发展生产、农民劳动致富的需要。但是,受落后的教育观、人才观、质量观的影响,许多人把教育培训等同于成才、升学,认为农民教育培训可有可无,无关紧要。再加上对农民进行培训和教育需要有长远的眼光和一定的资金投入,且见效慢,成果不明显,在重政绩、抓现实经济效益的思维模式下,使许多地方政府对进行农民培训的宣传、发动、组织、实施等热情不高,缺乏积极性和主动性,更不要说创造性地去做好农民培训工作。一些基层领导对乡镇农校的重要性缺乏正确认识,有的地方在机构改革时,将乡镇农校并入乡镇中学或小学,校园、校舍被中、小学挤占,试验实习基地被乡镇政府收回,设备被挪用,专职教师被调走,只剩下挂名的兼职教师,使农民培训出现滑坡甚至停滞。有组织地开展农民培训,对政府和相关部门来说,是一项随意性很强的工作,缺乏像计划生育、教育“普九”那样刚性的考核机制。在农民培训的实践中,一个地区农民培训工作的好坏,往往不是取决于培训制度是否健全,执行制度的措施是否得力,而是取决于当地政府或相关部门领导个人对这一问题的认识程度和觉悟水平的高低。

面对多元化经济成分和社会环境的影响,面对现代农业的技术的蓬勃发展,广大农民的市场意识、经济意识、发展意识、竞争意识、开拓意识明显增强,逐步摆脱温饱知足、小富即安的小农经济思想,树立奋发有为、积极向上的人生态度,形成与现代社会相适应的发展观念、竞争观念,注重学习市场经济、生产经营、产品销售、科学技术等方面知识,以便在激烈的市场竞争中立于不败之地。但由于农民长期生活在农村,小农思想根深蒂固,一些农民固守家门,不愿出门谋生。同时受经济全球化的冲击,一些生长在安逸环境的农村年轻人和20世纪八九十年代出生的新生代农民工,缺乏艰苦奋斗、吃苦耐劳、勤俭节约的精神,喜欢追求一时的享乐。

总之无论政府部门还是农民自身思想观念依然陈旧,因此应尽快转变观念,大力宣传,精心组织,认真落实农民培训的有关措施,营造农民积极参与学习培训的良好社会氛围。

(五) 农民培训的监督评价落后

农民培训是一个系统工程,牵涉到社会生活的方方面面,也涉及培训体系中的诸多要素。农民培训的监督评价,即由培训监督管理部门按一定标准和程序,在某一培训时限内,针对某一培训项目、特定的培训机构实施农民培训的各种情况进行定量和定性的评价,评价农民培训的实际效果,测评农民培训实际状况与其应达到的标准之间的差距,对培训经费的使用进行审查和监督,找出实践中存在的问题,提出相应对策和整改措施,促进农民培训质量的全面提升。目前我国农民培训的监督评价落后,尤其是项目管理仍存在缺陷。受政府主导型投资体制影响,尚未建立有效的项目法人责任制。大多数法人不是项目决策者,而是项目执行者(项目经理)。我国的农民培训是主管单位分解下达指标,相关厅局让其二级机构组织,农民培训的项目没有自由竞争,存在着行业垄断。评估缺乏规范性,过程检测评估缺乏信息反馈和连续性,项目监督不够到位,腐败现象仍存在。我国负责农民培训的机构分属于不同的部门,庞大而且复杂,人员众多,但师资力量却总体不足,农民培训机构的师资力量还达不到现代农业发展的要求,而且整体学历不高,尤其是县以下的培训教师。目前还未形成由高等院校或科研院所培训基层师资的良性机制,高等院校和科研院所的学术水平虽然较高,但覆盖面小且缺乏实践能力。主要由兼职教师来完成培训任务,往往缺乏计划,缺少实践经验,缺乏方法技能方面的训练。专职培训者侧重在培训工作的设计、组织和管理等方面,培训质量难以保障。在培训机构的资质审查上,准入机制落实不到位。在考核机制上,弹性太大,缺乏准确可行的评价标准,所以无法保障培训机构和人员充分履行职责。在激励机制上,平均主义、论资排辈、"铁饭碗"等占主导地位。在监督机制上,农民无法有效参与对培训工作的监督评价,调动不了工作人员积极性,从而影响培训效果。

三、吴江区农民工培训现状

(一)对接企业需求,提升农村户籍员工技能水平

开展"双千培训工程",优化农民工培训项目设置。为了更好地"服务民生、服务人才、服务企业、服务发展",推进企业转型升级,吴江区着力打造"双千培训工程",即自2011年起,用三年时间,每年为全市企业免费培训1 000名人力资源管理人员、1 000名班组长。外来务工人员在基层班组长中占据着主要地位,通过此项培训,旨在加强对基层班组长的素质培养,提高他们的管理能力和观念,适应在新形势下员工管理的新要求。并通过人力资源岗位人员的培训,提高企业对人力资源的有效管理,加强内训师队伍的培养,更好地对员工开展培训。截至2012年6月,班组长培训人数为1 107人,其中农村籍的为852人。人力资源管理人员培训人数为1 200人,其中农村籍的为398人。

(二)创新培训组织形式,最大限度提升培训实效

将培训与企业发展和农民创业相结合,优化农民工培训项目。一是在中达

电子、吴江南玻、恒力集团、通鼎光电等农民工集中、具有地方产业特色的龙头企业设立企业培训分站，开展企业内岗位技能提升。培训项目包括钳工、保安、物流管理、光电缆制造、玻璃深加工、绿化养护、化纤操作工、纺织染整跟单、纺织面料分析、电工、电焊、叉车驾驶等。二是通过开展农村人员就业创业培训，特别是与松陵镇农创村合作建立定点培训站，开展便于农民工就业创业的特色培训项目，例如水产养殖、水稻高产创建、葡萄的夏季管理、翠冠梨套袋及疏花疏果技术、河蟹生态养殖技术培训等实用技术培训。三是充分利用自主创业者协会这个平台，在全市范围内开展区域性创业专家咨询会，解答各种疑问，帮助学员解决问题。加强创业后续服务，为创业者提供各项政策咨询，各项优惠政策的落实，2012 年共有 752 人创业培训合格后，成功申请到了小额担保贷款，为企业的发展提供了资金支持。

（三）树立“好苏嫂”巾帼品牌，开展“巾帼家政服务员培训工程”

目前，苏州市从事家政服务业的主要是农村进城务工人员和城市无业妇女，文化素质普遍偏低，总体上来说家政服务质量良莠不齐，客户对家政服务员提出的素质要求难以实现。针对这一现状，市妇联依托市职业培训指导中心，建立了吴江区巾帼就业创业培训中心，大力实施“巾帼家政服务员培训工程”。在市中心建立了全市“好苏嫂”加盟店。此店有市妇联直接投资、监管，由市巾帼服务中心联手社区服务中心负责运营，以打造一个品牌（好苏嫂），建立两大基地（培训、实习），壮大三支队伍（管理、骨干、师资），搞好四项服务（培训、政策、信息、维权）为工作指导，通过租用社区服务中心场地作为“好苏嫂”门店，借用中心的餐厅、医疗室等，作为实习基地，为家政学员提供烹饪、护理等方面的实战场所，还将“好苏嫂”与中心的“居家养老”暖心工程结合起来，将优质的服务和高素质的家政服务员推向社会，擦亮“好苏嫂”这块巾帼招牌，实现市场效益和社会效益的最大化。

四、吴江区农民工培训存在的问题

（一）培训审核不严

1. 体检关

特种培训前的体检中，存在未能认真检查特种作业人员是否患有某种“禁忌症”而不能从事特种作业的现象。按照“经社区或者县级以上医疗机构体检健康合格，并无妨碍从事相应特种作业的器质性心脏病、癫痫病、美尼尔氏症、眩晕症、癔病、震颤麻痹症、精神病、痴呆症以及其他疾病和生理缺陷”的要求，除了医生询问之外，只是要求学员自己声明没有此类疾病，没有针对性地借助医疗设施进行检查。而区区几十元的检查费，自然是不可能提供这类医疗服务的。

如此一来，体检关前就留下了门槛低、体检形式化的弊病和隐患。

2. 学历关

在特种作业培训中，事实上存在一批文化程度低的人员不能很好地消化、理解培训理论的现象，影响培训效果，给安全生产留下了隐患。很多情况下，单位（其实并不具备开具相当学历的资质）提供相关学历遗失的证明已经成为一种惯例。对照《特种作业人员安全技术培训考核管理规定》"危险化学品特种作业人员应当具备高中或者相当于高中及以上文化程度"，危险化学品特种作业参训人员的学历门槛尤其不能放松，而在当前，也存在且放一马的现象。

（二）培训条件不足

主要体现在培训时间、培训内容、培训教材和培训师资四个方面。在培训时间方面，培训的周期通常是1－2个月，而且一般是部分时间制的培训，通常利用晚上或双休日进行培训，培训时间没有保证。在缺乏培训需求分析的情况下，对各岗位培训周期进行格式化的安排，忽视了不同受训者对培训的实际需求。在培训内容方面，培训大多着眼于即时的工作需要，着眼于企业的需要，所培训的知识与技能较为狭窄，缺少必要的理论深度，难以迁移。当下的工作需要什么就培训什么，局限于狭窄的、简单的技能培训与肤浅的知识传授，在"强调应用"的名义下把农民工的培训变成了低级的工作技能训练，不顾及农民工的长期发展以及所学知识技能的可迁移性。培训的工种主要是一些简单的体力劳动的职业，知识含量不高。许多农民工在城市工作，家庭也在城市，但在融入城市时却遇到了诸多困难。农民工在城市生活时，他们的一些思想观念、行为习惯、生活方式等与城市的生活不相适应；而这些是培训无法解决的问题。在培训教材的选择上，仍以省编教材为主，培训机构缺乏组织自编教材的师资和能力，因此不能很好地与本地企业发展需求相适应。在师资方面，公办培训机构受编制、用工及薪酬机制等方面的限制，急需的专业老师进不来，只能采取聘用的方式。而合同制聘用受薪酬的限制，无法聘请到高水平的教师。临时聘用的水平较高的兼职老师在企业属于中坚力量，工作都很忙，只能是应急性的。因此目前的情况是，专职教师占比小，兼职教师大多是处于二线的或退休的技师或工程师，呈现老龄化状态。

（三）培训管理不力

培训管理的疏漏主要包括考勤考核的不严谨以及跟踪服务的欠缺。不少企业和参训人员认为只要交了培训费就可以拿证，来不来上课、考试都不要紧，有些企业还存在员工培训期间安排生产任务，故意让参训人员缺席课程的现象。培训部门一旦严格按照国家对特种作业人员培训考核的标准组织考核，参训人员或企业就受不了，转而走外地买证之路。更有甚者，有些按规定考核未获通过的参训人员，以恶意匿名举报恶搞，使得培训机构哭笑不得，被迫睁一只眼闭一只眼。此外，培训档案的归类整理、分析没有到位，学员档案未能如实完整建立，给特种作业人员的管理工作带来一定的困难。目前培训机构对企业特种作业从业人员的数量无法准确了解，基本以企业申报为主，对各单位参加培训的数据无法更直观、及时掌握。

（四）培训保障不够

1. 设备投入不足

培训特别是特种培训的设备投入尤其不足。特种作业安全上岗培训是法定培训，县域特种作业安全培训机构的宗旨是为地方经济服务。根据国家安全生产监督总局30号令所公布的特种作业目录，培训机构要逐一调查摸底本地区特种作业的工种和人数，争取最大限度地创造条件提供培训服务。培训机构属于部门下属单位，经费的投入受到一定的限制，目前的设备只能开展部分工种的培训，而新公布工种所需的设备投入需要政府加大财政投入和企业的支持。

2. 企业缺乏热情

在发达国家，其企业职工培训经费比例已达到其工资总额的3%，有的国家已经达到5%甚至更多。吴江区的现状是水平参差不齐，一部分企业各类培训规划做得很完善，非常重视职工培训，特别是法律、法规要求的培训，绝对是不折不扣地执行；一部分企业只重视对管理人员的培训，对一线工人的培训重视不够；还有一部分企业（特别是中小企业）由于多种原因纯粹是被动地安排培训（上面有要求，或者被安全监督管理部门查到无证生产要处罚了才派员参加）。特种作业首先是职工就业的自我需要，并没有长期的培训预期，只求有证即行，培训投入往往成了一次性开支。

第三节　农民工培训的模式与类型

一、农民工培训模式剖析

通过对我国现有农民培训模式的归纳，可以将我国农民培训模式分为：政府主导类模式、政企配合类模式和市场运作类模式三类。

（一）政府主导类模式

政府主导类模式主要包括政府工程型、院校培育型、远程教育型、创业扶持型和文化活动型等培训模式。

1. 政府工程型

政府工程型培训模式是指政府及各职能部门推出的以工程或培训规划形式作为推动手段对农民进行培训的一种模式。针对整个农民群体,以培训科技型、技能型、创业型和实用型人才为培训目标,培训内容涉及农业科技知识、非农职业技能、文化素质和创业能力。以政府为主导,通过制定相关政策,提供配套资金,组织人力物力,确定培训机构,建立培训基地来提供支撑条件,自上而下,安排相关职能部门积极参与,以绿色证书、技能证书、非学历培训证书等体现培训效果。

可分为中央政府推动的农民培训工程项目和地方政府推动的农民培训工程项目。目前中央政府正在实施的农民培训项目有"绿色证书培训工程"、"新型农民科技培训工程"、"新型农民创业培植工程"、"农村劳动力转移培训阳光工程"、"农业远程培训工程"等。地方政府开展的农民培训工程更是形式多样,种类繁多。如山东实施的"新型农民创业培训工程",于 2007 年正式启动。此次培训任务由山东农业大学、山东省农业管理干部学院等四所涉农大专院校共同承担,对全省 2 750 名培训对象分批进行创业知识、政策法规等专题培训并进行研讨。培训费用由省财政按人均 1 800 元的标准承担,总共出资 495 万元。陕西推出了农村劳动力转移及农民创业工程规划(2008—2012),到 2012 年,全省农村劳动力转移就业总规模达到 650 万人,新增农村劳动力转移就业 150 万人,增加农民工资性收入 100 亿元。全省培训农村劳动力 150 万人次,取得国家职业资格证书的农民达到 100 万人次。浙江温州市自 2004 年实施的"百万农村劳动力素质培训工程"针对农民专业技能、转移就业技能、务工农民岗位技能、预备劳动力四项内容,已累计培训农村劳动力 91.22 万人,其中大多数人实现就业。但随着农村富余劳动力的逐年转移,转移就业培训已日渐缺乏生源。所以,2009 年以来全市开始以促进农村劳动力稳定转移就业和提升农村"两创"人才素质、增加农民收入为目标,开展农村劳动力就业技能培训。

政府工程型培训方式具有的特点:1) 通过实施"绿色证书培训工程",逐步形成"政府统筹,农业牵头,部门配合,社会参与"的绿色证书培训机制,建立起具有中国特色的绿色证书培训体制,自上而下形成一整套规范、有效的绿色证书培训制度。通过培训提高了农民科技文化素质和农业综合生产能力,使受训农业生产经营者在农业生产中成为名副其实的骨干和致富带头人,培养一大批觉悟高、懂技术、善经营、从事专业化生产和产业化经营的新型农民。2) 通过实施"新型农民科技培训工程",主要对务农农民开展农业科技知识和实用技术培训,提高农民的务农技能,促进农业生产发展,增加农民收入。新型农民科技培训工程以村为基本实施单元,按照"围绕主导产业、培训专业农民、进村办班指导、发展'一村一品'"的要求组织实施。3）实施"新型农民创业培植工程"，主要是从参加前两大工程培训的学员中，选拔能开展规模化生产和具有创业能力的优秀学员，通过政策引导、信息服务、创业资金扶持和后援技术支持，将其培植成规模化和专业化生产经营的农场主和农民企业家。4）实施"农村劳动力转移培训阳光工程"，主要是对农村富余劳动力转移就业进行引导性和示范性培训，提高农民进城务工就业素质和技能，促进农村富余劳动力合理有序流动。5）实施"农业远程培训工程"，主要是运用现代教育手段，加大传播覆盖面，快捷有效地向广大农民提供技术、信息和咨询服务，使农业科技成果迅速走进千家万户。6）建设农民科技教育培训体系。有效整合农业科技教育资源，利用农业广播电视学校体系或农业科技教育培训机构，建立并完善以农业部农民科技教育培训中心为龙头，以各级农业科技教育培训中心为骨干，以高中等农业院校、科研院所和农业技术推广机构为依托，以企业与民间科技服务组织为补充，以县、乡、村农业技术推广服务体系和各类培训机构为基础的，从中央到省、地、县、乡相互衔接、上下贯通的农民科技教育培训体系，为实施五大培训工程提供保障。重点加强农业部农民科技教育培训中心和县、乡农民科技教育培训基地的建设。

政府工程型培训模式具有有利于发挥政府在资源调配、人力组织和宏观调控方面的优势，在工程项目、相关政策、配套资金、组织人力、培训机构、培训基地等要素的支撑方面力度大、保障力强、覆盖面广、农民收益率高、能够形成巨大的推动效应的优点。但也具有需要消耗巨大人力、物力和财力，离开政府主导和推动就寸步难行的缺点，同时由于由政府部门统一组织，个性化程度不高，不能完全适应不同区域的特点，且农民被动受训，具有自发性差的弱点。

在政府工程型培训模式中实施力度最大、效益最高的当数绿色证书工程、农村劳动力转移培训阳光工程和新型农民创业培植工程。通过这些工程的实施，我国农民整体素质不断提高，带动示范效应明显，为农村城镇化和农业产业化提供了人力资源，促进了农村劳动力的转移，一些地区通过对外输出劳务，促进了当地经济的发展。如2003年以来，全国各地开展了"新型农民创业培植工程"，立足于农民致富带头人素质和技能的全面提高，依托高等农业和职业院校，通过对骨干农户的选拔、培训、创业扶持，培育了一批创业农户，目前示范效应正不断放大，对促进农村经济增长起到了积极作用。

2. 院校培育型

院校培育型是指以高等学校和中高等职业院校为主要实施主体，以接受正规学历教育或非学历培训为主要形式的对农民进行培训的一种模式，是针对农业部门的科研人员、管理人员和技术推广人员或农村中文化程度较高的农村基层干部、农业经营者、农民技术骨干、农村管理服务人员和核心农户而进行的培训。这种培训模式以高等学校和中高等职业院校招收的将来有志从事农业生产的在校学生为主要培训目标,由于这些学生毕业后真正回到农村从事农业生产的很少,一些高等农业院校为培养适应农业和社会主义新农村建设及农村经济社会发展需要,掌握实用农业科技知识和信息技术,了解市场,直接服务于农村发展,带领农民致富具有创新精神的实用人才,而对具有一定实践经验的新型农民进行培训,形成了中国人民大学模式、中国农业大学模式和河北农业大学模式。

中国人民大学农业与农村发展学院主要是以培训为主,一个重要的模式是依托试验区的实验基地进行人才培养。在培训方面,学院将有需求的农民邀请到北京参加培训活动,如果有需求的人太多,学院便会组织学校资源进入农村,以合作社和协会的形式,对当地农民进行技术培训。学院培训的对象是一些公立机构,这些机构本身要在农村开展技术培训工作,他们自身也需要继续接受培训。另外,失去工作但仍留守在城市的农村青年也是学院培训的对象之一。学院会根据他们的工作意向和要求,分别展开培训,比如对愿意回到农村的,将主要进行农村基本技能方面的培训,学院还会对有意到农村工作的大学生进行培训。此外,依托试验区的试验基地进行人才培养,也是中国人民大学农业与农村发展学院在农业人才培养方面的一个重要模式。学院已经建立起的试验区包括:海南儋州试验区、吉林梨树试验区、河南兰考试验区、浙江瑞安试验区等。这些试验区不仅直接对当地的农民进行培训,而且,在试验区进行实践活动的大学生将来的工作一般也都会直接为农村服务。

中国农业大学对农村人才的培养模式,也主要是以培训为主,另外还有"红色一加一"和"乐农家"等模式。中国农业大学继续教育学院已与安徽、广西、山东、北京等地合作,准备了多种"培训套餐",有请进校门的高级研究班,有深入农业企业的定点委托培养专门班,有下到农村田间地头的技术短训班等。为扩大农村能人培训行动的辐射面,该院在原有校外函授站和学习中心的基础上,通过建立培训基地,构建起了一个全方位的培训网络,先后在全国范围内,建立了水稻、蔬菜、棉花、药材、奶牛、生猪、肉鸽等 45 个种植(养殖)培训、推广与示范基地。该院已同黑龙江鹤岗市,北京顺义、密云等地 10 多个单位开展合作办学,为地方培训了大批干部和技术人员。中国农业大学在日前举办的"面向新农村的综合信息服务研讨会"上展示了其开创农村综合信息服务的新模式——"乐农家"数字资源包。"乐农家"数字资源包,把农民喜闻乐见的农业技术、务工技能、法律知识、致富经验、科普、文艺、生活百科等 8 大类 2 000 多个视频节目,集成在内存为 1 000G 的一个不足两千克的小盒子(硬盘点播器)里,接上普通电视机使用遥控器就可重复点播自己需要的节目,农民通过遥控器就能随意收看他们需要的内容，这些可以在劳动技能、农业技术、文化、法制观念等方面对农民提供帮助。

培训也是河北农业大学服务“三农”的一个重要模式，但影响更大的，显然是其在全国推广的“一村一名大学生工程”模式。早在2000年，河北农大就提出实施“一村一名大学生工程”，其目的是利用农大的学科、人才、技术、设备等优势，为河北广大农村培养留得住、用得上的高素质人才。河北农业大学于2003年经国家教育部批准依托学校人才、技术优势，在全国率先实施“一村一名大学生工程”。该工程规定，河北农大可以单独组织考试，在河北农村招收定向高职生，28岁以下农村青年和35岁以下村两委干部均可报名考试。它是对新型农民进行培训的一种新模式。在河北省各部门关怀下，学校以“培养新农民、培植新产业、建设新农村”为出发点，以“回得去，留得住，用得上，干得好”为落脚点，为社会培养了一批批来自农村、定位农村、服务农村经济、带领农民致富的具有创新精神的实用型人才。该工程已实施六年，培养出农民大学生3 100余人，其中很多学生已经成为当地的农村优秀基层干部和科技致富带头人。以园艺技术、畜牧兽医和农业经济管理（包括村务管理和乡镇企业管理方向）为重点建设的专业。录取工作由学校根据考生成绩择优录取，面试、笔试单设分数线。同等条件下，退伍军人、现任村干部、企业负责人、农业科技示范户、科技致富能手、县以上劳动模范、市以上先进个人优先。按照宽进严出教育模式，实行弹性学制和灵活学期模式。学校参照2年制专科学制教育教学要求安排教学计划，同时根据弹性学制的实际需要制订有针对性的教学计划，学生在校最长修业年限为4年。在规定的学习期限内，完成学业并达到毕业条件者，颁发普通高职毕业证书。“一村一名大学生工程”招收的学生不办理户籍迁移手续，入学前须与村委会或乡镇企业签订培养服务合同，毕业后凭入学前与村委会或乡镇企业签订的培养服务合同回村或乡镇企业服务。河北农业大学目前的培训资质包括：科技部国家级星火培训基地、教育部中央教育科学研究所农村教育综合改革研究与培训示范基地、农业部科技教育司农业职业技术教育培训示范基地、省级职教师资培训中心、保定市妇女培训学校等服务于“三农”的基础平台。

院校培育型培训方式具有的特点：1）培训师资力量雄厚，通过较为系统的培训，使学生获得完善的专业技能和全面的综合素质的培养。2）突出对农村基层干部、农业技术骨干的高等教育非学历培训，培养大量的高质量的科技示范户，促进农村经济的发展，形成示范带动作用。3）通过开设创业培训课程，强化创业教育，宣传创业典型，鼓励大学毕业生到农村基层就业、创业，拓宽人才通向农村的渠道。4）加强与地方政府协作，针对不同区域、不同产业、不同类型农民的特点，建立不同的培训目标，在培养农村高级技术人才、农村基层干部和农业科技培训机构师资等方面寻找着力点，通过多渠道促进农民整体素质的提高。5）推进成人继续教育尤其是高等教育自学考试向农村延伸，为农村和乡镇培养大批留得住、用得上的高级专业技术和经营管理人才，逐步改变农村人才缺乏的局面。

院校培育型培训模式具有师资雄厚、培训正规、技术先进的优点，培训出的农民具有正规性和持久性的特点，对农村和农业发展的贡献大，更为广大农民所向往。但由于受国家教育政策和规定的限制，无论是学历教育，还是非学历教育，都存在比较高的政策"门槛"，具有成本高、周期长、见效慢的缺点。因此该模式更适合农村文化程度较高的适龄青年、农业后备军和"塔尖型"农民的培训。要通过对该模式的改进和优化，以服务"三农"为导向，探索更加灵活、开放、多样的办学模式，大力开展多种形式的农业高等教育和职业教育，培养一大批农业后备军。通过建立高教、职教、成教一体化的滚动分流式新型农村教育体系，让农村学生根据自己的能力、智力和兴趣，选择适合自己的学习方式，选择合适的学校来充分发展自己，促进农村教育回归农村，以适应新农村建设的需要。

3. 远程教育型

远程教育型培训模式是指运用广播、电视、互联网、录音、录像、VCD或DVD、报纸、杂志多种技术手段，多学科、多层次、多形式、多功能地对农民开展远距离教育，让农民以自助的方式学习现代农业科学技术等方面的知识，以提高自身素质的对农民进行培训的模式。近年来，随着卫星技术、有线电视和宽带信息网络技术的飞速发展，为农民培训远程化提供了现实可能性。远程教育投资少、启用快、不受时空限制、频带宽、覆盖面广，可以高质量地传送图像、影视、音频、文字等多媒体信息，具有其他媒体无可比拟的优势。

远程教育型培训方式具有的特点：1）远程式培训打破了空间上的局限性，使农民在本地接受教室即可学习最新的农业实用技术，无须到高校或科研院所专程请教，也无须专家亲临现场指导。2）远程式培训根据农时安排现场直播授课，使农民能及时将所学技术用于生产。3）远程式培训通过先进的通信设备，使不同地点的农民与专家之间实现面对面的交流，进行讲授、提问、答疑和讨论，及时实现互动，能顺利解决存在的问题。4）远程式培训让农民根据自己的生产需要，随时随地上网点播课程，基于浏览器自主学习农业实用技术。

远程式培训是通过构建远程培训网络平台，利用互联网、广电网、电信网、移动网等网络，由计算机、广播、电视、固话、手机等多种终端与网络平台双向互动，对农民进行培训的一种形式。远程式培训以服务社会主义新农村建设为主题，以基础设施建设管理和培训资源整合开发为重点，以各层面专家队伍为保障，来推进农村实用技术培训的全面开展。远程式培训可以发挥现代通信技术和农业科技资源丰富的优势,加快农业科技推广步伐。网络媒体作为当前信息承载量最大、互动性最强、集纳多种传播媒介优势的电子媒介,在农民培训服务中具有十分显著的优势。

按照国家"统筹规划、国家主导、统一标准、联合建设、互联互通、资源共享"的信息化总方针,国家农业主管部门和各级政府把信息化纳入农业发展规划,我国产生了以信息和网络技术为基础的现代远程教育,从基础设施的建设到信息源的建设,再到信息服务方式的落实,已经形成了以农业部为中心,连接31个省、直辖市、自治区和农业厅、局的信息网络平台,47%的乡镇成立了信息服务站,配备了专兼职信息员3.8万人,发展了近11万人的农村信息员队伍。全国乡镇农村信息服务站中有计算机并可以上网的有1.7万多个,占乡镇总数的41%,形成了初具规模的全国农业信息网络,基于网络媒体的中国农村远程教育的培训工作也随之不断加强深入,通过卫星传输的农村党员干部远程教育培训也逐步在全国展开。部分省、直辖市、自治区农村信息服务站利用远程教育对农民进行了有针对性的技术培训,成为对农民培训的一种非常重要的形式。

4. 创业扶持型

创业扶持型培训模式是指通过创业培训加扶持的方式,支持农民创业或农村贫困户从事合适的脱贫致富项目,从而成为新型农民的一种培养模式。培训主体是政府扶贫部门、财政部门、农业金融部门、妇联、工会、共青团等。培训对象是有创业愿望或准备脱贫致富而寻找项目的贫困农户。通过实施对这一特定人群的创业引导培训,选择合适的创业项目,提供技术支持,进行指导和专门培训,同时给予一定的资金支持或提供信贷支持。通过资金、技术等外因的作用,激发贫困农民的自信心,从而尽快摆脱贫困。

创业扶持型培训方式具有的特点:1)政府扶贫等部门确定扶贫对象,并组织他们参加创业指导培训,包括政策的讲解、项目的选择、如何创业、如何获得贷款支持等。2)对农民选择的项目进行分类,并按照分类进行技术培训,或提供一对一的扶贫指导。3)由政府部门牵头,银行等相关部门参加,成立信贷支持领导和操作机构。符合条件的农户提出信贷申请,信贷操作机构进行调查选定农户,认定经营项目并确定信贷类型。4)由相关组织,如工会、妇联、共青团等提供担保,也可贷款户联保后直接贷款到户。5)通过对贷款户的资金支持和技术指导,使他们的项目尽快步入正轨,同时对他们进行监测,按照合同进行信贷资金的回收,并根据创业项目的实施情况进行连续扶持。

创业扶持型培训模式从具有发展潜力的创业项目和贫困农民这一前提出发,给予他们的经营项目一定的技术和信贷支持,使其获得了创业的机会和发展的条件。他们通过参加创业培训,选择合适的开发项目,并获得贷款扶持,在新的事业中掌握了生产经营的决策权、支配权，增强了适应市场经济的能力，使自身的素质和在家庭及社会中的地位逐步提高，增强了创业或脱贫的自信心。但这一模式必须有配套政策的支持，才能持续健康地发展，如简化贷款手续、建立贷款户联保、整贷零还、连续扶持等管理制度，对贷款户予以约束和激励，以使这一模式具有旺盛的生命力。在给予创业或贫困农民贷款支持的同时，仍然要给予他们技术、市场和管理等方面的培训和帮助，或进行一对一的全程帮扶，才能使这一模式达到使农民摆脱贫困的目的。

目前，我国还有相当多的人口没有摆脱贫困，尤其在西部农村地区，而技术和资金是贫困农户实现脱贫的主要瓶颈。通过这一培训模式的实施，可以使创业或贫困农民从社会上获得同样的发展机会和条件。据估算，目前来自政府支持和民间筹措的小额信贷资金大约在二千多亿元。如果这些资金更多地应用到急需资金的贫困农户身上，将加快这些农户的脱贫步伐，使我国全面实现小康社会的目标得以尽快实现。小额信贷激发了创业和贫困农民的开拓创新意识，产生了较大的激励和支持作用，是以外因激活内因、外因参与发展的重要形式，是培训新型农民的重要模式。

5. *文化活动型*

文化活动型培训模式是指通过组织各种各样的文化活动，营造人文环境和文化氛围，发挥文化的聚合力、影响力和辐射力，通过文明文化的熏陶和引导，促进农民理念观念、思想意识和文明素养提升的农民培训的模式。培训主体是政府及相关职能部门如教育、卫生、文化、司法等部门，宣传、工会、妇联、共青团等党群组织。通过开展各种文化活动，进行道德教育、民主法制教育、文明教育、农村形势和政策教育，针对整个农民群体，着眼于这一群体的素质、道德和意识的提高，使其成为有理想、有文化、有道德、有纪律的新型农民。

文化活动型培训模式通过以下培训方式来实现对农民的培训，具有自身的特点。1）通过组织文化、科技、卫生“三下乡”活动，以文艺团体、高等院校和科研院所等为主要文化辐射中心，引导教育、文化、法制、医疗工作者深入乡村，向农村、农民传递新文化、新文明。2）开展科技大集、送书下乡、送戏下乡、送医送药下乡等专题活动。除针对当地农业生产的实际需要，开展现场技术咨询活动外，组成专家小分队分赴农村农户家中进行现场技术指导。同时举办生产技术培训班，对当地农技人员、科技示范户及种植（养殖）大户进行广泛的培训。还可以以广大农民喜闻乐见的形式，开展农业科技知识竞答和技术比赛活动，进一步普及农业科技文化知识。3）充分发挥党的基层组织的优势，以党建带动和促进新农村建设。开展文明村、文明户和文明乡镇创建活动，引导农民树立健康文明的生活方式，形成团结互助、扶贫济困、平等友爱、融洽和谐的良好风尚。

4）扶持农民自办业余文化队伍和各种文化团体，鼓励农民兴办文化产业，利用农闲、节日组织文艺演出、劳动技能比赛等，开展多种形式的群众文化活动。利用集市集会，进行文化政策宣传、科技知识传授。发掘和保护农村优秀民间文化，发展有地方特色和民族特色的优秀传统文化，注重培育文化名村、名人、名品，改造传统节日，发展农村特色文化。5）充分发挥民间艺人、文化能人、文化经纪人在活跃农村文化生活、传承民族民间文化方面的积极作用，发现和培养农村文化骨干，动员和鼓励大中专院校毕业生投身农村文化建设，建立一支稳定的专兼职相结合的农村文化队伍。6）加强县、乡、村文化设施和文化活动场所等农村文化基础设施建设，设立图书室、文化活动室、健身活动室等，促进农村文化建设。

本模式具备易实施、影响大、主题突出、集中性好的特点。主要是对农民物质层面之上的精神层面的满足，它从文化需求、精神需求、政治需求入手，与各种以满足致富需求和物质需求为主的模式相互补充，相得益彰。本模式实施过程本身就是活动组织者与农民零距离接触的过程，遵循自觉自愿的原则，以短平快和农民喜闻乐见的形式开展，迅速见效。对时间、地点、场所、经费要求不高，容易组织实施。本模式对受众无特殊素质要求，接受面广，受众参与成本低，能当场解决一些科技、文化、卫生、法律等方面的实际问题，使群众得到看得见的实惠，深受农民欢迎。但是，由于本模式侧重于精神层面，缺少定量的评价指标，效果难以衡量，具体操作方式创新度有待进一步提高。其成果是内因和外因共同作用的结果，尤其须要调动农民内在的积极性。由于缺乏长期或定期安排，在很大程度上取决于组织者的热情和条件，难以精确分析培训效果产生的原因。由于活动的效果难以评估，且目标比较分散，不容易出成绩，持续效果不明显，且需要一定的投入，所以往往容易被忽视，经常出现“说起来重要，做起来次要，忙起来不要”的现象。

文化活动型培训模式通过教育、共青团、妇联、工会等群众组织通力协作，密切配合，发挥着重要的参与作用，调动更多的力量支持和参与新型农民培训工作，扩大了新型农民培训的参与渠道。本模式是社会主义新农村建设的核心模式。大力推行本模式，有利于建立与新农村建设相适应的道德体系，提高农民群体的文明素养，培育现代意义上的新型农民；有利于创建学习型农村、知识型农村、科技型农村和和谐型农村；有利于农村干部依法办事，增强法制观念，推进农村基层民主政治建设，化解矛盾，促进农村稳定；有利于解决农村“文化短缺”，缩小城乡“文化差距”；有利于满足农民更高追求，激发农民自我教育、提高素质、创业发展的内在动力，为建设社会主义新农村提供精神动力。

（二）政企配合类模式

政企配合类模式主要包括园区依托型、推广服务型、科研项目型和科技示范型等培训模式。

1. 园区依托型

农业科技园区带动式培训是以农业科技园区为依托的一种农民培训形式。作为农业技术推广模式的一种创新，其有效地把农业科研院所和农业高校的科技成果与当地的农业生产、农村经济发展紧密地联系在一起，实现了产学研的有机结合，构建了农业技术对接平台，缓解了农业技术供给与需求偏离均衡的状态。农业科技园区通过技术传播方式扩散和推广农业技术，对附近的农民进行直接指导，同时培训农业技术推广人员对远处的农民进行指导，克服了传统农业技术推广体制下农业技术推广方式的弊端，满足了农民对农业技术的迫切需求。它把农业科研与农业生产、农村经济发展紧密地连接在一起，为农业技术对接构建了一个良好的平台，实现了农业专家、农业企业和农民的紧密结合。

园区依托型培训方式具有的特点：1）通过科技园区的建设，把先进科技成果、资金、信息、生产基地、企业的科技开发推广人才有效地聚集在一起，完成对先进农业实用技术的组装集成，使高新技术向传统农业的产前、产中、产后渗透，形成新的产业链，推出新的农业产业化经营模式，提高农业科技成果转化效率，实现与农户的技术对接、市场对接和信息对接。2）通过园区龙头企业的带动，对成熟的组装技术进行吸收和再转化，通过较大面积的技术示范和产业孵化，归纳和总结成功的技术示范和产业开发的经验，并通过技术扩散，把配套的农业技术传递到农民手中，让千家万户按照龙头企业制定的生产标准、技术规程和农作物栽培模式，生产标准化的农产品，以此来提高农产品的质量和市场竞争力。3）农业科技园区和辐射区的农产品实行规模化、专业化、标准化生产，由园区的龙头企业创立农产品品牌，按照国家绿色食品生产的标准，制定农作物栽培模式和技术规程。品牌所带来的技术标准向周边地区的企业和农户扩散，促使它们与龙头企业签订契约，遵守合同和技术规则。4）通过信息和知识的获取、处理、传播和应用，把农业信息及时、准确地传达到生产者手中，实现生产、管理、农产品营销信息化，加速传统农业改造和升级，大幅度提高农业生产效率、管理和经营决策水平。

通过示范园区，科技成果在园区内的对比试验和价值验证，让农民亲身体会科技的作用和丰厚的利益，有利于消除农民对风险的顾虑，自觉自愿接受培训，加快了农民吸纳新技术的过程。但是，本模式对示范园区的建设资金、产业资源、科技含量、人员素质、创新能力、经济效益等要求较高，具有较强的地域性，使得本模式的适用面不广。处理不好，还会产生科技含量较低、竞争能力弱、经济效益较差、发展后劲缺乏等问题，导致资金效益不明显，示范带动力不够，科技辐射力不强。本模式对科技、教育、产业等资源丰富，经济发展状况较好，有较大发展潜力的地区具有很好的效果和较大的意义。

2. 推广服务型

推广服务型培训模式是科技服务推广机构在进行农业科技推广过程中对农民进行培训的一种模式。培训主体是政府各级农业技术推广部门、各类专业科研机构、农业院校、各级学会及农业科技信息咨询服务机构和中介机构、科技型龙头企业。经过30年的改革,传统的以政府为主体的农技推广服务格局已经发生根本变化,政府对农业科技服务的管理职能和执行职责逐步分离,政府职能发挥的重点更多向宏观调控和提供公益性推广服务转移,逐步形成了一个以国家农业技术推广机构为主导、多元化发展的农业科技推广服务体系。随着市场经济的发展和农村经济走向多元化,农民对农业科技的需求也趋于多元化。科技服务的内涵和培训内容越来越丰富,外延不断拓宽,由农业领域逐步转向农村社会的各个方面,由单项技术的传授向更深层次发展。注重通过信息交流和沟通来了解供需双方的实际需求,帮助、引导供给方提供适合的新技术、新成果,满足广大农民日益多元化、个性化的服务需求。

推广服务型培训方式具有的特点:1)通过农业部门所属的推广机构,在技术实施的关键时期,深入到农村一线进行现场培训和技术指导,在农闲时期通过办技术培训班的形式提高农民使用新技术的能力。2)实施"科技特派员"制度。引导大批科技素质较高的人才深入农村,在科技、农民、农业龙头企业之间建立起一个直接联系的机制和平台。以科技特派员和产业带头人为主体,以大量乡土人才和广大农民群众为基础,建立适应市场经济要求的新型推广服务和科技培训网络。3)实施"农技信息服务"。借助因特网、通信工具、新闻媒体和现有农技推广手段,通过现场咨询、实地指导、科技示范、技术培训和信息收集分析与发布等形式,为农民开展服务,实现科技与农民的零距离衔接。4)通过组建农民科技合作组织创新农村科技服务。农村科技服务合作社为农民提供农业生产资料、科技培训、市场信息、小额贷款担保贴息、市场营销服务、组织农产品加工等"一体化、全方位"服务。

推广服务型培训模式具有集科技推广、培训与服务为一体的优点,不再单纯为了培训而培训,使培训的目的性更强,使农民更容易接受。同时政府主导型多元化农业推广服务体系日趋成熟,服务领域不断拓宽,服务方式逐步向双向互动性转变。虽然各地在总结传统农业推广的基础上,结合各地实际,对新时期农业科技推广服务体系建设进行了探索和实践,出现了一些好的形式,但在全国范围内传统农业推广机构仍占主导地位,其改制情况仍不彻底、不完善,体制不顺、机制不活、队伍不稳、保障不足、多元化服务组织发育滞后等问题仍未得到彻底解决,传统的农技推广模式存在的科技成果转化率低、转化速度慢、覆盖面小等突出问题仍然存在。

创新和完善推广服务型培训模式，建立适应市场经济发展的新型农业科技传播体系和传播载体，是十分必要的，具有很重要的发展意义。一是为农业结构战略调整指引了方向。随着农业内涵的不断延伸和扩展、农业结构的深化调整，在改造传统产品的同时开发新产品，通过品种改良、高技术应用，使农业产业高产、优质、高效、安全。二是为农业产业化经营提供技术支持。农业产业化经营是一个不断发展、不断完善的过程，通过扩大农业生产中的成本收益率，缩短农产品进入市场的流通时间，提高农产品的市场占有率。逐步实现产业化经营的商品化、专业化、集约化、规模化和一体化。三是为农民持续增收提供优质服务。建立科技主导型的农民收入增长模式，认真研究农户作为农业科技成果的需求主体所具有的现实需求和潜在需求，依据农民需求的不同层次、技术的不同类型，选择不同的培训和推广模式与方法，努力提高农业科技成果的入户率和到位率。四是为培育知识型农民提供有效途径。农民是农业现代化的主体，对农业新技术的选择、对农业新标准的运用，均取决于其科学文化素质。提高农民科技水平，除了大力发展农村义务教育和学校职业教育外，推广服务型培训最为重要，它的主要职能就是通过农业专家、涉农企业、各级农村中介组织等，根据农民需求组织科技培训、开展科技交流活动，培养一批示范户、科技骨干，促进广大农民的科技文化水平和素质提高，增加农民收入。

3. 科研项目型

科研项目型培训模式是指以某一具有开发和推广价值的科研项目为载体，以服务于农民，提高农民素质，同时完成科研项目并实现科研成果的转化和推广为目的，采用现场指导、课堂教学、教师示范、参观考察等多样化的培训途径和方法进行培训，并结合科研项目的研究与开发提供产、供、销配套综合服务，从而实现对农民培训的一种模式。培训主体是承担科研项目的高等院校、科研院所、政府有关部门或一些产业组织。培训对象是参与科研项目的实施与推广及从事相关产业的农民。培训内容是紧紧围绕科研项目的实施和开发所需的农业实用技术。

科研项目型培训方式具有的特点：1）科研院所、高等院校等一些拥有科研项目的单位，通过建立试验基地，带动农民参与到科研项目的实施和开发当中，使双方互惠互利，达到共赢，科研项目方完成国家部门下达的科研任务，农民通过参与科研项目，能够学习和利用先进科技成果，实现增收。2）政府部门选择一些具有针对性、实用性、辐射性、科技含量高且能取得明显的经济和社会效益的项目来进行开发和推广。先进行试点示范，让农民亲眼看见该项目所产生的显著经济效益，以吸引农户加入培训和项目的开发、推广活动之中。3）组织农业、科技、教育等各方力量，落实师资、场所、基地、经费，着手开展项目培训，并且与参加培训的农民签订生产合同，确保生产规模和效益。4）在项目培训和推广过程中，不断扩大项目生产规模，逐步形成农工贸一体化、产供销一条龙的生产经营体系，使农业生产走上产业化道路。

本模式具有周期短、见效快、易组织的优点，不一定需要园区的支撑。开发一个能紧密结合本地区的特色支柱产业，具有开发价值和推广价值，可让农民富裕起来的科研项目，对当地经济发展具有很大的作用。通过项目培训，能满足农民学习新技术、获取新信息、接受新产品和增收致富的迫切愿望，符合农民学习新技术的心理特征。因此也具有农民学习目的明确、积极性高、自觉性强、组织工作能得到切实有效落实的优点。但本模式对所选项目和技术服务、产业服务的要求较高。培训师资不仅要具有较高的理论水平，而且要具有很强的实践能力；不仅科研项目的开发和推广要有生产试验基地和其他必备的自然条件，技术要切实可行、简便易行，而且技术与项目结合后形成的项目产品要能产生显著的经济效益。否则就会影响培训的效果，减弱或失去效益诱导这一原动力。围绕项目所进行的培训与项目的关联度大，因而培训内容范围较窄，从而影响培训的兼容性。

本模式适应了当前农村农业生产逐步向产业化发展、劳动力流动规模扩大、第三产业迅速兴起、产业结构调整步伐加快等新特点，为当地产业的尽快形成创造了条件。通过对科研项目的择优选择，进行符合本区域实际需要且能让农民尽快富起来的农业科研项目培训，突出农民适应农业产业结构调整所需的知识技术更新能力、信息捕捉能力、适应市场能力等的培养，必将产生极大的政治效益、教育效益、经济效益和社会效益。选择项目坚持优中选优，使其具有资源特色，能形成当地特色产业和企业，还能吸引外界项目和国内外资本，进一步扩大项目开发的数量和质量，产生更为显著的经济效益。

4．科技示范型

科技示范型培训模式是指通过培育和发现具备较高素质的农村能人，使其成为科技示范户，并不断对其进行培训，依托科技示范户的示范作用，影响和带动新型农民培训的一种模式。培训主体是政府宏观层面的组织，通过对农村基层干部、生产能人、经营能人的培养，使他们发展成为科技示范户，带动周边一大批农民成为能人或科技示范户，进而辐射到周围其他农民。培训内容主要是科技文化素质、职业技能水平、经营管理能力和相关的科技知识。

科技示范型培训模式通过以下培训方式来实现对农民的培训。1）加强农村领导班子建设，提高农村领导班子的整体素质，发挥农村领导干部在致富、搞活经济、精神文明等方面的带头示范作用。2）培养和发掘乡土能人，或者通过高薪聘请、挂职或兼职等方式，引进优秀创新人才、大学生等经营管理人员，将其培养成为当地的科技示范户，从而带动周围农民积极参与学习科学技术。3）在科技示范户创办的企业或产业中，积极吸收当地农民参加，或给予技术、资金、市场、信息扶持，引导农民共同致富，并形成当地优势产业，将产业做大做强。4）通过"专家进大户，大户带小户，小户帮农户，辐射千万户"的方式，培训和带动更多的农民加入到当地优势产业的发展中来。

本模式首先要善于发现和培育农村能人，农村能人具体地讲有两种：一是农村基层领导干部，二是生产能人、经营能人。农村能人还可分为引入能人和乡土能人。农村能人尤其是乡土能人是土生土长的农民，与周边群众有着密切的联系和感情，他们有文化、有威望、有特长，说话做事令周围的农民信服。而且他们中的绝大部分是先发展起来的富裕户，通过培养使他们成为科技示范户，成为周围农民发展生产的样板，能够带动一片，辐射一面，引导当地农民走上共同致富的道路。推行这一模式有利于扶持核心农户，有利于改变我国农业从业人员中缺少新型农民示范带动作用的状况，有利于促使新型农民这一群体人数的逐步增加。

（三）市场运作类模式

市场运作类模式主要包括合作组织型和产业促进型等培训模式。

1. 合作组织型

合作组织型培训模式是指依托当地的农民协会、农民专业合作社等合作组织对组织成员进行培训的一种模式。1978 年农村实行了改革，以农户为主体的各类合作社不断涌现。1983 年前后，农村出现了多种形式的联合体，特别是农户之间的专业化分工的发展，各种专业户、专业村不断涌现，农民对技术、生产服务的需要多样化，一批专业合作社、专业协会应运而生。这类以农户、农民为主体的合作社、协会，被称为农民专业合作经济组织。2006 年 10 月 31 日，中华人民共和国第 57 号主席令公布了《中华人民共和国农民专业合作社法》。该法的颁布，对支持、引导农民专业合作社的发展，规范农民专业合作社的组织行为，保护农民专业合作社及其社员的合法权益，促进农业和农村经济的发展，起到了重要作用。

合作组织型培训方式具有的特点：1）围绕农业实用技术、市场经济知识、相关法律法规、食品安全、新品种新技术引进推广以及合作社生产经营理念等内容，抓好对合作社法人代表、经营管理人员和入社社员的培训教育。2）合作社要制订培训计划，定期组织开展培训，建立长效培训机制。结合农时季节，聘请技术专家和专业技术人员进行现场教学和实践指导，提高科技成果的转化率。病虫防治、测土配肥等关键生产技术和措施，由合作社组织专门力量统一实施。

3）抓好信息服务。合作社要同一村一品建设紧密联系，建立农业信息服务站，配备专门的信息员，向社员及时收集和发布农产品市场供求、价格信息和科技、生产、经营等方面的信息，推动农业信息网络建设向农民专业合作社延伸。4）通过推行标准化生产来对农民进行培训。合作社对自己从事的专业生产项目，制定标准化生产技术规程，严格应用于社员的生产活动中。组织和监督社员将相应的技术要求落实到位，并建立生产档案。对不按照规程生产的社员要按照章程和管理制度进行管理。对农民专业合作社成员广泛开展农产品标准化生产和相关技术规程的培训，加强生产信息监管，使成员的标准化生产水平明显提高。5）通过抓无公害生产基地建设，规范农民的行为。合作社要以社员生产为基础，组织起来共同建立农产品无公害生产基地，取得无公害农产品生产基地认证。要积极创造条件，争取获得国家绿色食品和有机食品认证，并按照无公害标准培训、指导农民的生产。

合作组织型培训模式具有根据当地实际情况及时开展培训，适用性强，农民参加的积极性高的优点。但也存在不太重视长期的素质教育，一般只针对本组织的实际，培训范围较窄的缺点。随着农民专业合作社的逐步壮大，章程的逐步完善，合作组织资金积累的逐步提高，对农民的培训范围也将越来越宽，对农民培训的实效性将越来越强。随着农民整体素质的提高，对标准化生产和无公害生产的自觉性和技术性也会逐步提高，这将大大促进农民合作组织的壮大和发展。

2. 产业促进型

产业促进型培训模式是指依托当地的农业产业优势或以用工企业为培训主体，以培训满足当地农业产业化发展或本企业生产需要的产业工人为目标而实施的一种对农民进行培训的模式。培训主体是各类产业协会、龙头企业、专业培训机构和行业主管部门。培训对象是从事或有意从事农业产业或在农业产业覆盖下的农民，在农业企业或有意在农业企业就业的农民。培训内容紧紧围绕产业所需的基本文化素质、科技知识、职业道德、职业技能水平和经营管理能力。

产业促进型培训方式具有的特点：1）着眼“一村一品，一乡一业”和各地实际情况，围绕产业所需对农民开展培训。2）适当开展创业培训，对有创业愿望和创业条件的农民进行创业培训和扶持，以壮大整个产业链。3）通过组建产业协会来实现对科技知识、标准化生产技术的传播和培训，提高产品的品质。4）通过龙头企业组织对农民进行关键技术的培训和产品的产、供、销一条龙服务，加强农民经营管理能力的培养，统一品牌，统一销售，打入国内国际市场。5）随着产业和企业的壮大，通过“订单式”培训实现农民在当地向第二、第三产业的转移。

产业促进型培训模式具有围绕产业开展培训，针对性强，与农民收入相关性大，农民参与培训的积极性高、自愿性强的优点。但也存在受当地产业影响较大，适用范围较窄的缺点。随着现代农业的发展，农业产业链不断延伸，在利用现代科学技术改造第一产业生产方式的基础上，培训更多的新型农民从事第二、第三产业的生产和经营，是培训新型农民的重要途径。龙头企业、产业协会等农业产业化组织具有联系面广、服务直接的优势，是农民培训比较重要的主体。产业发展中的用工企业自主落实职业技能培训或与专业培训机构合作，推行“订单式”培训，积极探索产教结合、校企合作的技能型人才培养模式，不仅能满足企业自身生存和发展的需要，也是现代企业应尽的社会责任。

二、吴江区农民工培训内容与实施体系

（一）吴江区农民工培训基本概况

吴江区农民工培训市场火热，各类培训机构众多，总体来说，可分为三类：政府机关公办机构、教育类培训机构、民办职业培训机构，其中政府机关公办机构6家，教育类培训机构12家，民办职业培训机构10家。对吴江区农民工培训机构的分析，具体见表3-3、表3-4、表3-5。

表3-3 吴江区各政府机关公办职业培训机构2010年、2011年培训情况

培训学校名称	年份	培训项目	课时	培训人数	自有专职教师（人）	外聘教师（人）
苏州市中华会计函授学校吴江分校	2010	6	5 016	16 731	13	21
	2011	5	5 456	17 367	10	19
吴江交通学校	2010	12	592	1 839	1	15
	2011	12	344	2 067	1	20
吴江区区委党校	2010	10	528	6 863	17	51
	2011	8	608	5 265	9	37
吴江区卫生进修学校	2010	13	1 717	5 940	20	41
	2011	7	420	1 729	14	23
吴江区职业培训指导中心	2010	32	5 916	4 491	32	101
	2011	34	6 249	7 661	35	118
吴江区人事培训中心	2010	7	708	1 346	42	—
	2011	12	548	2 393	13	55
合　计		158	28 102	73 692	207	501

表 3-4　吴江区教育类培训机构 2010 年、2011 年培训情况

培训学校名称	年份	培训项目	课时	培训人数	自有专职教师（人）	外聘教师（人）
吴江区爱思德教育培训中心	2010	—	—	—	—	—
	2011	2	—	—	—	—
吴江区老年大学	2010	8	3 840	3 045	0	40
	2011	9	3 840	3 248	0	41
吴江区德瑞勤财经培训中心	2010	7	52	1 125	8	2
	2011	6	44	969	11	9
吴江区建设培训中心	2010	7	364	1 065	0	26
	2011	7	364	1 185	0	26
吴江区青少年科技文化活动中心	2010	7	320	15 878	11	101
	2011	—	—	—	—	—
盛泽镇文化宫职工业余学校	2010	5	378	616	0	15
	2011	4	304	545	0	15
苏州丝绸中等专业学校	2010	7	450	1 536	44	4
	2011	5	815	1 153	20	2
吴江图书馆培训部	2010	—	—	—	—	—
	2011	—	—	—	—	—
吴江区阳光教育文化培训中心	2010	1	120	203	3	9
	2011	1	120	67	2	4
苏州信息职业技术学院培训中心	2010	8	757	1 133	14	0
	2011	11	625	777	19	0
吴江区盛泽易达培训中心	2010	3	300	730	2	15
	2011	3	300	780	2	14
吴江区新思语言文化培训中心	2010	11	1 056	435	4	1
	2011	8	768	334	4	0
合　计		120	14 817	34 824	144	324

表 3-5　吴江区民办职业培训机构 2010 年、2011 年培训情况

培训学校名称	年份	培训项目	课时	培训人数	自有专职教师（人）	外聘教师（人）
吴江区易达职业培训学校	2010	4	400	860	4	10
	2011	6	540	736	7	12
吴江现代职业培训学校	2010	—	—	—	—	—
	2011	5	581	745	11	9
吴江区泷达电脑职业培训学校	2010	6	505	287	7	0
	2011	6	505	295	7	0
金鼎职业培训学校	2010	3	1 760	560	6	3
	2011	3	1 760	705	6	3
吴江高端人才培训学校	2010	4	336	316	6	10
	2011	5	362	388	6	12
名人化妆美容职业培训学校	2010	—	—	—	—	—
	2011	7	2 379	483	4	0
吴江区创益职业培训学校	2010	—	—	—	—	—
	2011	3	475	104	6	6
吴江区滨湖职业培训学校	2010	—	—	—	—	—
	2011	7	1 540	113	7	9
吴江区贝思特职业培训学校	2010	1	20	180	2	0
	2011	1	20	190	1	2
吴江区桃源镇职业培训学校	2010	3	440	250	1	4
	2011	4	590	373	1	5
合　计		68	12 213	6 585	82	85

从表 3-3、表 3-4、表 3-5 可以看出，吴江区各政府机关公办职业培训机构 2010 年、2011 年培训很多，课时也很多，培训的人数最多，在编教师人数最多，外聘教师最多，是三类培训机构中规模最大、实力最雄厚、资源最多的。在三类培训机构中，民办职业培训机构实力最弱。可能一方面是政府政策倾斜的问题，另一方面是社会民众对民办培训机构还有偏见。

从表 3-3 可见，2010 年、2011 年，吴江区各政府机关公办职业培训机构共有 6 家。吴江区职业培训指导中心培训项目最多、培训课时最多、自有专职教师最多、外聘教师最多，苏州市中华会计函授学校吴江分校的培训人数最多、培训课时居其次，吴江区人事培训中心自有专职教师居其次，吴江交通学校自有专职教

师最少。

从表3-4可见,2010年、2011年,吴江区教育类培训机构共有12家。苏州信息职业技术学院培训中心、吴江区新思语言文化培训中心的培训项目一样多,均为19项;吴江区老年大学次之,为17项。吴江区老年大学的课时最多,达7 680节;吴江区新思语言文化培训中心次之,达1 824节;苏州信息职业技术学院培训中心排第三,为1 382节。吴江区青少年科技文化活动中心培训人数最多,为15 878人;吴江区老年大学次之,为6 293人。自有专职教师人数最多的是苏州丝绸中等专业学校,为64人;苏州信息职业技术学院培训中心次之,为33人;5家机构没有专职教师。外聘教师中吴江区青少年科技文化活动中心最多,为101人;吴江区老年大学次之,为81人;3家机构没有外聘教师。

从表3-5可见,吴江区民办职业培训机构中培训项目最多的为吴江区泷达电脑职业培训学校,有12个项目;项目最少的为吴江区贝思特职业培训学校,有2个项目。课时最多的为金鼎职业培训学校,达3 520个;名人化妆美容职业培训学校次之,为2 379个;最少的为吴江区贝思特职业培训学校,只有40个。培训人数上,最多的是吴江区易达职业培训学校,为1 596人;金鼎职业培训学校次之,为1 265人;吴江区创益职业培训学校最少,只有104人。自有专职教师中吴江区泷达电脑职业培训学校最多,有14人;吴江区桃源镇职业培训学校最少,只有2人。外聘教师中,吴江区易达职业培训学校和吴江高端人才培训学校最多,均为22人;吴江区泷达电脑职业培训学校和名人化妆美容职业培训学校均没有外聘教师。

(二) 吴江区农民工培训的主要类型

1. 特种培训

(1) 特种作业。是指容易发生事故,对操作者本人、他人的安全健康及设备、设施的安全可能造成重大危害的作业。特种作业人员,是指直接从事特种作业的从业人员。特种作业人员必须经专门的安全技术培训并考核合格,取得"中华人民共和国特种作业操作证"(以下简称特种作业操作证)后,方可上岗作业。

(2) 特种作业培训机构。从事特种作业人员安全技术培训的机构(以下统称培训机构),必须按照有关规定取得安全生产培训资质证书后,方可从事特种作业人员的安全技术培训。培训机构开展特种作业人员的安全技术培训,应当制订相应的培训计划,并报有关考核发证机关审查、备案。培训机构应当按照安全监管总局、煤矿安监局制定的特种作业人员培训大纲和煤矿特种作业人员培训大纲进行特种作业人员的安全技术培训。吴江区职业培训指导中心便是一家具备特种作业培训资质的机构。

吴江区的特种培训需求量非常大，是培训市场中份额很大的一部分。如吴江区职业培训指导中心的“危化品仓库管理”、“电工”、“电焊”等培训，还有到吴江各大型企业送训下厂的培训，特种培训的市场容量很大。

(3) 叉车驾驶培训。吴江区职业培训指导中心与吴江区质量监督局标准情报所合作开展叉车驾驶培训，分为初学和熟练工两种类型。初学人员：按照报名人数确定开班时间，满 8 ~ 10 人即开班，教会为止。熟练工：每 2 个月开办一期，经培训、考试合格后由国家质量监督检验检疫总局颁发“中华人民共和国特种设备作业人员证”。

(4) 送训下厂。吴江区职业培训指导中心还特别针对特种培训送训下企业，直接把培训课堂搬到了企业，由中心选聘老师，直接到企业对员工进行理论课和实践课的培训，节省了员工前往中心的来回车程和旅资，节约了员工的休息时间，很受企业欢迎。所以吴江区职业培训指导中心每年特种培训业务很繁忙。另外还有一些有针对性的课程，如企业班组长培训（请专业培训师），企业通识课程培训（插花）等，直接将培训送到企业，实现双赢。

2. 双千培训工程

为了更好地“服务民生、服务人才、服务企业、服务发展”，推进企业转型升级，吴江区着力打造“双千培训工程”，即自 2011 年起，用三年时间，每年为全区企业免费培训 1 000 名人力资源管理人员、1 000 名班组长。班组长培训旨在加强对基层班组长的素质培养，使他们更新理念，提高管理能力，适应在新形势下员工管理的新要求。人力资源岗位人员的培训，旨在提高企业对人力资源的有效管理，加强内训师队伍的培养，更好地对员工开展培训。2011 年 3 月 30 日，吴江区首期企业班组长培训班——恒力化纤班组管理技能提升训练营在恒力集团开班，标志着吴江区“双千培训工程”正式启动。能否拥有优秀的人力资源，是能否提高企业竞争力的关键因素之一。培训以分组得分机制激励每位学员积极参与其中，引入了 PK 文化、面子文化，等等。为期 3 天的恒力化纤班组管理技能提升训练营第一期圆满结束，多方面的培训为提升班组长综合素质和管理能力助力。截至 2012 年 6 月，班组长培训人数为 1 107 人，其中农村籍的 852 人。人力资源管理人员培训人数为 1 200 人，其中农村籍的 398 人。

3. 巾帼家政服务员培训工程

吴江区妇联依托区职业培训指导中心，建立了吴江区巾帼就业创业培训中心，大力实施“巾帼家政服务员培训工程”。在区中心建立了全区“好苏嫂”加盟店。此店由区妇联直接投资、监管，区巾帼就业创业培训中心联手社区服务中心负责运营，以打造一个品牌——好苏嫂，建立两大基地——培训、实习，壮大三支队伍——管理、骨干、师资，搞好四项服务——培训、政策、信息、维权为工作指导，通过租用社区服务中心场地作为“好苏嫂”门店，借用中心的餐厅、医疗室等，作为实习基地，为家政学员提供烹饪、护理等方面的实战场所。还将“好苏嫂”与中心的“居家养老”暖心工程结合起来，将优质的服务和高素质的家政员推向社会，擦亮“好苏嫂”这块巾帼招牌，实现市场效益和社会效益的最大化。

4. 企业内岗位技能提升培训和农民创业培训

一是在中达电子、吴江南玻、恒力集团、通鼎光电等农民工集中、具有地方产业特色的龙头企业设立企业培训分站，开展企业内岗位技能提升培训。培训项目包括钳工、保安、物流管理、光电缆制造、玻璃深加工、绿化养护、化纤操作工、纺织染整跟单、纺织面料分析、电工、电焊、叉车驾驶等。二是通过开展农村人员就业创业培训，特别是与松陵镇农创村合作建立定点培训站，开展便于农民工就业创业的特色培训项目，例如水产养殖、水稻高产创建、葡萄的夏季管理、翠冠梨套袋及疏花疏果、河蟹生态养殖等实用技术培训。三是充分利用自主创业者协会这个平台，在全区范围内开展区域性创业专家咨询会，解答各种疑问，帮助学员解决问题。加强创业后续服务，为创业者提供各项政策咨询，落实各项优惠政策。

第四节　农民工培训效果与未来工作设想

一、农民工培训的实施效果

通过调查，从整体来看 2009 年参加过培训的农民中，对培训“很满意”或“满意”的比例为 68.80%，回答“一般”的占 27.30%，而回答“不满意”的仅占 3.90%（见表 3-6、图 3-1），有 66.16% 的农民表示以后有培训机会还愿意或非常愿意参加。这说明我国的农民培训取得了较好效果，得到了广大农民的认可。具体到培训项目而言，农民更加倾向于参加农业实用技术、农产品市场信息和创业技能的培训。53.45% 的被调查者愿意参加农业实用技术方面的培训，而后分别是农产品市场信息培训和创业技能培训，所占比重分别为 44.70% 和 30.64%。调查表明，有 89.23% 的被调查者认为参加培训对于增强就业能力和增加收入有一定的作用或作用明显。可见我国农民培训改善了农业生产结构，增强了农民就业竞争力，提高了农民收入，取得了一定的成效。主要表现在以下几个方面：

表3-6　农民培训满意度及累积频率分布

回答类别	频率	百分比(%)	向上累积 %	
			频率	百分比(%)
很满意	182	22.89%	182	22.89%
满意	365	45.91%	547	68.81%
一般	217	27.30%	764	96.10%
不满意	31	3.90%	795	100.00%
合计	795	100.00%		

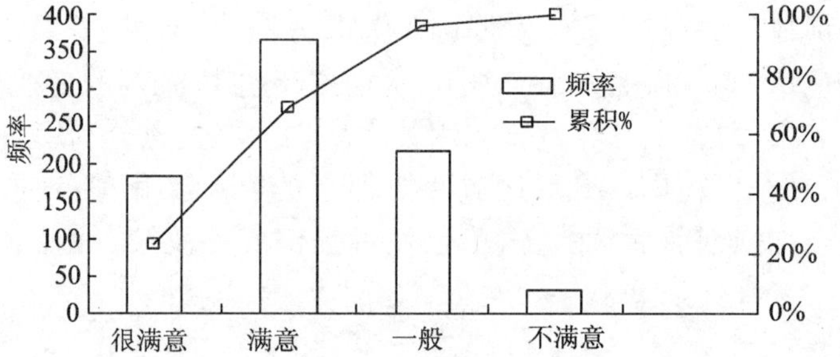

图3-1　农民培训满意度及累积频率分布

（一）推动农业生产结构优化

农民培训在农业生产方面的作用为指导农民科学种田。调查显示，现阶段农民种田大都是凭借祖辈传下来的经验，当在处理一些农业生产中遇到的问题时只靠自己的感觉或是看邻居们的做法，虽然这些方法有时具有一定的科学性，但仍有相当比例的农民不能科学种田，分别有65.39%、68.00%、54.77%的被调查者不知怎样选用优良品种、科学施肥和合理使用农药，这些最基本的农业生产知识是保证农业高产、优产的基础，如果这些技能不能很好地掌握，就很难达到高产、稳产的要求。但对接受过培训的农民进行调查时，有78.55%的被调查者在种田时已经选用了优良品种，51.61%的被调查者已经知道了怎样合理施肥，63.51%的被调查者知道了怎样合理使用农药，使亩产量和农产品质量较以前都有了不同程度的提高。当问及“接受培训之后您的种植结构有没有发生变化”时，30.12%的被调查者反映种植结构已经发生了变化，可见培训效果还是比较明显的，这些农民由以前以粮食作物为主，转为种植蔬菜、果树，或是特种经济作物，其中又有79.68%的被调查者反映其收益比以前有了较大提高。

（二）增强了就业竞争力

当问及“您通过参加培训是否有助于增强就业竞争力”时，41.70%的被调查者回答“作用明显”，47.54%的被调查者回答“有一些作用”，10.77%的被调查者回答“作用不明显”(见图3-2)。调查表明,参加培训对农民增强就业是有一定作用的,只有少数被调查者认为参加培训的作用不明显。究其原因可能有两点:一是自身素质问题。若自身综合素质较差,即便是参加培训也可能不能很好地消化培训内容,造成参加不参加培训效果差不多。二是培训内容与自己想学习的内容不相匹配,虽然参加了培训但自己用不上,影响对培训的满意度。进城务工农民工在参加培训后,68.98%的被调查者反映参加培训不但提高了自己的劳动技能,使自己的劳动收入有所增加,而且增强了自己在工作中的自信心,使自己在劳动过程中的身心压力均得到不同程度的缓解。另外,在接受培训后,农民工也增强了自己的法律意识,在平时工作中的维权意识也得到了加强。

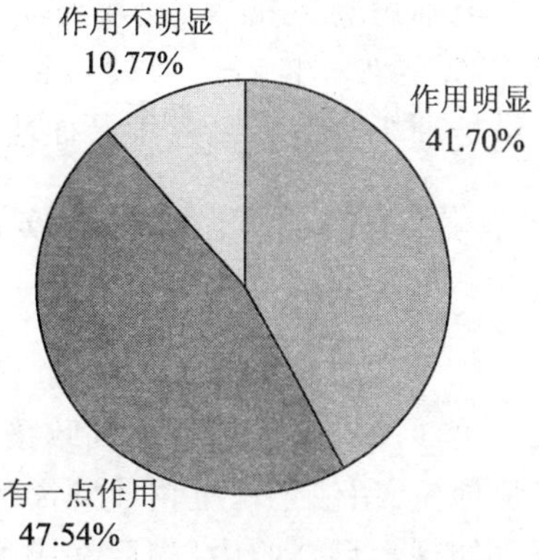

图3-2　农民认为参加培训对增强就业竞争力的作用

(三)提高了农民收入

农民参加培训的最终目的是增加收入。将近三年(2007年、2008年、2009年)连续参加过培训的农民和从未参加过培训的农民分成两组,分别对三年的收入水平进行调查。调查显示,三年来,参加过培训的农民比没有参加过培训的农民的家庭收入增长速度要快(见图3-3),在其他情况相同(两组农民面对同样的农业生产资料、农产品价格、就业市场、创业市场环境等)以及相似(两组农民的受教育情况相似、是否为村干部的情况相似、家庭所在位置整体情况相似等)的条件下,参加过培训的农民比没有参加过培训的农民家庭收入增长速度快,可见农民培训对增加家庭收入是有作用的。

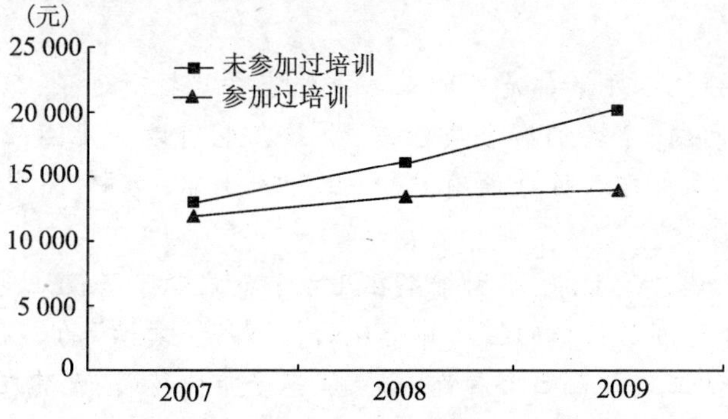

图3-3　参加培训对农民家庭收入的影响

但不可忽视的是,仍有部分农民对培训不满意,没有满足他们的需求,有25.20%的被调查者认为只起到了了解知识的作用,有5.32%的农民表示以后提供培训机会也不愿意再参加培训。

二、吴江区农民工培训的实施效果、存在问题及对策

(一) 实施效果

1. 农民工培训对企业人力资源的保持与发展产生正向推动作用

吴江区农民工免费培训政策的施行,进一步巩固了吴江区人力资源市场的优势地位,留住了一批企业急需的、具有高技能水平的人才。吴江区通过把培训点延伸到大型企业中,先后在中达、南玻、恒力等企业设立培训点,为企业培养人才、留住人才助一臂之力。吴江拥有127万常住人口,外来人口与本地户籍人口比例已超过1∶1,且外来人口中年轻人居多,已然成为城市建设的中坚力量。企业也基本不存在"用工荒"的情况,甚至还会以"老乡带老乡"的形式有效保持企业人力资源的现状和发展。

资料链接 3-3

一个全国经济发达地区的"留人之道":"有没有吴江户口都一样"①

说到户口,吴江的外来务工青年似乎并不特别在意。

有没有吴江户口都一样,能报销医药费,小孩能在这里读书,单位包住宿。正说着,同里镇计生办就来电话了,通知已经怀孕的徐州姑娘张艳宁第二天早晨空腹去做血常规检查。"这是免费的,每月一次,外地人也免费,一样的。"她说。

张艳宁没有吴江户口,但不久前申领了吴江"绿卡"(居住证,记者注)。有了这张"绿卡",她可以在吴江享受很多公共服务。比如参加社会保险并享受相关待遇,安排接受义务教育的子女入学,享受优生优育、生殖健康服务,享有传染病防治和儿童计划免疫保健服务,申领机动车驾驶证,办理机动车注册登记手续等。

公司里百分之八九十都是外地人。张艳宁早就打听过了,孩子出生后在吴江读书基本没问题。"我们有个质检工,小孩在屯村读幼儿园,2 000多元一学期;有一个办公室工作人员也没有户口,但孩子小学、初中、高中都在吴江读。"她说。

很多城市如北京、上海、深圳等早在几年前就启动了居住证制度。与一些城市相比,今年才开办居住证的吴江算是晚的,但却是"真诚"的。

各地的居住证政策表面上看都一样,能享受市民待遇,尤其在孩子上学问题

---

① 资料来源:杭报在线。http://zt-hzrb.hangzhou.com.cn/system/2012/02/23/011782426.shtml

上;但实际上,申领居住证的资格限制却颇有讲究。有的城市只对工作满两年且大学本科学历以上者发放居住证;有的要求申请者有稳定工作和房产;有的甚至对申请者所在企业的行业性质作出规定,必须符合当地产业发展政策。

而在吴江,只要年满16周岁,拟在居住地居住半年以上的非吴江户籍人员,均能申领居住证。

据某电子科技公司人事助理贺颖介绍,吴江还有一项针对外来务工者的颇为"给力"的购房补贴政策:大学本科以上,紧缺人才,在吴江缴满一年社保,政府赞助6万元、企业配套6万元买房。

这是吴江区人才创新创业"55352"工程(指5年内投入5亿元,引进、培育300名能够突破关键技术、发展高新技术产业、带动新兴学科和新兴产业的科技领军人才,500名创新型科技人才,2 000名重点产业紧缺人才)的一小部分。此外,企业引进紧缺高级技师,政府将给予其15万元安家补贴,技师在吴江可获6万元补贴。

小贺是江西人,负责企业新员工培训工作,在她看来,非吴江户籍员工能享受到很多实惠,"比如到吴江区职业培训指导中心参加技能培训,农村户籍的外来务供人员可以免费"。

前不久,该电子科技公司总经理助理、团支部书记范丽还将3名找她反映问题的外来工子女安排进了公办小学读书。"镇里每年都开大会,镇上所有单位都要派代表去互相认识一下,为的就是好帮大家办事,小学校长就是在大会上认识的。"范丽说。

2. 奖补政策后的农民工培训热情高涨

以奖补政策为后盾的农民工培训进一步激发了本地及外来农民工的培训意愿,尤其是新生代农民工参与技能提升的热情。2007年起吴江开始对外来农民工实施免费技能提升,仅2008年、2009年,有近二万人享受到这项优惠政策,财政每年对此补贴一百多万元。在参加技能提升培训的外来农民工中,绝大多数都是80后、90后的新生代农民工。培训课程包括物流管理、国际外贸单证员、报检员、焊工技术等二十多个项目,相关培训机构还与时俱进,结合社会热点调整培训项目,增加了人力资源、高级电工、会计等课程。同时,遍布全区的定点培训学校也为农民工就近参加培训提供了便利。

资料链接 3-4

政府做法:农民工技能培训免单①

今年28岁的张娜来自苏北农村,现在吴江经济开发区一家电子企业从事关务工作,去年,她参加了区职业培训指导中心举办的免费报检员培训,并通过了考试。张娜觉得,有了老师专业的辅导和系统的学习,效果就是不一样,现在工作起来更得心应手了。

随着80后、90后农民工成长为城市新生代劳动者,关爱新生代农民工就是关心城市未来发展的理念逐渐成为社会的共识。在吴江像张娜这样享受到政府买单的免费职业技能培训的新生代农民工达到了成千上万的规模。对外来农民工实施免费技能提升今年已是第三年,2008年、2009年,有近2万人享受到这项优惠政策,财政每年对这块的补贴有一百多万元。在参加技能提升培训的外来农民工中,绝大多数都是80后、90后的新生代农民工。

培训课程五花八门,有物流管理、国际外贸单证员、报检员、焊工技术等二十多个项目,相关培训机构还与时俱进,结合社会热点调整培训项目,今年培训刚开始,人力资源、高级电工、会计等课程就成了香饽饽。

遍布全区的定点培训学校为农民工就近参加培训提供了便利。市区有区职业培训指导中心、吴江交通学校,镇(区)有汾湖培训站,七都、桃源、平望成人中心校,盛泽易达职业培训学校等。我区还把培训点延伸到大型企业中,先后在中达、南玻、恒力等企业设立培训点,为企业培养人才、留住人才助一臂之力。

政府尽心尽力创造条件,新生代农民工的学习热情高涨。技能+学历的模式正在成为新生代农民工学习成长的途径。很多年轻的农民工不仅参加免费技能培训,还针对自身学历不高的缺憾,主动参加各种学历提升教育。据了解,目前我区在校的成人教育学生中,60%以上是新生代农民工。

3. 以培训为手段促进农民工整体素质水平的提升

企业转型发展需要一批具有高水平高素质的技能和管理人员作为人力资源支撑。农民工由于其自身条件的限制往往很难通过自身的努力达到企业对高层次人才的需求。通过实施一系列免费技能培训,更多的农民工愿意走进课堂通过在岗或脱产的方式进行自我提升,不仅在技能上有所突破,满足了企业对高技能型人才的需求,同时也填补了企业部分管理岗位的空缺。由于企业内部招聘和升职空间逐渐开放且公平,农民工在符合学历或技能要求的前提下完全可以参与更高职位的竞争,所以参与培训的农民工数量与日俱增。这种“全员学习”

---

① 资料来源:吴江区政府网。http://www.zgwj.gov.cn/UpFile/template/contentpage/zgwj_Cgyzb/item.aspx? id=108981&p=0

的现象也带来了吴江区农民工整体素质水平的提升。

资料链接 3-5

新生代农民工之一个打工妹的升职记①

24 岁的河南姑娘乔丛丛迎来了职业生涯的第三个转折点，从一名新员工培训辅导员晋升为人力资源专员。

你可能无法想象，她的第一学历是中专，第一份工作是在广东省珠海市一家电子厂做流水线操作工。连她自己都感到吃惊，在江苏省吴江区待了不到 4 年，竟完成了从一名农村进城打工妹到办公室白领的蜕变。

如今的她，每天着正装上下班，坐在办公室与电脑为伴，月薪从 1 000 多元涨到 4 000 元，年底还有奖金拿，虽然没有城市户口，但她依然能享受吴江区民能够获得的医疗服务和未来可以预见的带薪产假、退休福利等，她俨然已将自己定位为城里人。"不可能再回去种地了，就算回河南，肯定也在城里找个公司上班。"她说。

在江苏吴江，乔丛丛算不上是一个新生代农民工融入城市的"传奇"，像她一样从底层做起的人还有很多。一套完善的政府培训和企业晋升机制为她的融入铺平了道路，同时也给众多与她情况类似的进城务工青年一个希望。

对于乔丛丛而言，"希望"很重要。2006 年，她之所以选择离开工作了一年的那家珠海的工厂，最重要的原因就是"没有希望"，"在流水线上做操作工，一周工作 6 天，还要经常加班。工厂又偏僻，除了干活儿，啥都没有"。

哪怕面临回老家可能找不到工作的尴尬，她还是毅然决定离开那个"只能当一辈子操作工"的地方。

对工作环境和职业前景的看重，被 80 后、90 后农民工提到了前所未有的高度。从 2010 年各地两会召开之前开始，全国各地各级团组织集中公布了一系列针对"新生代农民工社会融入"问题的调查报告，其结果无一例外地显示，新生代农民工较老一辈农民工最大的不同就在于其对职业发展前景的看重。

回头再看，乔丛丛认为当年的选择是明智的。在老家待业一年后，她经小学同学介绍，背着行李来到朋友口中"更有希望"的吴江工厂，同样是电子厂，同样是做一线操作工。

3 个月后，"希望"来了。厂区内外都贴满了基层管理干部的内部招聘启事，凡是工作满 3 个月的一线操作工都能参加面试。很多人都报了名，乔也不例外。"如果能当上生产线组长，一个人就能管理几十个人，工资会涨，还能参加管理培训。"乔丛丛说。

---

① 资料来源：网易财经。http://money.163.com/12/0221/10/7QPEIDH700253B0H.html

那次面试及后来跟进的培训,成为乔职业生涯的第二个关键转折点。她后来才知道,那次培训是吴江区职业培训指导中心免费为企业提供的培训服务,而她自己,则是吴江所有接受免费培训的上万名外来务工人员中的一个。

"培训老师觉得我表现不错,刚好我所在企业的新员工入职培训部门缺人,就推荐我去了。"乔丛丛说。而从一线操作工转为新员工培训辅导员,工资其实没涨多少,从一千多元涨到2 000元而已,但乔丛丛还有更长远的计划——当上辅导员以后,还能成为人力资源专员,再往上可以当训练企划师,之后是课长、副理、经理、主管,"晋升机制完善,有奔头"。

冲着未来光明的"奔头",乔开始有意识地参加各种培训,提高自己的文化水平。其中就包括校企合作的南京大学商务管理大专函授课程研修班,"每周六、周日老师来厂里上课,3年花费7 200元,拿到文凭后厂里报销一半"。

(二) 存在的问题

从目前来看,培训机构、考核机构、医疗机构、企业、参训人员都存在各自的目标,但是目标不一致,未能统一思想集中到"培训是提升专业技能,规避作业事故的有效途径"上来。参训人员自掏腰包是为了上岗就业;企业是为了持证上岗规避处罚,对于参训员工要求较低,随意开具学历证明,或者选送非从业人员凑数;医疗机构是服务收费,但囿于体检费用所限;培训机构受到盈亏纠结;考核机构忙于政务,考核属于非主流工作。

(三) 对策

农民工受教育程度低不仅影响了他们顺利就业,也是导致他们在城市中生活困难的重要原因。另外,新生代农民工又具有自身的一些特点。他们接受过一定程度的教育,但远未完成受教育过程,从某种意义上讲是失学者。他们的书本知识不够扎实,缺少必要的工作技能,素质教育几乎是空白。因此,如果不对农民工实施必要的教育,而仅仅是简单的培训,很难有效帮助他们在城市立足。

建议各级政府通过增加教育投资建立农村职业教育发展基金,扩大筹资渠道,转变办学思想,拓展职业教育和成人教育渠道,这是迅速提高农村现实劳动力素质的捷径。贯彻实际、实用、实效的原则,紧紧围绕提高劳动力素质和技能开展实用技术培训,将免费培训和专门技术培训结合起来,真正做到培训一批、合格一批,使广大农村富余劳动力的劳动素质和劳动技能有一个质的提高。具体对策如下:

1. 找准定位,科学规划

对农民工应当进行较为全面的教育,也即实施补偿性质的继续教育,以提高农民工的综合素质,包括品德素养。当前所进行的短期的、狭窄的、简单的技能培训不能满足农民工融入城市的需要。随着我国经济结构的转型,简单劳动力已不能满足经济发展的需要，全面提升农民工的文化素质、知识与能力水平不仅大大有益于我国经济的顺利转型，而且也是保证农民工就业的必要路径。

培训工作作为人力资源开发的一项“系统工程”必须具有计划性和系统性。只有对培训做出比较严密的计划，制定详细的规则，形成一个系统、规范的培训计划，才能确保员工培训有条不紊地进行。目前的问题是考核机构和培训机构隶属于不同的部门，在信息沟通、总体协调上还有欠缺。考核机构有计划，但只是宏观的。培训机构无法完全掌握全区企业的用工情况，所执行的特种作业培训计划是在往年的基础上制订的，固态化而不够灵活，因此在实际中往往不能满足企业培训的需求。具体表现在缺乏培训需求分析，仅仅是根据以往经验来开展培训；持证培训和综合培训在培训周期和时间上缺乏系统的安排；特种作业培训缺乏预见性，没有根据行业的发展、企业用人的需求来规划人员配置。对农民工的教育不是权宜之计，政府的教育主管部门应参与，不能仅仅依靠劳动、社会保障部门。无论是在中央层面，还是在地方政府层面，都应把农民工视为教育对象，纳入教育规划。

2. 开展调研，整合机构

从吴江产业特征入手，从人力资源市场掌握阶段性培训需求数量，从中摸索出季节性、地区性、行业性需求规律，以及地区各工种的现有持证人数是否饱和，是否比例失调。从业人员主要集中在制造业、纺织业、电子业三类行业，这与吴江的产业结构基本相符。全年的培训主要集中于3月、5月、7月、9月、11月，这也符合企业用工需求规律。相对来说，个人培训需求占少数，单位培训需求占主导地位，这就决定了工作重点是要加强对企业的服务力度，建立与安全监督管理机构、重点企业的定期联系制度。同时要加大宣传力度，充分利用人力资源需求信息的变化制订培训计划。

从培训转变为教育，主要承办单位应当是学校，特别是各级各类职业院校。社会性的培训机构也可以参与，同时还应该调动发挥企业的积极性（招聘员工、税收等），比如企业可以制订教育与培训计划，并与学校的计划相整合，还可以给予员工必要的学习时间等。关键是政府有关部门应起到整合、管理、服务的作用。

从培训转向教育，无疑会增加经费支出。但农民工的教育是公益事业，对我国经济社会的发展具有巨大价值，政府应是承担教育经费的主体，应保证对农民工教育经费支持的规范化、常态化。截止到2011年末，吴江区共有学校74所，其中普通高等学校1所，中等职业学校2所；中等职业教育在校学生为6 642人；年末共有专任教师7 705人。面对吴江如此庞大的培训市场，这些老师的总数是不够的，特别是各专业的专任教师尤其缺乏。

3. 注重细节,全盘考虑

据调查发现,持有特种作业上岗证人员中具有中、高级职业资格的人数占比约为百分之二十。近年来国家、地方政府都出台了对农民工实行免费技能培训、对高技能(高级工以上)人才实行培训贴补和奖励等优惠政策,在一定程度上解决了学员的学费困难。根据所掌握的学员信息,把这些优惠政策,通过各种渠道传达到企业、学员,对现有培训各工种人群按照年龄段、技术等级划分,着力拓展初级证书培训覆盖面,着力扩大中高级证书培训力度,改变区域范围内特种作业人员结构比例。同时对部分有学历提升需求的学员,开展相关专业的学历教育,进一步增强其综合能力。此外,还可根据部分学员自我提高的需要,开展化工应用技术、机械制造及自动化、机械电子工程、电气自动化等专业的学历教育。

强调为学生未来的发展奠定基础,教育内容有一定的理论深度且比较全面,在考虑企业需要的同时也会顾及学生个人的全面发展。知识与能力较容易迁移。学制要灵活,学习时间要灵活,课程要模块化、菜单化;教学要注重理论与实践相结合,重视案例教学;品德教育应注重实效,强调生活化。

一培了之,再培就是复训。随着新规出台后复训年限拉长到 3 年,对于培训长期效果评估的重要性尤为迫切。通常只是以考试的形式对培训效果进行评估,事后不再做跟踪测评调查。从整个培训评价体系来看,培训前、培训中、培训后的评价与反馈,要通过多种渠道实现,而不能仅仅依赖理论考试、实际操作考核一考了之。相反,从考核机构的角度,特种作业人员事故责任的追溯,已经迫近培训本身。培训与需求是否脱节,培训与实际能力是否相符,已经让培训的必要性彰显无遗。培训结束后颁发一下证书,作为培训活动结束的标志,不对培训效果进行统计分析和总结,更没有提出改进措施的封闭模式必须向开放、长效的模式转化了。

现有化工行业的培训人数很少,这与化工行业的高危性不相吻合。而新规给我们明确了化学危险品安全作业的 16 个工种,这带来了拓展培训工种的机遇。必须调整质监、建筑行业培训分流造成的纠结心态,主动做好本地区危化企业用工人员的调查摸底,按工种分类整理。在现有的电工作业、熔化焊接与热切割作业、登高架设作业、制冷与空调作业的基础上,尽早开展危险化学品安全作业培训并做大做实。以新开展的培训种类为突破口,补足本地危险化学品行业特种作业员工持证的短腿。

将特种作业培训与企业的安全培训紧密结合起来,融为一体,不断完善安全培训体系。培训机构方面要加强培训前的调查,组织师资力量深入企业了解行业的生产工艺流程,及时掌握设备新状况、新技术,在培训的安排上和教学的课程设置上要突出行业的特点。教师要灵活采用培训手段,不能千篇一律,要加强案例教学,重点在企业安全生产的薄弱环节上找出原因,提出改进措施,让学员有切身感受。培训机构要严格执行教师考核奖惩制度,将培训效果与教师的薪酬挂钩,切实提高教师的任教水平。企业方面要重视特种作业培训,与培训机构合作,将其纳入到企业的安全培训体系中来,重视考察特种作业人员培训后的工作实效、工作态度的变化,工作绩效是否提高,以及学员对培训的意见及建议,及时将这些情况反馈给培训机构,以便培训机构改进教学,增强培训效果。

在师资方面,首先是储备,力争打通职业学校、企业师资共享渠道,组成培训讲师团。其次是保证教材的新颖度,打破一本教材教几年的状态,想方设法组织自编教材。再次是积极向上争取,加大对实训基地的投入。充分利用现有职业培训体系网络,加大实际操作考核力度,认真执行考官制度。第四是充实已培训人员数据库,档案电子化、纸质化双存档,依托数据库提前60天进行短信平台复训预通知,严格执行考核合格5天短信通知。第五是实现濒临退休作业人员企业告知服务,提醒企业及时补充特种作业人员。第六是加强与安全监督管理部门的协调,对接执法部门检查成果,做到执法部门监督到位,培训机构服务上门。第七是搭建培训资源共享平台,与安监、就业、卫生等单位形成联席会议制度,增强培训需求预测的有效性、针对性、实用性。

三、农民工培训的对策建议

根据我国新型农民培训存在的问题、社会转型的大背景、现代农业及新农村建设的发展目标,笔者在借鉴国内外先进经验的基础上,结合自己的实践工作进行了深层次的思考,提出了我国新型农民培训工作的对策建议。

(一)加强培训立法,构建新型农民培训法制体系

《全国农业和农村经济发展第十一个五年规划(2006—2010年)》提出:要加强农村实用人才和技能人才培养,促进农民由体能就业向技能就业的转变。党的十七大报告也指出:大力开展农民教育培训,开发农民职业技能,是提高农村劳动力素质,培养有文化、懂技术、会经营的新型农民,推进现代农业发展和社会主义新农村建设的重要智力支撑和人才保障。从世界范围看,为加强农民培训,许多发达国家都注重通过立法措施支持农民培训,明确农民培训或农村职业教育的地位、内容和资金投入,依据法律规定规范利益相关者的行为,并协调其相互关系。如美国早在1862年就通过了《莫雷尔法案》,以后又相继推出一系列补充法案,已将农民教育培训法制化、体系化。尽管中国的相关法律条文涉及农民教育培训,但至今仍没有专门的农民培训法规,这对于农民数量占全国总人口百分之六十左右的农业大国来说,存在着法律方面的不协调性。加强农民培训立法意义重大,建议结合我国实际,鼓励各地制定具体的农民培训地方性法规、

政策,使农民培训工作有章可循,在此基础上,为我们国家将来制定《农民教育培训法》提供经验。各级农民教育培训管理部门,应加强制度建设,通过立法逐步规范农民培训的操作程序,在遴选培训专业村户、认定培训机构、选聘培训师资、资金管理、监督检查等方面建立一整套行之有效的质量保障体系和监控保障机制。对于国家支持的农民培训专项,要重点建立和完善公示、检查验收和信息反馈等几项制度,依靠制度约束和规范农民培训活动。应建立信息公示平台,及时向农民和社会公布培训机构、培训对象、培训内容和资金补助等情况,并公布举报电话,跟踪培训工作实施情况,接受全社会监督。同时还要按照针对性、实效性、可操作性原则,建立农民培训工作评价体系,完善农民培训绩效评价制度,并以法律形式固定下来。通过学员自评、承担单位自评、社会组织和公众评议等方式,对农民培训的组织管理、内容、培训过程和结果进行综合评估,把农民的满意程度作为检查培训质量、改进培训工作的一个重要依据,并采取激励和约束机制,推动农民培训工作的健康发展。

（二）整合培训资源,完善新型农民培训管理体制

从新型农民培训的内容来看,已不仅局限在传统的农业范围内,还涉及第二产业、第三产业更为广阔的范围,这就不仅是农业部门一家或者几家就能承担的。从国内外农民培训的发展趋势看,是与农民教育紧密结合的,且正朝着农民职业教育、农民学历教育的方向发展,还有向更高层次发展的趋势。因此,必须改变目前我国新型农民培训"多头管理、以农为主、局部有序、整体混乱"的格局,充分发挥教育主管部门及其所属相关学校在农民培训中的基础性、系统性、综合性的作用和学科齐全、师资重组、手段先进的优势。为此建议各级政府成立由政府统筹,教育部门牵头,农业、财政、人力资源、科技等有关部门共同参与的综合协调机构,并设立专门办公室,统筹规划,统一管理。要把原来分属于不同部门和单位,各自为政的普通高校、职中、农广校、农技校、进修学校、成人学校、培训基地等机构围绕农民培训的目标进行有效整合,形成高效的农民培训网络。要对现行的农民培训项目进行综合评定和分类,统一实施培训任务和计划,强化农民培训精品项目建设,淘汰低水平重复建设的项目,并坚持项目化管理、市场化运作。促进各部门分工合作,优势互补,努力实现新型农民培训工作效益最大化,形成新型农民培训的整体合力。在农民培训工作中,还应注重工作关联,加强与其他农村工作的结合。农民培训工作是农村工作的一个重要组成部分,它和农村其他工作如农技推广、科技宣传、农村科技入户、扶贫工作、三下乡活动、农村书屋、新农村建设等是密切相关的。尽管这些活动可能分别由不同的部门来实施,但在实际工作中应将这些工作结合起来进行,提高新型农民的综合素质,加快农民致富步伐。例如河南省夏邑县积极主动地开展多学科、多形式、多

层次的农民科技教育，根据形势发展和办学需要，及时提出了“根据市场选产业，围绕产业办专业，办好专业促产业”的办学思路和“开设一个专业、办好一个教学班、搞好一个生产示范点、培养一批科技骨干、扶植一项支柱产业、致富一方农民”的“六个一”培训模式，重点搞好中专、绿色证书和实用技术培训三个层次的农民科技教育，突出抓好招生、教学、科教兴农三项重要工作，使农业科技培训、生产示范、技术推广和信息服务融为一体。农村的各项工作要围绕当地的产业特色，根据现代农业建设的需要，通过加强和改进农民培训，提高农民科技文化素质，推动农村各项事业全面均衡发展。要根据社会主义新农村建设目标，不断创新新型农民培训的内容和运行机制，进一步完善县、乡、村三级培训网络，推进“农科教结合”和“三教统筹”，不断增强农民培训为农业生产、农村经济发展和新农村建设服务的能力，加快推进新农村建设的进程，促进农村工作全面发展。

（三）加大资金投入，建立农民培训多元投入机制

新型农民培训具有“公益性”、“市场性”的两重特性。农民培训作为一项公益性事业，要按照2006年中央一号文件要求，“各级财政要将农村劳动力培训经费纳入预算”，加大对农民教育培训的投入力度，每年从政府财政收入中提取一定的比例投入到农民培训工作中，将经费纳入各级政府的财政预算并逐年有所增加，保证农民教育培训有稳定的资金保障，对所拨经费实行集中管理、专款专用，实现农民培训投入的制度化，从而推动农民培训健康持续地发展。同时，还要建立以政府投入为主导的多元化投资机制。要根据新型农民培训“市场性”的特征，按照“谁受益，谁埋单”的原则，并积极运用金融、信贷、税收等手段，鼓励和支持农业大中专院校、农业龙头企业、农民专业合作社和民办培训机构参与农民培训，建立起以政府扶助为主，企业、个人和社会力量共同参与的多元化投入机制，解决农民培训经费不足的问题。积极推进农民培训项目经费“基金化”运作，将公共财政对农民培训投入资金、企业组织专项投入资金和社会捐助等统揽起来，设立农民培训专项基金。同时，应建立培训“回馈”机制，鼓励农民在通过培训，提高就业创业能力和收入水平后，以适当方式回报社会、回报农民培训“基金会”，以保证农民培训基金的滚动发展和良性发展。增加农民培训供给，进而提高农民培训的参与率，同时缓解农民有限的收入难以支付较高培训费用的情况。如果出现无谓的提高、虚假的转移都是十分危险的。更何况，在不具备充足教育资源的情况下开展培训只能是流于形式。各地要根据当地不同的区域经济状况，利用现有培训资源，划分不同的档次，有度开展。例如2008年山东省阳光工程培训时间统一确定为20—180天。其中，20天—1个月为短期培训，1—3个月为中期培训，3个月—180天为长期培训，短期、中期和长期培训比例

原则上应分别控制在10%、70%、20%左右。对参训农民的培训补贴标准，按照培训时间和工种分为三档：短期培训每人补贴170元，中期培训每人补贴270元，长期培训每人补贴370元。按照上述标准，济南、淄博、东营、烟台、威海5市每档减少30元，欠发达县和省级培训基地每档增加30元，此方法值得各地借鉴和学习。

加强对农民科技培训投入是我国加入WTO后重要的“绿箱”政策。要进一步加大对农民科技培训工作的经费投入，建立以政府投入为主导的多元化农民科技培训投入体制，实行中央财政投一点，地方各级财政拿一点，各农业类基地建设、综合开发、科技推广等项目经费列一点的办法，解决农民科技培训经费不足的问题。要研究切实可行的经济补偿机制，减轻农民接受科技培训的经济负担，为农民接受科技培训创造条件。目前我国的农民科技培训经费尚未列入地方本级财政预算，各级配套资金尚不能及时落实。要积极拓宽融资渠道，鼓励农业产业化龙头企业参与农民科技培训工作，建立市场经济条件下的智力投入保障机制。

（四）开展系统培训，改革新型农民培训教学方式

农民对系统的培训需求较大，随着农业结构的调整和效益农业的深入发展，农民对新知识、新技术的渴望越来越迫切，系统培训以其时效性、实用性较强的特点最大限度地迎合了农民求实、求知、求富的需求。因此可以多种形式地开展农民科技培训和技术推广，组织科技人员进村入户，深入生产一线，快捷有效地为广大农民提供技术、信息和咨询一条龙服务。根据公共产品理论可将农民培训划分为农业技术培训、基础知识培训及专业技能培训等类别。对于农业技术培训，其具有利益外溢性准公共物品的属性，这是由农业的多功能决定的。农业不仅是国民经济的基础产业，还具有保持水土生物、吸纳污染物等生态作用，同时随着社会经济的发展，农业的社会功能越来越明显，比如观光、缓和紧张情绪等。由于农业具有生产的正外部性，因而除市场外，还需要政府增加对农业技术培训的资金投入和扶持力度。基础知识培训具有一定的竞争性和非排他性等拥挤性的准公共物品特征。基础知识培训，直接受益者是整个社会，间接的受益者是培训者本人及其家庭。受训者具备了法律知识、基本权益保护知识、城市生活常识、寻找就业岗位知识等，可以提高整个社会公民的道德水准，维持良好的社会秩序，减少犯罪等。法律等知识要求每一个公民掌握，这些知识也不会因为一人掌握就会排挤他人的掌握，也不会因为一人掌握就会减少他人掌握，具有非排他性。但是经过培训后素质提高，寻找工作的技能增强，个人的机会成本下降，就业后，排除了他人获得此岗位的机会，因而具有一定的竞争性。专业技能培训具有私人物品的属性。因为培训规模和人数是有一定限度的，并不是所有想接

受培训并有能力付费的人都可以达到目的，一旦某一些人接受培训占用资源以后，至少意味着另一些人不能接受培训服务，阻止了他人对培训资源的享用。对受训者来说，从技术上是可以实现受益的排他性，培训后在寻找就业岗位以及就业后，排除了他人对此岗位的消费。

因此，针对农民培训的三大主要类别的属性，政府资金投入及政策措施方面应区别对待。不断改革新型农民培训教学方式，要体现农民的主体地位，改变过去的"单项选择、被动学习"的做法。目前，部分培训机构不按照农业生产实际和产业需求组织培训内容，启动性的内容和技术较多，发展性的内容和技术较少，内容泛泛，理论原理居多，以课堂教学和传统讲座式培训为主。有的地方农民培训尚未改变普教化倾向，只注重学时、模式、书面考试、颁发证书、评比检查等环节，却忽略了学习、掌握和验证所学知识、技能的实践环节。培训没有结合当前最新的科研技术，实用性和应用性不强，无法解决生产上的实际问题。因此，培训机构在对农民进行培训之前，应先对这一特殊群体进行认真的调查研究，根据农民的培训需求，根据本地区的自然条件、现代农业发展的方向及农民本人劳动生产和生活需求确定农民培训的内容。而目前我国的培训主体缺少调查研究，只是根据上级分解的培训任务开班授课，培训的内容与农民生产实际要求相脱离的现象还在一定程度存在，导致农民参加培训的积极性不高。开展农民培训，应从培训内容和方式上向贴近农民、适合农民和方便农民的方向发展。根据区域特点，建立农民培训需求动态管理模式，围绕农民主要经营活动和资源优势，采用有效的培训方式举办各种实用技术及职业技能等的培训。就具体培训内容而言，大宗种植业和养殖业的培训仍是重点。教育培训或者农业科技宣传应更注重大宗种植业和大宗养殖业方面的宣传教育，进而从总体上提高农民的生产技术水平，增加农业的科技含量，不断提高农产品的质量和竞争力。现场实习作为最受农民认可的培训形式，应该得到进步的加强和推广，从而提高农民培训的效果。在培训手段上，加强农村远程教育网络的建设，充分发挥其方便、快捷和时效的特点，采取双向、互动方式，突破时间、空间限制，更好地为农民多样化的培训需求服务。

（五）完善结构体系，创新我国新型农民培训模式

农民的需求具有地域性、多样化、选择性、实用性、阶段性和层次性等特点，因此，无论是农民培训的结构体系，还是农民培训的内容、方法和手段，整个教学方式都要与现阶段农民教育的特点相一致，并随着现代农业和农村经济的发展而发展。在类型结构上，要坚持"农"与"非农"并举；在形式结构上，要坚持学历教育与非学历教育并重；在层次结构上，要坚持初、中、高等农民教育并存，现阶段以中等农民教育为主；在办学体制结构上，要坚持公办、民办、合办并行，鼓励

在各自层面上发挥优势;在布局结构上,要坚持以省高等院校为龙头、市县农业职业中专为重点、乡镇农民学校为依托;在专业结构上,要坚持办好种植类、养殖类、加工类、市场营销类、经营管理类等大农、涉农专业,并努力办好与农村劳动力转移密切相关的第二、第三产业专业及创业能力培训,推动农村劳动力向非农领域转移就业或自主创业。

新型农民培训是一个高度综合化的系统工程,模式的选择与当地的经济、文化和资源条件密切相关,受当地经济社会发展战略目标或与农业现代化发展方向的关联度影响,模式的选择还要考虑农民的受教育程度、当地农民的主流思想等群体素质状况,以及模式对农民自身发展需求的满足情况。因此对新型农民培训模式的选择方法要不断优化,选择出适合当地的新型农民培训模式。另外,新型农民培训模式不是一成不变的,须要不断创新。模式属于生产关系和上层建筑的范畴,新型农民培训模式的产生和发展、实施和推广受农业生产、产业水平、经济状况和农民素质等诸多因素的制约,它与其生存基础之间的矛盾是永远存在和不断变化的,但主要应当考虑农业产业化的程度和农村的经济基础。从经济发展的模式看,没有一个模式是可以机械重复的,例如我国经济发展中著名的"温州模式"、"长三角模式",在中国的其他地方再也没有创造出第二个,但是这些模式的影响和榜样作用是巨大的。因此,必须保持新型农民培训模式的动态性,扩大模式的适应性,提高模式的发展性,发挥模式的示范性,创造出更好的新型农民培训模式。

第四章

社会转型背景下不同群体的技能培训

除了农民工和企业员工两大培训主体外,我国社会还存在着数量众多的具有典型需求的培训群体。如学生群体、下岗再就业群体、创业群体、妇女群体、退役士兵群体等。针对这些群体实施的技能培训工作既是满足人民群众谋生及自我提升的需求,也是维护社会稳定、保持社会和谐健康发展和社会资源公平共享的需要。

第一节　我国不同群体的技能培训

一、学生群体培训

(一)毕业生

毕业生指的是在学校或训练班学习期满,达到规定的要求,结束学习的学生或学员。其最大的特点就是脱离了学校的"庇护",即将走上社会,走上自己的工作岗位。在这里的毕业生还可以划分为普通高等学校本科层次毕业生以及高等职业院校专科层次毕业生。由于学校的办学类型和办学目标存在差异,普通高校本科层次和高等职业院校专科层次的毕业生在学历层次、学术素养、技能素养、知识结构等方面都存在着明显的差异。在我国,普通高等院校本科层次普遍以学术科研型为主(近年来发展的应用型本科高校在专业技能的培养与拓展上有了新的突破,但总体而言仍未脱离科研化的总基调)。一般来讲,研究型大学是以知识的传播和创造为中心,以高水平的科研成果和培养高层次精英人才为目标,在社会发展、经济建设和科教兴国战略中起重要作用的大学。进入就业市场的研究型大学毕业生、非研究型大学毕业生的知识、能力分为天赋、基础知识和科研训练、专业技能三个层次。而在就业市场上,专业技能为显性能力,即可直接为用人单位创造收益的能力。任何组织都倾向于招募能给组织直接带来绩效的人员,因此就业市场以专业技能为人才评判标准无可厚非。而在这样的评判尺度面前,研究型大学毕业生无法显现出自身优势,只能和非研究型大学毕业生在同一层面竞争,从而导致假性人才饱和。由此可见,解决研究型大学毕业生就业问题,关键在于提升研究型大学毕业生的专业技能。中国人力资源开发网的调查结果部分印证了这个结论。根据他们的调查,45.47%的人认为"对企业岗位专业知识缺乏了解"是困扰毕业生求职的首要因素①。此外,本科院校对于职业规划和职业指导等相关职业课程并未引起重视,课程的开设以及相关的职业指导与咨询工作并未落实到位或效果并不明显。这就使得大部分学生在走上工作岗位之前对于职业的定位、职业的选择等均处于迷茫状态,无法很好地实现知识技能向"实战"的转化。而中高等职业院校毕业生由于其在校期间专攻职业技能的学习和训练,并在职业指导和职业规划上较早地做出了清晰的决定,故在职业选择和岗位适应方面,相比较而言更有优势。

早在2003年,国务院就颁布了《国务院关于进一步做好普通高等学校毕业生就业工作的通知》。通知中对高等院校毕业生就业与培训工作做了重要指示。

资料链接4-1

《国务院关于进一步做好普通高等学校毕业生就业工作的通知》(节选)

四、支持高校毕业生参加就业见习和技能培训,鼓励科研项目单位吸纳高校毕业生就业

(九)支持高校毕业生参加职业技能培训和技能鉴定。各地要积极组织有培训需求的高校毕业生参加职业技能培训和技能鉴定,帮助其提高就业能力。对高校毕业生在毕业年度内参加职业技能培训的,根据其取得职业资格证书(未颁布国家职业技能标准的职业应取得专项职业能力证书或培训合格证书)或就业情况,按规定给予培训补贴。对高校毕业生在毕业年度内通过初次职业技能鉴定并取得职业资格证书或专项职业能力证书的,按规定给予一次性职业技能鉴定补贴。对企业新招收毕业年度高校毕业生,在6个月之内开展岗前培训的,按规定给予企业职业培训补贴。

此后,国务院及各相关部门针对高校毕业生的就业、创业、培训等工作先后发布了多项意见和通知,多种举措并举,共同为毕业生的就业问题出谋出力。《国务院关于加强职业培训促进就业的意见》(国发[2010]36号)、《国务院关于进一步做好普通高等学校毕业生就业工作的通知》(国发[2011]16号)等都对毕业生培训工作做了具体部署,要求各地充分发挥技工院校等职业

---

① 卢长锋、张哲:《中国研究型大学职业技能培训机制的探究》,《沈阳农业大学学报(社会科学版)》,2007年第4期,第550-552页。

院校、公共实训基地、各类职业培训机构和用人单位的作用,大力开展就业技能培训、岗位技能提升培训和创业培训,强化技能操作训练,努力提升高校毕业生的技能水平和就业创业能力,积极促进高校毕业生就业和创业。强调各地要结合转变经济发展方式、优化产业结构、发展现代产业体系对人才需求的变化,定期开展中长期职业供求预测和分析,根据人力资源市场需求状况合理确定政府补贴培训的职业(工种)目录,引导高校毕业生自主选择参加适合的培训项目。

(二)在校生

与毕业生不同,在校生还处于学校的生活与活动范围之中,与社会的接触机会较少,在职业认识、社会接触方面仍处于薄弱环节。对于在校生的职业技能培训,本科层次的在校生与专科层次的在校生也存在着较为明显的不同。本科层次的在校生受学校科研化的影响,职业技能培训基本以自主选择、自主承担培训费用的模式为主,培训地点大多位于校外。学校承担的大多局限于职业规划、职业指导、职业素养的提升等文化素质类课程,与职业技能培训相关的专业实习往往收效也不明显。此外,在培训方法上,许多大学或培训机构运用传统的模式"授课",即"培训老师讲,学员听"的方式。这种培训方式与日常授课无异,使得大部分学生产生厌倦的情绪,提不起参与职业技能培训的兴趣①。这些现象说明,本科层次的在校生在进行职业技能培训方面仍有相当大的空间可以发挥。而对于职业院校在校生,由于职业技能培训贯穿于平时的学习和实习过程当中,培训以包括实训、进厂实习、顶岗实习、社会实践在内的多样化形式进行,理论与实践并行,这就使得职业技能的基础打得更牢。当然,鉴于本科层次与专科层次在办学理念和办学目标上本有的差异性,更为理想的目标则是两个层次的办学主体在各自的薄弱项目上互有补充,双向发展,跨入人才培养的更高进阶。

二、下岗再就业培训

下岗,是职工下岗的简称。下岗再就业指职工下岗后通过各种途径重新得到工作的过程。为了适应社会主义市场经济体制的需要,国有企业必须建立现代企业制度,因而国家提出了"减员增效、下岗分流、规范破产、鼓励兼并"的改革思路。国企改革在取得巨大进展的同时,也造成大量职工下岗。

① 石增业、石媚山:《试论加强大学生职业培训的对策》,《青岛酒店管理职业技术学院学报》,2009年第1期,第60-63页。

资料链接 4-2

朱镕基提出下岗再就业工作要求①

我们的做法,绝不是把下岗职工简单地推向社会,撒手不管,而是把下岗职工先安置到企业的再就业服务中心,保证基本生活费,进行再就业培训,帮助他们逐步重新就业。要妥善处理改革力度、发展速度和群众可以承受程度三者之间的关系,不要一下子下岗太多人,以避免引起社会不稳定。

由于中国人口众多,劳动力总量巨大,下岗职工再就业存在一定困难。为此,国家先后出台多项措施,以帮助下岗职工再就业。国家采取了包括积极完善和落实促进再就业的扶持政策,鼓励服务型企业吸纳下岗失业人员,对就业困难对象实行再就业援助,鼓励国有大中型企业通过主辅分离和辅业改制安置富余职工等多项措施保证下岗职工的就业权利。而就各地方的具体实践而言,保障下岗职工再就业的各项培训主要有以下几个类型:

(一) 再就业公共培训

再就业公共培训以职业指导、职业道德和再就业相关知识为主要培训内容,通过培训,使下岗职工、失业职工了解就业形势,端正就业观念,掌握求职方法,了解劳动力市场信息。再就业公共培训是每个下岗职工的必修课,培训内容是非专业的,但却是基础性的,也是通常的职业培训所缺乏的②。具体包括:

1. 就业观念教育

“就业观念教育”,其实质是如何对待就业、如何选择就业的一种基本观念的引导,即正确就业观的养成问题。传统就业观念的主要特点是单位本位、身份本位,即只有找到一个相对稳定的工作单位,才认为是就业。不稳定的、临时性的、没有单位依托的工作,很难被看作是就业。而现代就业观念的基本特点是市场本位。个人选择就业,毫无疑问有当前收入和工作稳定方面的考虑,但更看重个人的发展机会与所从事工作的发展前景。员工与单位之间的人身依附关系越来越弱,二者既是一种相互依存的关系,也是一种相互选择的关系,其共同的平台、接口是市场。就业观念教育就是要让受训人员认识到自身存在的价值和闪光点,并将职业与其优势挂钩,创新就业观念和形式,以市场为导向抓住机遇,从而实现个人的发展。

2. 就业法律法规教育

就业法律法规教育包括国家出台的关于创业就业的相关法律、关于鼓励创业的优惠政策、就业优待政策,国家规定的创业禁止项目、创业鼓励项目以及关

---

① 资料来源:1997 年 12 月 11 日中央经济工作会议。

② 邓文谦:《下岗职工再就业培训问题研究》,厦门大学学位论文,2006 年。

于创业者的相关规定。除国家层面的就业政策外，地方性法规也会被纳入到法律法规的教育内容当中。一般开设企业法、公司法、合同法、专利法、商标法、反不正当竞争法、劳动法、环境保护法、产品质量法、就业促进法等相关课程或讲座。

3. 就业指导

通过对职工下岗原因、就业形势的分析和求职技巧的培训等，帮助他们认清就业形势，更新就业观念，树立自主就业意识，为他们提供职业需求信息和介绍求职方法，指导他们制订个人再就业计划和措施，有效地提高再就业率。其实施形式包括开设就业指导课、开设就业指导讲座、创设就业指导咨询服务平台、举办就业先进个人巡回演讲会等。

4. 就业心理辅导

就业心理辅导主要针对的是再就业群体的心理失衡等常见心理问题的疏导和信心重塑。由于经历了生活来源缺失及生活压力加大的现实矛盾，同时就业市场供需结构性矛盾导致的就业难也不断地困扰着下岗职工尤其是国有企业下岗职工的再就业，很多下岗人员都产生了相应的心理问题。失业人员在再就业过程中大多受到年龄、技能、家庭和观念等因素的困扰，心理压力较大。在以往援助中，街道、社区大多采用技能培训、岗位推荐的形式，而忽略了对他们的心理辅导。有的学员因心理压力大而采取逃避态度，导致再就业失败。这就凸显了就业心理辅导的必要性。目前国内各城市也组织开展了各类心理辅导活动，活动形式主要包括心理咨询讲座、心理咨询一对一辅导、成立心理咨询志愿者队伍、开展心理咨询团体辅导活动、提供心理辅导免费课程等。

（二）再就业技能培训

再就业技能培训是再就业培训中的主体部分。再就业的第一目的就是要让下岗职工能够获取谋生的技能以维持自己和家人的正常生活与个人发展。目前，在就业培训按照时间分类主要可以划分为短期、中期和长期培训。培训费用一般由当地政府筹措或社会机构提供免费服务，失业群体凭借相关证明即可享受培训。短期定向培训一般为1—3个月，这类培训一般针对的是拥有一定技能基础，想进一步提升技能水平以适应新岗位的下岗职工，或者岗位间的技能差距不大，可以通过短期培训顺利完成轮岗或转岗。此外，这类培训也针对那些迫切需要岗位以维持自身及家庭日常生活的下岗职工。中期培训约持续3个月—1年，这类培训主要针对的是具有一定复杂程度的技能培训。如家电维修、电工、司机等，一般针对的是年龄偏小的青壮年失业群体。长期培训一般期限均在一年以上，以获得相关技能的职业资格证书或学历证书为目标，其着眼点是要培养具有一定综合素质和较高技能水平的社会紧缺人才。

（三）创业培训

创业培训是指不依赖已有的就业岗位而开展的使受培训者获得新的职业技能而进行的一种专门训练，以小企业开办常识、自我创业能力培养为主要内容，通过培训，使下岗职工获得独立创业、自我发展、自谋职业的能力，使他们熟悉国家相关政策和法规，了解开业或创办企业必备的知识和程序，掌握经营管理方法，提高适应市场的能力。目前，创业培训已经成为就业市场“造血”的主力军。各级行政部门也通过各种渠道鼓励各类劳动者加入到自主创业的行业当中，实现自主造血、自主就业。如扩大创业培训范围，鼓励有创业要求和培训愿望、具备一定创业条件的城乡各类劳动者以及处于创业初期的创业者参加培训。同时创新创业培训方式，鼓励“技能＋创业”的模式，通过规范培训标准、提高师资水平、完善培训模式，根据不同培训对象特点，重点开展创业意识教育、创业项目指导和企业经营管理培训。此外，进一步强化创业培训与扶持政策的衔接，强化创业培训与小额担保贷款、税费减免等扶持政策及创业咨询、创业孵化等服务手段的衔接。

三、特殊人员培训

特殊人员培训主要包括妇女、残疾人、少数民族、现役或退役军人、服刑犯等具有特殊身份或属于社会弱势群体的人员。这些人员的培训带有明显的政策照顾性。同时也考虑得到此类人员在身体、心理、身份、经历上的特殊性，在技能培训的项目、执行等方面适当予以特殊照顾和安排。

（一）妇女

此处所指的妇女通常指的是具有特殊家庭背景或经历的弱势妇女群体。如留守妇女、单身大龄妇女等。考虑到女性的生理构造和传统观念影响，其就业培训一般要选择合适的岗位或职业，并照顾到其现有的身份和生活环境。

在农村地区，扶贫开发和新农村建设离不开妇女的参与、妇女的智慧和妇女在生产实践中的创新。如何进一步加强农村妇女技术技能培训，促进她们参与经济社会发展，推动农村扶贫开发，是当前各级妇联组织和扶贫部门面临的一个重要课题。在当前的劳动力转移培训工作中，由于广大农村妇女很难转移到省内外城市就业，加上许多转移出去的妇女因种种原因不得不返乡，农村留守妇女培训成为一个重点。因此在加强贫困山区农村妇女的技能培训工作中，很多地区采用“公司＋农户”的经营模式开展手工制作，成本小见效快，还不耽误农事和家务。

在城市当中，随着市场经济体制的确立，以市场为取向的经济改革，把竞争机制引入劳动力市场，劳动力由计划配置进入市场。社会的转型也结束了男女

“同工同酬”的分配形式。在就业竞争中，毋庸回避的事实是：妇女面临失业危机和再就业难的困境①。各级政府、妇联等也开始认识到城市妇女在就业过程中遇到的阻碍，采取一系列保障措施引导妇女群体稳定、健康、安全就业。如社区培训、电大夜大培训、专项培训班等，尤以妇女专职岗位为热门培训点，如母婴护理培训、家政培训等。

（二）残疾人

残疾人是我国劳动大军的特殊群体，是社会劳动力的组成部分。我国政府十分重视残疾人的能力开发，颁布了残疾人保障法，并通过残疾人联合会等机构努力发展残疾人社会福利事业。残疾人应该受到全社会的尊重与爱护，应该受到法律的保护，应该享有我国法律所赋予的一切权利，其中包括受教育权和劳动就业权。近年来，在中国残疾人联合会和劳动、教育部门的共同努力下，残疾人的职业教育、职业培训与就业工作取得了显著成绩，积累了丰富经验。目前的残疾人培训通常是以培训班的形式组织进行，培训项目包括计算机、初级汽车维修、初级中式烹调、汽车美容、SYB 创业、盲人保健按摩等。

（三）少数民族

在我国，对于汉族以外的少数民族实施的教育称为少数民族教育，亦称民族教育。职业教育这一作为加工、提高、更新劳动力重要手段的教育类型，是少数民族教育中的重要组成部分，也是其中极其薄弱的一环。发展少数民族职业教育要特别注意其办学方向，必须面向民族地区，为民族地区的经济建设和社会发展服务。其培养目标、专业和课程设置、层次结构、办学形式等，都要从少数民族的实际出发，与民族地区的实际需要紧密结合②。目前，全国少数民族地区职业技能培训包括骨干公务员培训、专业技术人员继续教育、科技骨干培养等，培养方式主要以对口培训为主，即各边疆省份或少数民族聚居区与内地发达省份建立对口支援合作协定，利用发达省份的培训师资和培训设备对少数民族地区的各岗位工作人员进行针对性的培训。

（四）现役、退役军人

退役士兵安置工作事关广大退役士兵的切身利益，事关国防和军队的现代化建设，事关国家改革发展的稳定大局。随着社会经济的持续快速发展，工业化、城镇化加快推进，产业不断升级，用人单位对劳动力素质的要求不断提高，退役军人就业形势十分严峻。国家从战略角度出发，对退役士兵的安置工作提出了宏观与具体的指导和要求。在 2010 年发布的《国务院、中央军委关于加强退

---

① 赖立：《加强职业培训 开发城市妇女人力资源》，《职教通讯》，2004 年第 3 期，第 35 – 38 页。

② 顾美玲：《中国少数民族职业技术教育的现状及其改革设想》，《四川师范大学学报（社会科学版）》，1997 年第 1 期，第 2 – 9 页。

役士兵职业教育和技能培训工作的通知》中明确强调:加强退役士兵职业教育和技能培训,提高退役士兵就业能力,是贯彻落实科学发展观要求、加快培养现代化建设人才的迫切需要,是新形势下促进军政军民团结、服务国防和军队现代化建设的重要内容,是利国利军利民的大事,具有重要的政治意义和深远的历史意义。地方各级人民政府、军地各有关部门要充分认识加强退役士兵职业教育和技能培训工作的重要性和紧迫性,把这项工作作为一项政治任务摆上重要议事日程,纳入双拥模范城(县)考评内容,建立完善退役士兵职业教育和技能培训制度。各地区结合本地兵源现状及产业发展的要求,对现役或退役军人的职业技能培训工作进行了地方性的创新。如江苏太仓就提出了"入伍即入学、退伍即培训、结业即就业"的培训模式,先后建立了"三个基地"、"三个中心"服务现役和退役军人的技能培训工作;泰州则提出了"学历+技能+就业"模式,通过与泰州职业技术学院联合成立"泰州市退役士兵职业技能培训中心"开展军人培训工作。

(五)监狱服刑犯

服刑人员服刑期及获释后回归社会,首先面对的是生存,他们和其他社会成员一样也要成为社会人力资源的一部分。他们只有在社会中找到促进社会发展与经济建设的正当职业和合法位置,通过为社会做贡献而合法地自食其力,才能得到社会及家庭的尊重、接纳,才能融入社会,提高自身的生活质量,适应现代生活,从而减少重新犯罪的可能性①。虽然我国的服刑人员职业技能培训经过多年的探索取得了一定的成绩,也获得了不少具有中国特色的实践经验。但是随着时代的变化和市场经济的发展,当前服刑人员职业技能培训发展遭遇"瓶颈",即在监狱体制由计划经济向市场经济的转换过程中出现了一系列问题,对服刑人员的教育改造工作产生了很大的影响,监管工作出现了"重生产,轻教育"的局面,对服刑人员的职业技能培训日益弱化。目前刑释解教人员回归社会后的职业技能培训主要是通过当地的职业培训机构、职业培训学校、职业培训中心等举办的各类职业技能培训班实现。各地职业培训机构根据劳动力市场需求和刑释解教人员特点,确定培训项目,着力开展适应性技能培训。要突出培训的针对性和实效性,一般以短期和掌握实际操作技能培训为主,使刑释解教人员较快地提高就业能力。

四、劳动力转移培训

劳动力转移是以地域变动为主要表现形式的劳动力输入与输出行为,包括

① 冯宇平:《提高服刑人员职业技能的教育策略研究》,西南师范大学学位论文,2004年。

农村劳动力转移、产业承接转移背景下的劳动力区域转移以及劳务服务对外输出等。

在农村劳动力转移培训方面，2004 年，农业部、财政部、人力资源和社会保障部（原"劳动和社会保障部"）、教育部、科技部、住房和城乡建设部（原"建设部"）六部门共同启动了农村劳动力转移培训阳光工程，重点对拟向非农产业和城镇转移的农民，由国家财政补贴在输出地开展就业前的职业技能培训。2004—2008 年，中央财政累计投入资金 32.5 亿元，培训农村劳动力 1 580 万人，转移就业 1 373 万人，转移就业率达到 86% 以上，有序引导和促进了农村富余劳动力向非农产业和城镇转移就业，对增加农民收入、提高农民素质发挥了重要作用。2009 年以后，为适应现代农业发展和新农村建设需求，阳光工程转向务农农民培训，由六部门共同实施调整为农业部和财政部联合实施，项目名称改为"农村劳动力培训阳光工程"，明确了以服务现代农业发展、培育新型农业生产经营主体和新型职业农民为宗旨，以促进农业增产、农民增收为导向，以提升务农农民生产技能和经营管理能力为目标的工作思路。2009—2013 年，主要对种养大户、家庭农场、农民专业合作社组织和农业社会化服务体系的骨干农民，结合农业产业重大工程项目和农民培训需求，按照农业职业技能培训、农业创业培训和农业专项技术培训三个层次开展培训。中央财政累计投入资金 55 亿元，安排各省示范性培训任务 1 546 万人，在提高务农农民生产技能、促进粮食增产、增加农民收入、引导农民创业兴业等方面发挥了重要作用①。

产业承接转移背景下的劳动力区域转移以省际、区域性人员流动为主体，主要以中等职业技术学校、技工学校为主阵地，建立覆盖城乡、跨越城际的职业技能培训体系。通过建立公共实训基地，认定一批劳动力培训定点机构，开发建设覆盖全省城乡的远程职业培训网络体系等对劳动力培训进行系统化设计。此外，各类金融机构对职业技术学校、技工学校、重点培训机构、公共实训基地建设贷款也会予以政策性支持。

劳务服务对外输出方面，在跨国公司扩大投资和全球服务贸易快速增长的带动下，全球范围内的人员跨国流动更为频繁，对外籍劳务的需求不断增加，国际劳务市场规模正稳步扩大。当前发达国家受经济增长放缓、人口增长放慢以及人口老龄化的影响，劳动力供给逐步减少，加之本国劳动力成本不断攀升，导致对国外劳务需求逐步增加。经过三十多年的发展，我国对外劳务合作取得了良好绩效，成为我国对外经济合作和实施"走出去"战略的重要内容。随着这一战略步伐的加快，对外劳务合作在扩大服务出口、建设社会主义新农村和构建社

① 资料来源：中国农村劳动力培训网。http://www.nmpx.gov.cn

会主义和谐社会中发挥着越来越重要的作用。中国对外劳务合作的行业领域主要分布在制造业、建筑业、农林牧渔业、交通运输业和饮食服务业。其中,建筑、纺织、渔工类劳务人员仍占外派劳务总数的一半以上。此外,也有一些设计咨询管理、科教文卫体、计算机技术服务等高级技术领域的劳务人员①。对外合作劳务人员一般都须要经过正规的对外劳务输出公司进行培训。《对外劳务合作管理条例》中明确规定:对外劳务合作企业应当安排劳务人员接受赴国外工作所需的职业技能、安全防范知识、外语以及用工项目所在国家或者地区相关法律、宗教信仰、风俗习惯等知识的培训。

第二节　吴江区不同群体的技能培训

一、全区初高中毕业生的就业前培训

针对初高中毕业生技能短缺、不适应工作岗位要求的现状,吴江推出了毕业生就业工程“五大计划”,以进一步拓宽毕业生就业空间。

计划一——毕业生就业岗位拓展计划

保证国有企事业单位一定比例的招聘计划面向毕业生。事业单位招聘派遣制工作人员计划数的三分之一须面向毕业生;机关事业等公共部门的公益性岗位主要面向毕业生招聘。有关部门积极引导毕业生到基层就业,同时鼓励毕业生到民营企业、服务型企业和中小企业工作。

计划二——毕业生创业带动就业计划

在盛泽东盛步行街创业孵化基地的基础上,继续加强毕业生创业载体建设,建立完善一批投资小、见效快的学生创业基地。区财政将在毕业生自主创业项目建设资金、场地租赁费用、小额贷款贴息等方面给予支持。对登记失业的自主创业毕业生,可申请发放额度一般为5万元的小额贷款,经营规模较大经培训持有创业培训合格证的可提高至10万元。对按时还本付息的,给予全额贴息。吴江还将组织有创业意愿的本市户籍未就业毕业生参加免费创业培训,强化毕业生创业指导服务,提供政策咨询、开业指导、跟踪辅导的全程化服务。毕业2年以内的毕业生从事个体经营的,自其在工商部门首次注册登记之日起3年内,免收管理类、登记类和证照类等有关行政事业性费用,并给予相应的税收优惠。

---

① 李丽、陈迅:《中国对外劳务合作现状》,《国际经济合作》,2008年第1期,第53－56页。

计划三——困难毕业生援助计划

在全市各镇(区)建立初高中毕业生就业志愿援助基地10家,困难家庭毕业生经培训后推荐进入援助基地就业。对零就业家庭毕业生实行优先推荐。做好未就业毕业生的登记推荐工作和失业登记服务。对毕业离校未落实就业单位的本市生源毕业生可持毕业就业报到证、身份证和就业推荐材料至市人才服务中心办理未就业登记手续,市人才服务中心负责推荐3次以上。同时,当年未就业的本市籍毕业生可至户籍所在地的政府劳动部门所属就业管理服务机构办理失业登记手续,领取就业失业登记证,并按规定享受相关就业扶持政策。对接收困难毕业生并签订1年期以上劳动合同、缴纳社会保险费的企业给予一次性补助,补助金额是企业为困难毕业生缴纳1年社会保险费的50%。

计划四——实施毕业生岗前就业辅导计划

吴江将有针对性地开展毕业生就业岗前辅导,加强就业形势、就业技巧、礼仪规范等方面的教育,帮助毕业生尽快转变角色、适应社会。各镇(区)将逐步建立一批毕业生就业见习基地,全市拟建立见习基地13家,提供见习岗位不少于260个。登记失业的毕业生可通过社区公共就业服务平台,进入认定的各类见习基地开展为期3~6个月的就业见习,并按相关规定,享受政府给予的生活费补贴和综合性商业保险。吴江还将加大毕业生就业技能培训力度,根据市场需求,重点对营销、电子、计算机技术等社会需求量大的专业实行委托定向就业培训,计划全年培训人数不少于500人。政府鼓励和帮助毕业生参与职业技能培训,对取得中、高级工证的,在其相关费用按政策性优惠价格收取的基础上,培训费再减免30%(每人最高不超过1 000元),职业技能鉴定费减免30%。符合条件的本市籍毕业生,中、高级工鉴定合格者享受政府一次性的50%培训鉴定费补贴,每人最高不超过2 000元。

计划五——毕业生就业公益服务计划

实行毕业生就业服务零收费,取消毕业生就业市场入场费、档案管理费、人事代理费等。人事、劳动和社会保障部门及各镇(区)举办的毕业生就业招聘会实行免收摊位费、进场费。整合各方资源,建立区毕业生就业信息网络服务平台,做到全区毕业生就业创业需求信息公开、统一、实时发布,为毕业生与企业建立一条便捷、高效、顺畅的网上就业招聘通道。同时,全区设立毕业生就业资金,主要用于毕业生就业工作、创业扶持、困难援助、平台建设、企业补助、能力培训等费用开支,为毕业生就业提供经费保障。

二、农村新型农民与富余劳动力培训

（一）新型农民培训

所谓新型农民，就是有文化、懂技术、会经营的农民，从经济学角度看，新型农民就是“农商”，这与传统的关于农民的描述或定义是完全不同的。培育新型农民是社会主义新农村建设的重要基础，是统筹城乡经济社会发展的必然要求，是增加农民收入的重要途径，更是新农村建设最本质、最核心的内容。建设社会主义新农村，一个关键问题是，培养新型农民。

为全面贯彻落实国家、省中长期人才发展规划纲要和全国农业农村人才工作会议、全省农村和农业工作会议精神，紧紧围绕吴江区农业现代化发展的需要和加快城乡一体化发展的总体目标。吴江区按照促进农民增收，提高农民素质，加强农民职业技能之目标，精心设计、大力组织，力争培养出一批具有较高专业技能、较大生产规模和较强创业能力的现代农业生产经营者和职业农民。吴江区新型农民培训工作由吴江区农业广播电视学校承担，开展水稻、水产、畜禽、林果、农机等操作与种植培训，此外还开设创业指导专题、网络信息收集与发布、农产品市场营销专题、经纪人的职业道德专题、农产品经纪人的基本素质专题、经纪人的法制专题、农民专业合作社专题、创业计划撰写等课程。

资料链接 4-3

2012 年吴江区职业农民培训实施方案①

按照省委、省政府新一轮农村六件实事工程规划的总体要求，为实施好农村人才工程农民创业培训，按照江苏省农委下发的苏农计[2012]85 号文件和苏财农[2012]55 号文件的精神，在总结前几年我区农民培训工作的基础上，特制订本方案。

一、指导思想与目标任务

（一）指导思想

全面贯彻落实国家、省中长期人才发展规划纲要和全国农业农村人才工作会议、全省农村和农业工作会议精神，紧紧围绕我区农业现代化发展的需要和加快城乡一体化发展的总体目标，按照促进农民增收，提高农民素质，加强农民职业技能，培养出一批具有较高专业技能、较大生产规模和较强创业能力的现代农业生产经营者和职业农民。

（二）目标任务

我区职业农民培训任务为 590 人，其中包括水稻 150 人、水产 100 人、林果

---

① 资料来源：江苏农民教育培训网。http://www.jsnmpx.gov.cn

50人、蔬菜20人、农机100人、蚕桑50人、畜禽120人。培训后20%的学员参加农业行业职业技能鉴定，对考试考核合格的职业农民培训学员发放职业农民培训合格证书。

二、实施步骤

第一阶段——准备阶段。2012年元月至3月。召开相关工作会议，落实培训任务；确定培训单位，制订并上报具体实施方案。

落实培训对象：按照“公开、公平、公正”的原则，采取自愿报名、村组推荐、择优选拔、张榜公示的民主形式进行学员选拔。培训对象要具有一定的文化基础、生产规模，年龄一般在45周岁以下，初中以上文化程度，主要是种养专业户、种养大户、园区和基地农业人员。经村初审后，将参训农民名单报镇农服中心汇总后报区农业广播电视学校，并在吴江农业网上公示。

落实培训单位：由区农业广播电视学校承担我市职业农民培训任务。

第二阶段——实施阶段。从2012年4月至11月底。

采取能力模块结构的培训模式，实行集中学习、生产实践、考试考核和跟踪指导服务相结合的培训方式。

集中授课：职业农民培训时间不少于24学时，以专题讲座为主，根据不同岗位和不同产业，按照专业化、技能化、标准化的要求确定培训内容进行培训，主要培训职业与能力要求、政策法规、经营管理、安全生产和相关专业技能等。

生产实践：安排30学时组织学员到附近有关产业基地、农民专业合作组织、农业企业进行考察学习。

考核考试：通过集中培训和生产实践后，区农业广播电视学校组织学员参加考试考核。对考试考核合格者颁发职业农民培训合格证书，并引导20%以上的培训学员参加农业职业技能鉴定。

跟踪指导：安排教师年内对学员做一次专访并根据其需求进行跟踪指导，将跟踪服务指导情况作为绩效考核的重要指标。

第三阶段——总结阶段。2012年12月。按照相关培训管理办法进行总结，开展绩效评价，进行检查验收，形成总结验收报告，并接受上级部门的验收和检查。

三、培训管理运行机制

（一）制订培训方案，签订培训合同

由区农业广播电视学校编制培训方案，并制订每期培训班的详细教学计划，包括学员名单及人数、培训内容、培训方式、师资、办班时间和地点等内容。培训方案上报区农委审定确认后，签订培训合同。每期办班的教学计划报区农委审批后须于开班前报省农委审批后挂“江苏农民培训网”，接受社会监督。

（二）监督与检查

通过江苏农民培训网，实行网上公示制度和培训月报制度，定期公布培训任务完成情况，接受社会各界监督。区农委按百分之五的比例对受训农民进行电话抽查，确保任务层层落实到位。区农委对本地区的农民培训情况半年进行一次全面检查监督，重点检查培训单位完成培训任务的情况以及培训成效。

（三）总结验收

培训项目验收在项目结束后进行，由区农委、区财政局组织验收。重点检查验收培训工作台账、培训效果和补助资金使用情况。由苏州市农委组织核查我区的项目检查验收情况，形成检查验收报告报省农委，省农委会同省财政厅组织抽验。

四、保障措施

（一）组织保障

把农民培训工作纳入各级政府的目标管理考核范围。区农委负责实施工作的组织协调和具体管理，建立行政领导责任人制度，签订任务合同，明确职责，一级向一级负责，逐级落实责任。承担培训任务的区农业广播电视学校为项目法人，对项目实施和资金使用负责。对项目实施制度不健全、财务管理混乱、弄虚作假套取财政补助资金、培训质量存在严重问题的，要追究项目法定代表人的责任。

（二）管理保障

区农业广播电视学校要科学设置培训课程，精心编制培训方案，强化培训管理，并建立包括培训教师、学员、培训时间、培训内容、培训效果跟踪等内容的培训台账制。学员培训台账要包括姓名、年龄、性别、身份证号、文化程度、培训专业、培训时间和家庭住址及联系方式。做好对农民培训实施的宣传报道工作，对获得职业农民资格证书的农民要在政策上予以倾斜，充分调动农民参加培训的积极性，营造良好的社会舆论氛围。

（三）质量保障

加强讲师团成员管理与考核，实行挂牌服务，向农民发放联系监督卡，全程接受农民的监督，建立一套师资水平考核体系。通过一套激励机制，将讲师团成员的工作业绩与其职务、职称及年度考核等挂钩，对表现突出的给予奖励，对受训农民反映不满意的将及时撤换，并进行通报。将农民满意度和跟踪服务作为考核讲师团成员工作业绩的主要指标，对讲师团成员的补贴要预留20%左右待年终考核通过后支付。

2012 年吴江区现代农业职业技能培训任务分配表 单位:人

镇(区)名称	市级培训名额					镇级培训名额						合计
	水稻	水产	畜禽	林果	农机	水稻	水产	畜禽	林果	蚕桑	农机	
松陵镇	20	60	20	15	22	400	600	170	300	60	120	1 787
平望镇	40	40	8	10	38	400	215	70	75	120	160	1 176
汾湖镇	80	70	25	10	46	400	800	200	30		210	1 871
盛泽镇	80	20	12	10	34	400	60	110	100	130	150	1 106
震泽镇	40	30	10	15	27	300	300	80	75	260	130	1 267
桃源镇	10	20	19	5	14	200	30	155	300	260	80	1 093
七都镇	10	40	8	10	9	200	160	70	100	170	70	847
同里镇	20	40	18	5	10	200	360	145	20		80	898
合　计	300	320	120	80	200	2 500	2 525	1 000	1 000	1 000	1 000	10 045

在启动新型农民系统化培训的同时,吴江区同时加强农业信息化建设,先后与企业合作建立农村综合信息服务培训中心,启动科技入户工程,启动"四位一体"农村综合信息服务中心建设项目。所谓"四位一体",是指把农村中的"农家书屋"、党员现代远程教育中心、共享工程基层服务点、乡村图书室四家各自分管的资源整合起来,用一份成本综合信息服务,同时作为县级流动图书馆的停靠点,在原来的"壳"中注入公共图书馆精神和专业服务,使公共图书馆快速覆盖乡村。中心的成立让更多的农民可以足不出户地快速获取农产品生产、加工与销售信息,并能够及时得到专家关于农产品种植与销售的远程协助。此外,地方农产品的销售也可以通过信息平台进行市场化营销,可谓一举多得。

资料链接 4-4

AMD"农村综合信息服务培训中心"落户苏闽①

近日,由工业和信息化部支持和指导、知名半导体企业 AMD 公司负责建设的"农村综合信息服务培训中心"落户福建省武夷山市及江苏省苏州市吴江区盛泽镇,至此,AMD 培训中心项目今年已经建成 7 个。

据悉,农村综合信息服务培训中心自 2009 年年初开始由 AMD 积极联合包括联想公司在内的各大 OEM 合作伙伴共同建设,并计划连续三年,在全国 40 个以上地区建设农村综合信息服务培训中心,为普及和带动农村的信息化建设发挥作用。本次建立在福建和江苏的两个培训中心是 2010 年的第 6 个和第 7 个

① 资料来源:江苏农民教育培训网。http://www.jsnmpx.gov.cn

中心。培训中心的建成,将切实帮助两省农民掌握信息化知识,利用信息化的手段走上科学致富的道路。

事实上,中国广大农村地区对信息化的需求日渐迫切。福建省地处东南丘陵,种植业相对发达,武夷山市自然条件得天独厚、物产资源丰富,是我国著名的粮区、林区和茶叶产区;而地处太湖流域的吴江区盛泽镇则是我国丝绸纺织业主要的生产基地,拥有"丝绸之乡"的美誉,发展潜力明显。此次建立的两个培训中心将通过信息化手段进一步推动当地绿色农业和特色农业的发展,促进农村电脑知识和电脑运用的普及,助力东南乡镇地区的经济繁荣。

据介绍,农村综合信息服务培训中心只是 AMD 与工信部合作项目之一,双方在原有合作的基础上,将在农村信息化建设、IC 集成电路设计培训、集成电路 CPU 评测技术、信息技术产业的政策和标准等领域,继续开展长期深入的合作,不但从硬件上给予支持,还将帮助中国信息技术落后地区培养培训 IT 信息技术人才。

AMD 公司董事会主席柯福林曾经强调:"中国一直以来都是 AMD 极为重要的战略要地。AMD 在中国的成功基于与工信部等中国政府组织之间建立了紧密的合作关系。AMD 将继续支持中国 IT 产业的发展,尤其关注中国农村市场的广阔发展空间。"

据了解,AMD 此前已经在山东、辽宁、山西、陕西、贵州、宁夏、新疆、四川、内蒙古、黑龙江等省份建设了十余个农村综合信息服务培训中心,以配合"电脑下乡"政策,帮助农民解决买了电脑不会用的顾虑,在弥合城乡信息鸿沟、加快农村地区信息化发展、加快农民致富脚步的同时,也为 AMD 展开了一片更加广阔的市场空间。

AMD 相关负责人表示,已在 15 个省区建立的农村综合信息服务培训中心目前运营状况良好,得到了当地农民的热烈欢迎,已经发展成为"科教兴农"和农村信息化建设的"小规模,大效应"的可借鉴样本,并将在明年得到进一步深入推广。

(二) 农村富余劳动力培训

农村富余劳动力是一个相对的概念,是相对于特定国家、特定历史条件和特定的生产力水平而言的,即农村劳动力的供给超过需求的多余。具体定义是指边际收益为零甚至为负数的那部分劳动力,这部分劳动力从农业中转移出来,即使不增减投入也不至于影响农业产品的总量。此部分劳动力的存在,如果不加以充分的开发和利用,即是人力资源的浪费,也是影响农民增收与农村社会稳定的潜在因素。加强对农村富余劳动力的培训,使其走向工作岗位,应是农村经济发展与民生工作的重点。根据吴江区农村城镇化现状及经济开发水平,农村富余劳动力培训主要由吴江经济技术开发区农村实用技术培训项目承担。该项目紧紧围绕区农村教育培训工程建设的要求,扎实推进农村培训工作的系统开展;以提升农村劳动力的技能素质,增强农民的就业竞争力为重点,大力开展实际、实用、实效的农业技术培训工作。与此同时,随着开发区的迅速发展,用人单位对于各类技术人才和劳动力的需求与日俱增。推动农村富余劳动力向第二、第三产业和非农产业转移,满足企业的人员需求,是发展农村经济,统筹城乡经济和社会发展的重要途径和手段。为此,开发区确立了农村实用技术培训"双管齐下"的目标:以强化人员培训效果为"出口",同时大力开拓就业渠道,以保障人员就业为"入口"。

该项目承担的具体培训包括家政服务员、营业员、插花员、保安、计算机基础应用、办公自动化中级、初级中级电工、初级中级电焊工、叉车驾驶、计算机修理、电瓶车修理、空调安装与维修、物业管理、花木养护、绿化保洁、创业培训等二十余项。根据《江苏省实施〈中华人民共和国就业促进法〉办法》《关于促进零就业家庭就业和进一步创建充分就业社区就业村的意见》以及《关于积极应对当前经济形势稳定就业鼓励创业促进就业的意见》等指导性文件及吴江区的配套政策,吴江经济技术开发区户籍的农村劳动者可享受相应的优惠政策和就业培训服务。如免费职业技能培训、免费就业指导帮助、实行社保补贴、享受创业补贴、减免相关税费、降低创业门槛等。

三、失业职工再就业培训

吴江区失业职工再就业培训属于政府帮扶项目,失业职工凭本人身份证和就业失业登记证到当地劳动保障所、就业培训定点学校、职业培训指导中心办理报名。学员可根据自己的特长和爱好,任选1—2个工种办理培训报名手续。培训项目包括:创业培训、会计实务、中级会计做账、电子商务、纺织面料分析、跟单员、网页制作、计算机高新技术、CAD(制图)、网络操作员、数控车床、维修电工、PLC(可编程序)、电(气)焊工、汽车修理、物流管理、外贸单证员、海关报关员、叉车驾驶、保健按摩、管道工、插花艺术、人力资源管理师、绿化养护工、仓库保管、中式烹调、物业管理、营业员、家政服务员、保洁员、保安员、水产养殖、瓦工、空调安装及维修、电瓶车维修等。此外,吴江区私营个体经济协会等社会团体也会同有关部门展开"春风行动"、"手拉手"等再就业帮扶活动,一定程度上承担了失业职工的再就业培训工作。

四、现役及退役军人培训

江苏是兵源大省,退役士兵每年都在3.4万人左右。其中,需政府安置的城镇退役士兵和10年以上的转业士官约有1.6万人，占退役士兵总数的47%，安置任务十分繁重。近年来，江苏省通过提供经济补偿、优惠政策等手段，为退役士兵创造就业机会。

吴江区财政健全经费保障机制，把退役士兵培训资金纳入预算安排，支持开展退役士兵职业技能培训工作，帮助退役士兵提高就业能力。吴江区规定，城乡退役义务兵、复员士官和选择自谋职业、自主创业的转业士官，可免费参加政府组织的职业技能培训。参加中、高级职业技能培训的，按每人每年7 500元安排资金；参加全日制成人高等学历教育、普通高等学历教育的，按每人每年9 000元安排资金；参加短期职业技能培训的，按每人每月750元安排资金。至今约有1 000多名退役士兵参加了维修电工、计算机操作员、市场营销三个专业的学习。通过三个月的短期培训，使退役士兵掌握了一技之长，有利于他们更好地就业。同时吴江区职业培训指导中心对吴江区驻军开放所有项目的培训，近年来约有100名现役军人参加了计算机、叉车、电工、厨师等方面的培训。在此基础上与民政局扩大合作范围，开展了首期养老护理员培训班，提高了敬老院护理员的技能水平。

五、社区全民教育

社区教育是"乐居吴江"建设的重要组成部分，也是吴江区和谐社区建设的关键。吴江区开展社区全民教育以来，建设了"乐居吴江——市民学习在线"数字化学习平台，推进吴江区社区教育三级网络建设，壮大社区教育的师资队伍，丰富社区教育内容，建设完善的社区教育课程体系，并力争创建社区教育品牌活动项目"市民读书节"、"鲈乡大讲坛"等。此外，社区教育部门还联合区民政部门开设社会工作师培训班、社区（村）主任培训班，联合区人口与计划生育委员会开设中级育婴师培训班，开设面向各社区教育中心的社区教育骨干教师队伍研修班，并筹划开办"市民双语教学培训班"、"二级心理咨询师培训班"、"网络数字化学习培训班"等。

第三节　吴江区不同群体技能培训效果

一、毕业生就业培训收到成效

目前，吴江区实行的毕业生就业培训政策已经收到了成效。在大学生毕业培训方面，为促进就业创业工作，提高大学生创业能力，根据《吴江区大学生创业见习实施办法(试行)》,经区就业促进工作领导小组办公室审核认定,确定了吴江区创诚电器有限公司等11家公司为吴江区大学生创业见习基地,并制订了《吴江区大学生创业见习操作办法》,同时采取措施鼓励和引导本地户籍高校毕业生回本地实习就业。至今已为吴江区公务员队伍、村干部队伍等各行各业贡献了大批优秀人才。2014年吴江籍毕业生共有5 599人,其中四年制本科2 880人,五年制本科148人,专科1 547人,高职院校1 024人,毕业生就业培训需求量始终保持高位。吴江区向本地居民开放的免费技能培训项目每年招收大量待业毕业生,为保证青年就业和实现个人发展提供了充足的条件。

二、新型农民培训取得显著成果

吴江区农委以科学发展观为指导,紧紧围绕科教兴农战略和农民增收致富这一主线,以提高广大农民的科技文化素质,培养有文化、懂技术、会经营的新型农民为目的,依托技术优势,创新培训手段,深入农村一线,以人为本,富有成效地开展农民培训工作,并取得了较好的成效。

仅2012年就举办培训班236期,培训农民27 023人次。其中,实用技术培训班148期,培训农民16 075人次;职业农民培训班76期,培训农民10 045人。区级培训班7期,培训农民1 020人;镇级培训69期,培训农民9 025人。农业信息技能培训班9期,培训农民403人;阳光工程培训班3期,培训农民500人。累计发放各类技术资料20.8万多份,书籍6 000多册。通过培训加速了科技成果转化为现实生产力,有效提高了农民的科技素质,提升了农业综合生产和经营能力,使农业工作保持了较好的发展态势。

资料链接4-5

吴江农业现代化走在全省前列①

2月1日,中央一号文件正式发布,再次将农业科技放在了突出的位置,文件指出,要依靠科技创新驱动,引领支撑现代农业建设。吴江区农委领导日前告诉记者,近年来,吴江不断加大农业科技投入,加快农业科技成果转化。……2012年,吴江区已明确各项目标,加速推进农业现代化建设进程。

一、力争培训持专业证书农民1万人

吴江区农委科技教育科科长王健男告诉记者,2011年,吴江区完成实用技术培训16 257人次,职业农民培训602人,并在其中遴选出了300名种养规模较大、学历层次较高、年纪较轻的本地农民作为重点培养对象。其中,121人通过了农艺工初级职业技能鉴定。

---

① 资料来源:吴江新闻网。http://www.wjdaily.com/node/NewsWjyw/2012-2-9/1035658478.html

"今年,我区将加大职业农民培训力度,努力提高持证农业劳动力比例,"王健男介绍,"计划今年培训持证农民10 000人,持证农业劳动力占比力争达到35%,进一步完善我市农业人才队伍建设。"

二、农业综合机械化率力争达到85%

记者了解到,去年全年,吴江区新增各类财政直补农机具852台套,直接受益农户达到505户,有效抓住了政策优势,推进了全区农机化的快速发展。2011年,吴江区水稻机插率达93%。

据悉,今年开始,吴江区将继续鼓励农户购买农机具,在财政上予以补贴,补贴向收割机械、植保机械、大棚设施机械等方面倾斜,力争农业综合机械化率达到85%。

三、力争完成高效设施农渔业面积2.2万亩

据了解,2011年,吴江区新增高效农渔业面积3.62万亩,高效农渔业总面积达到了44.04万亩,新增设施农渔业面积2.08万亩,设施农渔业总面积达9.54万亩,均超额完成省市现代化农业发展考核指标任务。

王健男表示,今年开始,吴江区将继续加大农业园区化建设,加大高效设施农渔业推进力度,力争尽快完成2.2万亩的高效设施农渔业建设目标,力争高效设施农渔业面积比重达到21.2%。

四、大力提升农业生产科技含量

记者了解到,去年,吴江区遴选了320名专业技术人员与3 060户农业大户进行结对挂钩,提高农户科学种养水平;与苏州大学合作,开展家蚕、水产新品种改良与推广,建立优质茧和特种水产生产基地,有效提升了农业生产的科技含量。

王健男表示,今年开始,吴江区将继续完善结对挂钩机制,进一步提高农户种养科技含量,依靠科技创新"引擎"驱动全区农业现代化发展。

三、失业职工再就业培训成为典范

吴江区针对下岗职工再就业的立体式举措已经成为区域就业工作先进的典范。目前的失业职工培训已经涵盖了农村失地农民技能培训、国有企业下岗职工培训、个体户创业培训、待业人员就业及创业培训、社会弱势群体就业培训等,且下岗再就业培训对相关群体完全免费开放。在此基础上,吴江区力争以下岗职工再就业培训为平台,以吴江的优势产业为龙头,打造出具有吴江地方特色的优质上岗员工。在纺织行业、家政服务行业等领域,吴江下岗再就业群体发挥了主力军作用,在行政部门和相关培训单位的合作下为市场培训出了大量合格的从业人员,不仅解决了就业问题,也创造出了"品牌效应"。

吴江是全国重要的纺织产业基地，其中，女性职工占了绝大多数。为了提高当地下岗纺织女工的再就业率，吴江区地税局与地方妇联共建妇女创业平台、服务平台和活动平台。该局通过建立地税、妇联、街道、社区联席会议制度，以三产服务业为重点，定期向“40、50”妇女和应届女大学生推荐创业就业项目，从经营行业、注册类型等方面进行引导。同时，推动成立吴江市帼小额贷款公司、“好苏嫂”家政服务有限公司等76家妇女创业就业实体，目前已累计为下岗女性提供就业岗位1 200余个。

四、现役及退役军人培训深受欢迎

自2008年冬季开始对城乡退役士兵开展免费职业技能培训以来，吴江区财政部门不断健全经费保障机制，对参训所需的学杂费、住宿费和生活补助费进行补助，并纳入年度预算，实现专款专用。退役士兵参加中高级培训，按每人每年7 500元安排资金；参加全日制成人高等或普通高等学历教育，按每人每年9 000元安排资金；参加短期职业技能培训的，按每人每月750元安排资金。截至目前，累计投入443.36万元，参训的退役士兵达1 135名，参训率和“双证”（培训合格证、职业资格证）获取率均达100%，有力促进了退役士兵就业。

资料链接4-6

吴江免费技能培训深受退役士兵欢迎①

春节过后，吴江震泽镇贯桥村去年年底退役的孙强平时帮人押车跑运输，每到双休日，他一早就爬起来，乘车赶往吴江参加在区职业培训指导中心进行的免费技能培训。孙强说：“虽然路上就要花两个小时，但我觉得政府给我们退役士兵提供这么好的学习机会，要是放弃不是太可惜了吗？”

2009年初，吴江区开始开展针对2008年冬季退役士兵的免费技能培训，当年有245名退役士兵报名参加了免费职业技能培训，实际参训人数达到应参训人数的100%，培训合格率也达到100%。吴江职业教育中心校和吴江区职业培训指导中心是该区的两大培训基地，开设了初中级计算机、维修电工、物业管理、会计等课程。平望的张新华就是当时通过初级电工培训考核的退役士兵，他取得了电工证后，很受用人单位青睐。目前，他加入了特种押运行业，战斗在保卫金融安全的第一线。虽然现在的工作好像和电工搭不上边，但张新华觉得技多不压身，无论在生活中还是今后的工作中，总有派得上用场的时候。今后，只要有机会，他还会参加各种培训，提高各方面的素质。

随着近年来货币安置政策的实行，退役士兵自谋职业的意识越来越强。为

---

①　苏州市民政局官方网站。http://www.mzj.suzhou.gov.cn/szmz/

了解决退役士兵培训带来的工学矛盾，吴江区对2009年冬季退役士兵的培训改变了上一年的脱产方式，把双休日作为培训日。培训课程设置充分考虑退役士兵的实际需求，区职业培训指导中心和汾湖培训站开设的课程有市场营销、计算机高新技术、电工等，吴江职业教育中心校则开设了数控车床、计算机维修组装等课程。

今年参加培训的人数与去年相当，由于培训方式由吃住在校的约束型变为松散型，对参训人员提出了更高的要求。但退役士兵的积极性、参训率依然很高。

五、社区全民教育做出贡献

作为第一批省级社区教育实验区，吴江已初步形成了以社区培训学院为龙头、镇级成教中心为骨干、社区（村）级市民学校为基础的三级社区教育网络。全区现有社区培训学院、区老年大学各1所，镇成人教育中心校9所，社区（村）市民学校311所，每年平均完成现代农民教育约16万人次，其中镇级成人校完成达3.5万人次以上，业余大中专学历教育在籍学员7 850人。

自2006年起，吴江区社区培训学院依托苏州市心理卫生协会开展了四期心理咨询师的专项培训，为吴江区培养了近200个心理咨询的骨干人才。参加心理咨询师培训的学员有教师、医务人员、社会工作者、律师、公务员。培训的课程主要是：普通心理学、社会心理学、变态与健康心理学、发展心理学、心理测量学、咨询心理学、团体心理辅导、咨询、诊断及测量技能等，每次培训历时六个多月时间，共计520课时，教师全部为大学教授、资深心理咨询师。学员学完全部课程后，统一参加国家人力资源与社会保障部组织的全国鉴定考试，考试合格者取得国家认定的心理咨询师职业资格证书。心理咨询师培训为提高吴江区的心理健康教育水平，促进社区教育的开展，营造和谐的社会人文环境，推进吴江精神文明建设做出了贡献。

家庭教育指导是社区教育的一项重要内容。近年来，吴江区社区培训学院搭建了三个平台开展对社区居民的家庭教育指导：一是开展育婴师的专门培训。2009年以来，学院先后举行了三届育婴师培训班，受众近200人，对象有幼儿园教师、保育员、家政人员、社会工作人员、年轻父母等，考核合格后取得国家职业资格证书。二是组织亲子教育读书会活动。自2010年3月以来，每逢周五晚上，吴江区社区培训学院就组织社区居民参加亲子教育读书会活动。读书会以"一本好书"为媒介，以"分享"为主要方式，以"互动"为主要方法，成为吴江"爸爸妈妈"的精神家园。三是建设好一个学习平台。在"吴江区民学习在线"网站上专门开辟了"早教学堂"栏目，接受专家的课堂指导。吴江社区培训学院成为市民家庭教育的咨询站、大课堂。

第五章

社会转型背景下面向全民的职业技能培训体系建设

本章立足于对农民工培训、职工培训和社会其他人员培训的基础，站在全社会公共服务的角度，力图建构面向全民的职业技能培训体系。我国现行的职业教育体系是一个庞大而复杂的系统，该系统由学校职业教育和成人教育与培训两大部分组成①。从本书主要讨论的教育对象与背景出发，本章重点介绍非学校职业教育的、以人力资本提升为归依的社会性职业技能培训，力求通过对体系的建构达到社会转型背景下的学习型社会构建的目标。

根据企业员工培训体系的基本结构，结合社会职业技能培训的特征，本章将从全民职业技能培训组织体系、需求评测体系、课程开发体系、师资队伍建设、效果评价体系和保障体系六个方面进行深入探讨。

第一节　全民职业技能培训组织体系

一、组织体系的功能及有效组织的特点

（一）组织体系的功能

组织体系是两个或两个以上的组织相互关系的总和，是由部分组织组成的整体，也就是通过界定组织的资源和信息流动的程序，明确组织内部成员个人相互之间关系的性质，为每个成员在这个组织中，具有什么地位、拥有什么权力、承担什么责任、发挥什么作用，提供的一个共同约定的框架。其作用和目的，是通过这种共同约定的框架，保证资源和信息流通的有序性，并通过这种有序性，稳定和提升这个组织所共同使用的资源在实现其共同价值目标上的效率和作用。

① 姜军：《中国职业技术教育体系建构研究》，哈尔滨工业大学学位论文，2005 年。

从组织学的角度来看,组织体系设计的目的和作用,也就是对为这个组织目标的达成而承担事务工作的大小、多少,与在这个组织中的地位和作用之间,事先确定一个对应关系。从而一方面通过这种关系的界定,把组织成员个人的意志行为诱导到为组织目标实现的努力上来,并规范其行为模式,以保障组织目标的达成;另一方面,则是让每个成员根据自己希望在这个组织实现的地位和作用,自主地选择所承担事务工作的大小和多少,进而起到激励组织成员为组织目标的达成多承担事务工作的作用。

作为立足于整个社会的职业技能培训组织体系,在进行体系运作和成员选择的规划上要考虑到组织体系对职业技能培训的高效反应,可以在较短时间内集合较多的相关部门和社会团体开展组织工作,并能够在反应的基础上审时度势地给出解决的方案。对于职业技能培训而言,组织体系的建立应具备如下基本功能:

1. 高效组织相关部门进行培训设计

以全民为对象的职业技能培训是一项规模较大、系统性很强的工程,既牵涉到广泛而又多种类的职业技能培训对象,又牵涉到多元的培训市场和培训机构。如果不能进行科学有效的培训设计,势必会造成资源浪费以及分配不均等问题,而组织体系的成立就担负起对培训进行科学规划的责任。组织体系包含了职业技能培训的各利益攸关方,同时还拥有一个具备实权或实力的统领部门。在这一实权部门的安排之下,各个相关部门群策群力,对某一区域的职业技能培训进行总体规划和任务部署。这里涉及对职业技能培训需求的评估、职业技能培训的可行性分析、职业技能培训的课程体系建设、职业技能培训的师资选择和队伍建设、职业技能培训的资金筹措和分配等。

2. 组织职业技能培训的实施与监督工作

组织体系的另一基础工作就是搞好职业技能培训的具体实施工作。一般而言,具体实施工作由某一部门领导,某一部门负责主要实际工作,其他部门予以配合和指导。而组织体系就是要在利益分配的基础上做好任务分配、调整,并总揽全局对整体培训的运转进行监督。

(二) 有效组织结构的特点

评价一个组织结构的有效性须要结合某一组织的具体成立背景、功能、结构等信息加以评判,并不存在一种适合于所有组织的普遍性结构,只有在一定条件下比较适合某一特殊组织的结构①。

一个有效的组织结构一般具备以下几个特点:结构要有效率和效能、要具备

① 张家麟:《组织社会学》,合肥:安徽人民出版社,1988 年,第 155 页。

一定的创新能力、要具备灵活性和适应性、要有利于资源优势的发挥与发展、要有利于整合与协调①。而对于全民职业技能培训这一工程来说,其组织体系不仅要具备有效组织结构的一般特征,还需要从体系的组织背景与实施过程中提炼出适应职业技能培训的三个特征:一是职业技能培训的组织体系须要具备发展和前瞻的元素,即对隐形培养对象和隐形培养技能进行开发的功能;二是培训组织体系的功能转换与适应性,即组织体系中的每一个部门在培训开展的不同阶段对应着不同的任务和功能,每一个组织单位均应该不断地适应和调整自身所发挥的功能;三是培训组织体系的核心思想与体系的稳固,即不论培训组织体系的参与单位多少和参与形式如何,其内在的组织思想和功能定位应该是稳固和普适的,这也是职业技能培训社会性特征的现实需求。

二、组织的相关理论

系统的组织理论出现于19世纪末,组织理论的发展大致经历了古典组织理论、行为科学时期的组织理论、系统权变组织理论三个主要时期,它们从不同的角度对组织现象和组织管理进行了研究。

传统组织理论阶段也就是19世纪末至20世纪30年代所形成的古典组织理论阶段。传统组织理论的核心是组织结构的合理化,它着重研究组织结构的设计、组织运行的基本原则和组织中管理的基本职能。在这个阶段,组织理论研究者多用静态的、结构的和规范的观点来分析研究组织的结构、分工、层次、责任、制度和职权等问题。这一阶段注重制度而轻视人员,强调结构分工而忽视人际关系,单纯地把组织视为一个经济—技术系统,从而认为组织的目标是:如何用最小的代价获取最大的效益。概括来讲,传统组织理论的基本要点是:1)组织存在明确的分工。组织要依照任务性质、工作程序、作业地点和人员不同而分工。2)组织是一种多层次结构,以便指挥统一,令行禁止。3)组织内部要权责分明。组织中的每个岗位都有确定的职权范围,并要求每个人承担职务的同时明确自己应承担的任务。4)组织是依据法规、制度而组成的。组织中的每个成员都受法规、制度的控制。5)组织具有目标性。任何组织都有一定的目标,组织的基本任务是实现既定目标。6)组织要有协调性。由于组织分工与层次关系,要求组织各部门具有良好的协调性,以保证组织功能的发挥,防止各自为政②。

行为科学是运用心理学、社会学、人类社会学等学科的理论和方法来研究工作环境中个人和群体行为的一门综合性和交叉性学科。行为科学时期的主要理

① 张家麟:《组织社会学》,合肥:安徽人民出版社,1988年,第155-157页。

② 张文泉、李泓泽:《组织理论的演进与发展》,《工业工程与管理》,2000年第5期,第5-9页。

论流派有人际关系学派、激励管理学派、动态平衡学派和决策理论学派。人际关系学派的主要代表人物是乔治·梅奥、罗斯利斯伯格。他们的学说是从20世纪20年代中期到30年代初在美国芝加哥西方电器公司的霍桑工厂进行实验的，因而得名霍桑试验。霍桑试验从1924年开始到1932年结束，历时8年，经过对工作环境、工作条件、群体行为、员工态度、工作士气与生产效率之间关系的一系列实验，他们发现并证明，人们的生产效率不仅仅取决于人的生理、物理方面的因素，而且更受到社会环境、社会心理等的影响。在霍桑试验的基础上，梅奥于1933年出版了《工业文明中的人的问题》，系统地阐述了与古典管理理论截然不同的一些观点。激励管理学派则包括马斯洛的"需要层次论"、赫茨伯格的"双因素激励理论"、阿吉里斯的"不成熟—成熟理论"以及亚当斯的"公平理论"。动态平衡组织理论以美国管理学者巴纳德为代表，他在1938年出版的《经理人员的职能》这本书中，系统地提出了一套独特的组织观念，包括组织本质论、组织环境论、组织平衡论、组织要素论、组织沟通论、组织责任道德论、领导智能论。决策过程组织理论以美国著名的决策理论家赫伯特·西蒙为代表。他的主要思想反映在其著作《行政行为——行政组织中决策程序的研究》《组织学》《管理决策的新科学》等书中。西蒙的组织理论受巴纳德影响较大，认为组织是为了实现共同目标而协作的人群活动系统。组织行为是人们为了完成一个人无法完成的工作而协作进行的团体活动。因此，组织就是为了完成这样的协作而有目的地进行设计的系统。

系统权变组织理论否认存在有普遍适用于所有环境的永恒原则，从而强调组织的多变量性，并力图了解组织在变化的环境中运营的实际状态。权变理论还强调，应根据具体环境条件，采取灵活的组织结构、管理机制和领导模式。该理论包括社会系统组织理论学派和权变组织理论学派。社会系统组织理论的创始者为美国著名的社会学家帕森斯，他对社会生活中的组织现象有着独特的研究。他认为，所有社会组织本身就是一个社会系统，每个大的社会系统下面又分若干小的社会系统，整个社会则是一个最大的社会系统。社会系统在本质上是由组织成员的行为或行为关系所构成，因此，在研究组织时，应重点研究这些行为活动及角色关系。帕森斯认为，各种社会组织都面临四个基本的问题，组织存在的目的就是要解决这些问题。权变理论学派是20世纪70年代在西方形成的一种管理学派。所谓权变，就是权宜应变。权变理论学派认为，在管理中要根据组织所处的内外条件随机应变，没有什么一成不变的、普遍适用的"最好的"管理理论和方法。权变理论学派是从系统观点来考察问题的，主要代表人物为佛里蒙特·E. 卡斯特和詹姆斯·E. 罗森茨韦克。

而随着人类社会进入知识经济时代，人们的知识结构、生产方式、价值观念、伦理道德等也正在发生着巨大变革，相应地，管理科学和组织理论也面临严峻的挑战和难得的发展机遇，组织理论将会呈现新的发展趋势。如组织现象复杂化趋势、组织理论集成化趋势、组织结构低熵化趋势、组织功能智能化趋势等。这些理论及其发展趋势为我们构建全民职业技能培训的社会化体系奠定了坚实的理论基础。

三、组织体系的构成与任务

全民性质的社会职业技能培训组织体系是一个囊括了诸多机构的系统。这里有处于中心统领和协调的核心部门，也有在职业技能培训领域各个子系统的服务支持部门，更重要的是那些来自不同行业、不同产业、不同阶层的，接受职业技能培训的社会人。从促进职业技能培训工作顺利开展和提升培训社会效益的角度出发，组织体系主要由中心协调部门、服务支持部门和培训实施对象三个主体构成（见图5-1）。

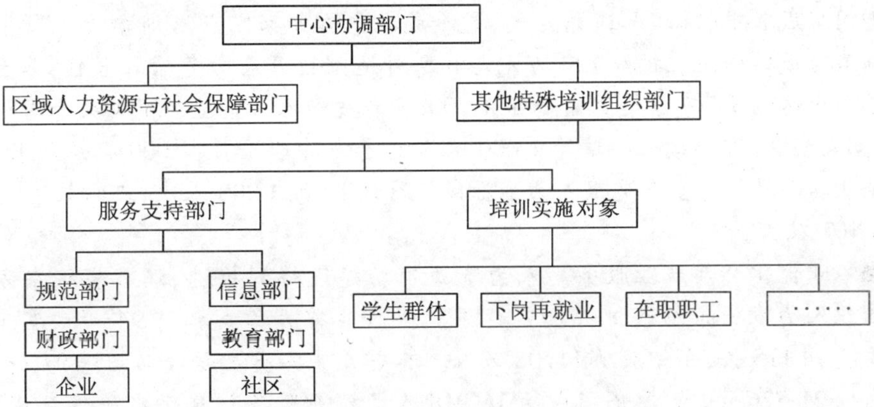

图5-1　社会职业技能培训组织体系

（一）中心协调部门

中心协调部门是对某一区域职业技能培训进行总体规划和总负责的部门，处于这一体系的核心。职业技能培训是一个庞大的社会运行机制，其中涉及的利益分配与社会资源配置牵涉到多部门、多主体间的协调与和解。如职业技能培训的受益群体如何确定，实施主体如何确认，实施平台如何建设，指标如何分配与下达，等等。这些问题的出现就需要一个在行政和社会资源配置上起关键作用的部门或机构进行统一的协调。

中心协调部门在各个技能培训领域也各有不同。就全社会而言，职业技能培训的中心协调工作应该归人力资源与社会保障部门，由其统领区域职业技能培训的规划和组织实施工作；就某个部门内部而言，其职业技能培训工作应由该部门统领,各级别的相应部门承担实施工作,形成自上而下的领导实施监督体系。

资料链接 5-1

坚持培训促进就业　统筹推进城乡就业①

贯彻实施促进就业扶持政策……创新人力资源管理服务政策体系开始建立。出台了《吴江区关于支持企业创新人力资源管理考核办法》《关于支持企业增强劳动用工竞争力的实施办法(试行)》《吴江区提升人力资源服务机构管理服务水平的考核办法》。贯彻落实促进就业优惠政策。出台实施了"自主创业税收政策"和"企业吸纳税收政策",认定吸纳失业人员企业 2 家,发放社会保险补贴 190 人,发放物价补贴 90 444 人次 491.3 万元,发放困难补助金 220 人 22 万元。

积极开展特色技能培训,实训基地建设不断强化。投入 200 万元,启动使用交通学校实训基地;在吴江区丝绸中等专业学校落地运行现代纺织业实训基地;新增同里成教中心、江苏通鼎光电、盛泽成教中心 3 家定点培训学校。"1+6"实训基地成效明显。投入 120 万元与 6 所外地院校开展劳务输入合作,截至目前已向中达电子、恒力集团输送了 1 200 多名技能人才。企业内"双千培训工程"启动实施,即连续三年培养 1 000 名人力资源管理人员,1 000 名班组长,助推企业转型升级。全年完成人力资源岗位培训 12 期 1 200 人次,班组长培训 16 期 1 107 人次。

不断优化公共就业服务。人力资源市场建设得到推进,江苏省级东方丝绸纺织人力资源市场获批并加紧建设。全区共举办各类招聘 943 场,发布招工信息 14 115 条,介绍成功 11.08 万人。其中开展各类主题援助招聘 97 场,提供岗位 21 776 个,免费介绍成功 16 918 人。就业服务信息化水平继续提升。"吴江区就业新干线"就业服务网络实现全区 250 个村、60 个社区的全覆盖,全年累计发送推荐就业信息 21 355 条,发布各类求职信息12 180 条和招聘信息17 870条。

全面推进城市品牌创建,创建充分就业社区成果丰硕。2010 年我区申报创建充分就业社区(村)的 238 个村,58 个社区全部争创成功。创建国家级创业型城市全面推进。小额担保贷款制度继续优化,办理发放小额担保贷款 439 户,金额 4 400 万;贯彻实施一次性创业补贴发放工作,审核通过享受人员 6 户 1.2 万元;中国东方丝绸市场获苏州市"一镇一品"促就业创业活动一等奖;聘请了 9 位专兼职讲师和 2 位国家级讲师充实创业培训师资力量。

---

① 节选自《2011 年吴江区人力资源和社会保障工作总结》。

大力开展劳务招聘活动，兵分“十路”忙招聘。去年初，组织部分企业，分成十路奔赴全国十余地开展人力资源招聘活动，共提供岗位6 500多个，现场招聘1 000多人，5 000多人达成就业意向。广泛搭建人力资源合作平台，与20多家职业院校及当地人力资源公司达成了劳务合作意向。宣传吴江就业服务品牌，精心制作了《吴江就业指南》，全面宣传吴江良好的生活、就业环境，打造吴江良好的就业服务品牌。

从以上资料中我们可以看出，一个区域的人力资源与社会保障部门对本区域的职业技能培训起到整体规划和组织实施作用。这里包括相关政策法规条例的制定或建议、技能培训资金的分配、实训基地的选择与建设、培训成果的推广与迁移等。同时也可以看到，在社会职业技能培训中，社区、企业、财政部门、教育部门等均参与其中，各司其职，在人力资源与社会保障局的统领下完成相关工作。

资料链接 5-2

吴江国税出口退税培训推新模式——QQ截屏快速答疑①

“一个截屏，以往个把小时都找不出症结在哪里的情况，现在三分钟就能搞定。”吴江开发区某电子企业财务在QQ留言上说。记者从吴江国税局获悉，该局出口退税管理部门利用QQ群推出的辅导培训新模式，有效克服了常规培训的时间和空间限制，办税效率得到很大提高，深受纳税人欢迎。

近年来，由于出口退税管理软件频繁升级，税务端和企业端软件的操作界面和操作模式风格迥异，导致纳税人遇到操作问题通过QQ或电话咨询时，税务人员的解答也经常卡壳。很多情况下，只能依靠企业财务自行摸索，解决疑难。

针对这一情况，吴江国税局出口退税管理部门利用QQ群易传播、可互动、能截屏的特点，推出了以纳税人业务骨干为师资的QQ辅导培训新模式。首先，鼓励经验丰富，业务熟练的办税人员总结、整理软件操作技巧，罗列常见问题的产生原因和解决办法等，撰写成经验文章上传至QQ群共享。其次，让部分纳税人骨干和税务干部共同担任QQ群主，税务干部主要解答政策咨询，纳税人骨干主要解答企业端软件操作问题。

国税出口退税培训是以国税局退税管理部门为中心协调部门组织的部门内部培训。这种培训具有较为明显的部门和专业倾向，是依据现实问题的产生而实施的快捷、科学、便民的培训服务。这是社会职业技能培训体系之内的培训项目，但是其组织部门却可以不受人力资源与社会保障部门整体规划的限制而灵活开展，体现了组织体系构成的灵活性和开放性。

---

①　资料来源：搜狐新闻。http：//sz. sohu. com/20140103/n392887336. shtml

（二）服务支持部门

服务支持部门是围绕在中心协调部门以外的，以支持职业技能培训工作顺利开展的一系列机构的有机组合。前面提到，职业技能培训是一个规模较大的系统工程，涉及各行各业、各利益群体的资源配置及工作协调。这就需要各部门通力合作，各司其职，以保证受训群体培训的顺利。从职业培训的实施过程来看，服务支持部门主要包括以下几个主体：

1. 规范部门

规范部门是对职业技能培训的各项细节进行规范并以相关制度或章程固定的部门。由于职业技能培训涉及面向群体、资金支持、培训过程等诸多细节，通过拟定的相关章程，让各项事务能够按照一定的要求和规范顺利进行。对于各级行政机关，规范的制定通常以实施办法、管理条例等的形式进行。诸如《吴江区关于支持企业创新人力资源管理考核办法》《关于支持企业增强劳动用工竞争力的实施办法（试行）》《吴江区提升人力资源服务机构管理服务水平的考核办法》等，对培训实施前、实施过程以及实施后的效果评价等进行事先规定。美国十分重视职业培训立法，并根据社会经济发展水平不断调整与完善，迄今为止，针对职业培训发展中可能出现的各类问题颁布了几十个法案，有效地引导了职业培训的良性发展。而在我国，与职业教育与培训相关的法律法规却少之又少，各地区制定的条例和制度也缺乏执行力，这就为各地区保障职业技能培训工作的开展敲响了警钟。

2. 信息部门

信息是组织机体的血液，通过它将组织机体各组成部分和管理对象（人、财、物）有效地组合起来形成一个相互联系、分工有序的有机体。信息是任何组织活动的基本前提，没有一定量的信息，就谈不到活动有序的组织，只有通过信息传输把组织各个部分、各种因素联系起来，才能使组织按照预定目标活动；只有通过信息传输，才能消除组织各部分间的不确定性，明确各自的权利和义务，并使各自的行动与组织整体目标配合起来、协调起来；只有通过信息及其传输，才能使组织结构从无序到有序，从而形成耗散结构。职业技能培训的组织体系中同样需要信息的挖掘、交换与共享。这里的信息包括职业技能培训需求信息，职业技能培训对象的信息，社会经济转型发展对职业技能提出的新要求，社会可以提供的职业技能培训平台和承载量，政府部门可以提供的包括资金、人员、政策等在内的各项支持等。这些信息来自于各部门，同时也在各部门间进行分享和使用，以确保计划的制订、执行与评估更为有效。

3. 财政部门

财务部门是负责职业技能培训过程中各项经费的收入、支出与管理的部门。

对于职业技能培训涉及的企事业单位、培训团体或个人而言，财务部门如何根据培训计划制订出科学高效的收支计划，如何将资金用在“刀刃上”，如何发挥资金为技能培训带来的效益最大化。这些问题绝不仅仅是简单的拨款就可以解决的。尤其是面对一些行业紧缺型人才，如何通过制定相应的财政补贴等鼓励政策去引导社会成员进修，以补充企业转型对高技能人才的需求，这不仅需要财政部门斟酌，更需要与企业和人力资源部门相配合制订出合理的资金分配计划。

4. 教育部门

教育部门是职业技能培训的主要实施部门。由于职业技能培训的独特性，在此框架下对教育部门的定义有别于普通教育的定义。就职业教育领域而言，教育部门包括各类普通高校、大中专院校、企业、社会培训机构等。这些教育部门通常承担着不同类别的教育任务。如高校和大专院校通常以理论学习为主，兼具实训实践教学；中专院校、企业则重点以实训教学为主，在实践中沟通理论。而社会培训机构则更多地服务于职业资格证书的培训和考核。如何将类别多、涵盖广、数量大的职业培训机构进行有效整合，破除传统利益链条，沟通不同类型培训的长处和优势以形成社会技能培训的合力，这是职业教育理论工作者始终致力于完成的理论建构和实践探索课题。

5. 企业

前面提到企业是职业技能培训的主要实施部门。除了这一角色之外，企业还具有消化培训人员就业、提升职业技能培训层次、指导职业技能培训方向的功能。企业是社会人员就业的主要渠道之一，除了对社会人员进行必要的职业技能培训，同时也为培训人员提供适应的工作岗位。此外，企业的运行状况真实地反映了区域经济转型的过程，通过了解企业对人才需求的变化，行政部门可以更加准确地制订出职业技能人才培养计划，为区域职业技能培训的现在和未来发展奠定现实基础。

6. 社区

社区教育正在成为中国全民教育的重要实施平台。社区化的居民组织形式让更多的社会培训资源开始汇聚到社区，或以社区的形式进行组织和开展。在职业技能培训的组织体系当中，社区是“单元”。未来的职业技能培训可以以社区为单位进行需求评定、人员登记、培训实施甚至是培训考核。

（三）培训实施对象

前面提到，在我国，培训实施对象包括学生群体（大学生、初高中毕业生）、下岗再就业人员和特殊人员（妇女、残疾人、少数民族、现役及退役军人）、劳动力转移（本土、国外）、在职职工（职业提升、转岗培训）等。不论何种群体，培训实施对象均是职业技能培训组织体系中的受益群体，即整个技能培训体系的服务对象。它处于培训组织体系中的每一个部分,计划制订、培训实施、资金调拨等都需要依据培训对象的需求而定。培训对象可以是孤立的个人,也可以是以一定因素结合在一起的团体;可以是具有独立诉求的培训个体,也可以是在一定工作环境下受上级指派等而提出定向培训的个体或团体。但是组织体系对培训实施对象的影响是相互的。培训的组织虽重在满足技能缺失或有技能提升需要人员的培训需求,但是组织体系也将以经济环境、人力资源市场、企业对人才需求变化情况等为依据制定相关培训政策,从而引导部分社会成员选择具有一定倾向性的培训项目。

四、组织体系建设原则

(一) 市场导向原则

市场导向原则,即以市场为导向,有重点地加强职业技能培训。职业技能培训应以市场需求为导向,坚持为就业服务、为提高劳动者素质服务的指导思想。就业是民生之本,满足市场导向就业机制下劳动者对提高职业技能和职业变化能力的需要,具有现实意义。如果某一行业或专业人才的培养过剩,或者完全可以通过普通高等教育和大中专教育满足市场需求,就可以不借助职业技能培训平台进行。

(二) 不同群体不同对待原则

由于不同劳动者知识水平、身体素质存在差异,因此就必须坚持以人为本,开发劳动力资源,针对不同就业群体的特点,提供具有针对性、有效性、实用性的职业技能培训原则。例如,对于组织下岗职工再就业培训,就应该注重以人民大众生活中较为紧缺的技能人才为目标;对于企业转型所需要的人才层次提升,就应该注重将高技能人才作为此种培训的目标。两者之间在培训方法、内容选择、培训形式上是有根本区别的。

(三) 职业技能培训与创业培训相结合原则

创业培训是促进再就业的一种有效形式,以创业带动就业是缓解就业压力、提升培训效能的重要措施。帮助参加创业培训人员尽快掌握创业基本要领,实现尽快开业,并有效地吸纳其他人员就业,形成良性循环机制,对经济发展具有重要意义。

五、组织体系运作方式与流程

(一) 需求评测

需求评测是组织体系的任务开端。职业技能培训的系统安排需要对市场进行充分考察和调研。需求评测阶段,人力资源和社会保障部门应该通过对一系列经济数据的分析,或以走访调查、深度访谈等形式,对本区域职业技能人才的需求现状进行摸底,以确定年度职业技能培训工种安排。

（二）计划制订

计划制订是职业技能培训实施的前期工作,也是决定培训工作是否能够顺利、高效开展的保证。计划的制订通常需要多部门联合进行以保证各项政策的合理落实。计划制订包括培训工种、招生计划、培训时间安排、培训场所安排、技能培训实施单位安排、财政拨款计划、培训费用收支计划、技能考核计划等。

（三）组织实施

在中心协调部门的组织下,各成员单位各司其职,分工协作,完成各机构被赋予的各项任务。一般人力资源与社会保障部门负责总体协调;以社区、企业、村镇等为单位组织相关人员进行咨询和报名工作;以普通高等院校、中高等职业院校、企业为单位进行培训的相关准备工作并负责制订培训方案,购置培训器材,编写培训教材,制定培训效果评估工具、组织专业人员开展培训等。

（四）过程监督

中心协调部门应对职业技能培训的过程进行监督和抽查。监督的方式分为两种:一种是自查,即根据事先规定的培训要求对培训结果进行抽查;二是开放式检查,由参加培训的员工、企业单位等对培训过程进行反馈以了解正在进行的培训是否按照预定目标开展。此外,对于培训过程中的资源配置、资金使用等情况,在必要时还应该邀请第三方开展审计和纪检工作。

（五）效果评定

效果评定工作可以以培训单位为主体,同时也可以引入行业协会的专家组成专家组对各工种的培训结果进行评定以进行等级或资格的授予。评定方法以各工种培训的需求为准,可以采取笔试、实训操作、成果展示等各种方式进行。对于特种行业的培训评定工作,应由专业人员按照国家规定的特种行业入职资格说明进行资格认定。

六、促进组织体系健康运行的具体措施

（一）加强法规建设

职业技能培训工作必须坚决贯彻《劳动法》《职教法》及与之相配套的各项规章制度,加快制定与市场导向就业机制相衔接的有关职业技能培训的法律法规和政策。劳动监察部门要加大执法监察力度。同时,通过加强宣传提高广大求职者和用人单位学法、懂法、执法、护法的自觉性,在全社会形成社会监督、舆论监督、行政监察全方位的“立体监督体系”。

（二）健全组织领导体系

建立省、市、区（县）和镇（乡）各级职业技能培训专门工作机构，设立专职人员负责具体管理工作。建立统筹协调、分工负责、相互协作的工作机制，发挥农业、劳动保障、教育、科技、建设、财政等各部门职能，协作抓实职业技能培训工作。

（三）建立多元化的培训投入机制

解决劳动者培训资金不足的关键是建立培训投入分摊机制，按照“谁投资，谁受益”的原则，形成多元化投资格局。首先，政府应加大对劳动者培训的扶持力度；其次，劳动者素质的提高、技能的增强能使其所在企业直接受益，企业应增加对劳动者培训的投入；再次，劳动者参加培训可以提高自身的人力资本，有助于在竞争激烈的环境中谋求到更好的工作岗位，增加更多的就业机会，提高收入水平，因而劳动者应该积极参加培训，在费用合理并且自身可以承担的情况下，分担小部分培训费用。

（四）建立形式多样的培训方法体系

根据劳动者的需求，统筹城乡的教育资源，发挥各类学校的优势，积极鼓励支持社会教育机构承担农村劳务输出的专业技能培训任务，形成多形式、多渠道、多专业、多途径的劳动者教育培训格局。要有计划、有步骤、有目标地进行，做到长短结合、优势互补，基础性与实用性相结合。如针对砖瓦厂的技工可以实行现场培训的方法，对于养殖场等专业性较强的产业应注重理论知识的培训。

（五）鼓励劳动者走技能成才之路

鼓励劳动者学习新知识和新技术，钻研岗位技能，积极参与技术革新和攻关项目，不断提高运用新知识解决新问题、运用新技术创造新财富的能力。开展技能竞赛、技术创新、同行交流活动，促进技能劳动者学技术、比技能、岗位成才风气的形成。提高高技能人才待遇水平和社会地位，加大对做出突出贡献的高技能人才的奖励表彰力度，激发技能劳动者努力钻研技术技能的热情，努力营造有利于高技能人才成长的社会环境。

（六）打通信息服务体系

加大信息平台建设，加强地区之间的交流，实行输入地与输出地联动机制，使劳动者培训一体化。劳动者的经常性流动导致了他们常常不在同一个区域，因此，在劳动者转移过程中，对劳动者的培训仅依靠某一个区域完成越来越不现实。各级地方政府在制定劳动者职业技能培训规划时应站在全面建设小康社会、解决“三农”问题的高度，不仅要考虑本地区所属劳动者，同时还应考虑外地流入的劳动者，确保劳动者培训一体化，加快人力资源流动。同时，实行校企联合，订单培养，提高培训的实效性。校企联合，订单培养，既可以根据企业所需岗位进行定向培养,又便于理论与技能及相关知识培训,促进劳动者技能与素质同步提高。最好的方式是在地方政府统筹下,企业与驻地高中等职业院校、技校、培训学校联合,政府和企业将培训补贴给相关学校,学校按照企业的要求设计培训内容,以确保劳动者职业培训与就业岗位相衔接,符合企业发展需要。

(七) 营造良好的舆论氛围

政府、社会公共机构要通过各种宣传媒介,多层次、全方位地宣传劳动者职业技能培训的重要意义,使全社会都深刻认识到劳动者培训是农村富余劳动力转移和城镇化建设的需要,是破解"三农"问题、全面建设小康社会的重要步骤,以取得全社会对劳动者职业技能培训的支持和认同。同时,注重宣传劳动者培训后的就业、创业典型,通过典型示范,在全社会形成"三百六十行、行行出状元"的良好风尚,努力营造有利于职业技能培训发展和技能人才培养的良好环境。通过舆论宣传,形成全社会知晓劳动者培训这一重要工程的良好氛围,提高劳动者参与的热情。

第二节　职业技能培训需求评测体系

一、需求评测体系的功能

(一) 确认差异

职业技能培训的目的简而言之即为"人无我有,人有我优"。无论是企业内部培训,还是社会全民培训,抑或是针对某一群体的专项培训,其目的都是要通过培训这一过程提升受训者在某一技能上的层次。需求评测的首要目的就是确定技能间存在的层次差异,并通过培训达到技能达标之目的。确认差距主要包括两个方面:一是绩效差距,即组织及其成员绩效的实际水平同绩效应有水平之间的差距,它主要是通过绩效评估的方式来完成的。绩效评估的方式多种多样,主要有实绩记录法、工作标准法、因素评定法、代表任务评定法、强迫选择法和目标管理评价法等。二是完成一定绩效的知识、技能、能力的差距①。

绩效差距的确认一般包含三个环节:一是必须对所需要的知识、技能、能力进行分析,即理想的知识、技能、能力的标准或模式是什么。二是必须对现实实践中的或现实缺少的知识、技能、能力进行分析。三是必须对理想的或所需要的知识、技能、能力与现有的知识、技能、能力之间的差距进行分析。这三个环节应

① 张志有:《试论现代培训需求分析》,《内蒙古民族大学学报》,2008 年第 3 期,第 109－110 页。

独立有序地进行,以保证分析的有效性。职业技能培训的需求分析也需要通过类似步骤科学推进。

(二) 改变分析

无论是何种培训主体,其潜在的培训需求均起源于对当前问题产生的反应。原有分析基本是针对组织及其成员的既有状况而进行的,当组织面临着持续动态的变革时,原有需求分析就可能脱离组织及其成员的实际状况,因而改变原有分析对培训显得尤为重要。当组织发生变革时,不管这种变革涉及技术、程序、人员,还是涉及产品或服务的提供问题,组织都有一种特殊的、直接的需求。那些负责培训和开发的人应及时把握住这些变化,改变原有分析,从而制定符合实际情况的培训规划和设计。

以社会职业技能培训为背景,当前的经济发展与转型带动了相应的经济实体寻求可持续发展与转型之路。当企业要实现劳动密集型向技术密集型转变之时,企业员工的技能水平也就须要进行质的提升以适应企业对高技能人才的需求。这种变革就需要领导层对现存的"技能储备"进行盘点和反省,把握企业生产和发展的需求,把握经济大环境的每一个宏观与细微变化,并改变原有的对形势的分析,寻求新的发展路径。而社会职业培训的需求评测正是以大环境为背景,以经济实体或个人对技能培训产生需求为导引,进而探求社会职业技能培训的主要需求群体、需求类型以及迫切程度等。

(三) 提供解决方法

需求评测的另一个重要功能就是为可能存在的技能培训需求寻找解决办法。在进行需求评测之时,评测部门在对技能缺陷进行查验和确认的同时须要认定:这种缺陷是否可以通过技能培训得到有效的解决。面对人才市场供大于求以及人才供给结构不合理的人力资源市场现状,用人单位或个人通过加大技能培训的投入力度是否能够达到经济效益最大化之效果?在得到肯定答案之后,根据员工培训的总体需求和个体需求确定技能提升项目的具体实施办法。

(四) 决定培训价值与成本

需求决定生产,培训需求的存在就决定了技能培训的价值所在。但是价值与成本比应该保证在合理的限度之内以保证培训价值最大化。某项技能培训是否适应当前社会对这一技能的需求,哪些技能具有潜在的市场需求,采取何种培训方式更能够起到较少投入较高产出的效果。这些都是在需求阶段须要充分考虑到的价值与成本衡量因素。

在全社会建立社会转型背景下的职业技能培训体系工程之中,除去政策性支持和倾向的培训投入外,培训效益最大化始终是决定培训资源投入方向与投入数量的关键指标。在市场经济环境之下，以效益去衡量一项技能培训的经济价值并不为过。但是在一些特殊职业领域，由于工作环境、技术工种危险性、人们的生活旨趣的特殊性，抑或是培训成本与回报比的"失衡"，使得一小部分技能的培训失去市场的支撑和认可，这就出现"培训市场热热火火，人才市场冷冷清清"的结构失衡局面。简单说来就是人才培养与市场需求脱钩。个别所谓的冷门技能专业缺工现象十分严重，但是在培训市场却遭遇"闭门羹"。市场经济在资源配置中发挥基础性作用产生"反向效果"之时，"政府调控"保证效率与公平的作用将对这一缺陷进行弥补，即在保证培训的经济价值的同时兼顾其社会价值。

（五）形成研究与实训基地

社会职业技能培训的实施主要依靠具备资质的研究与实训基地。研究与实训基地的来源主要依靠当地高校、职业培训学校、企业、社区等具备固定研究与实训设备和优质培训师资的企事业单位。需求评测的过程也就是形成某一技能培训与研究基地的过程。当社会对某一技能人才的培养无法满足社会需求之时，需求评测体系随之启动并开始对这一技能人才缺失的情况进行深度调查，其中技能素养结构决定了评测体系对培训基地的选择。如果某一技能强调对专业知识的深谙和知识与技能的紧密结合，那么高职院校甚至普通本科高等院校可能是最佳选择；而对于普通技能的简单培训需求，企业或者一般的社区培训学院就可以组织相关人员进行有效的培训。对于区域内某一技能培训基地建设的缺失，需求评测部门还可以通过实地调研和论证，引入区域外部优势资源进行基地建设，或开展人才培养共建工程，既解决本地区某一技能工种工人的缺失情况，又实现本地区这一技能人才培训基地与人才培养的长效机制的建设。

二、几种企业需求分析模型及其启示

鉴于职业技能培训自身的特点及生存环境的趋同，社会职业技能培训的需求评测模型与企业需求分析模型存在着较大程度的相似，在此我们以几个较为知名的企业需求分析模型来探索全民职业技能培训需求分析模型的建构。

（一）Goldstein 模型

20 世纪 80 年代，I. L. Goldstein、E. P. Braverman、H. Goldstein 三人经过长期的研究将培训需求评价方法系统化，构建了 Goldstein 模型。该模型将培训需求分析分成了三个部分：组织分析、任务分析和人员分析，如图 5-2 所示。

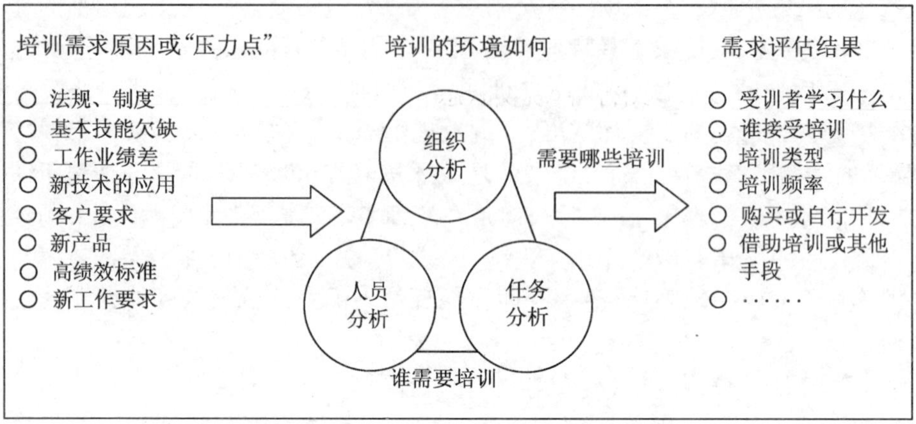

图 5-2　Goldstein 三层次培训需求分析模型流程

Goldstein 认为培训需求分析应该从组织、任务、人员三个角度进行。在该模型中，组织分析是指在组织经营战略的条件下，判断组织中哪些部属和哪些部门需要培训，以保证培训计划符合组织的整体目标与战略要求；任务分析是指通过分析完成该项任务所需要的知识、技能和态度，由此确定与任务相关的各项培训内容，并定义各项培训内容的重要性和掌握的困难程度；人员分析是从员工实际状况的角度出发，分析现有情况与理想任务要求之间的差距，即"目标差"，以形成培训目标和内容的依据。Goldstein 认为通过这三方面评价结果的比较和综合，就能揭示出培训任职者最必要的知识、技能和态度。在这里，组织分析是任务和人员分析的前提，任务分析更侧重于执业活动的客观要求方面，即理想状况，而人员分析更侧重于员工个人的主观特征方面的分析。

该模型是培训需求分析的重要理论基础，它最大的特点就是将培训需求分析看成了一个系统，进行了层次上的分类，它使培训需求分析的对象不再局限于对员工或对组织，它通过将组织、任务、人员的需求进行整合，使得培训需求更加全面化，分析结果更加科学化。将培训需求分析分为组织分析、任务分析、人员分析三个部分，其分析重心、分析目的、分析方法各有侧重，将使企业的培训计划更有针对性。该模型是一个较为全面的培训需求分析模型，也是目前学术界普遍认同的培训需求分析模型。

该模型在我国的直接运用尚有一定不足。其一，模型虽然考虑了企业战略、组织资源对培训需求的影响，但是忽略了外部环境的影响。根据我国国情，国家政策的影响不可忽视。因此，还应重视对国家政策、行业规范等外部环境的分析。其二，模型对人员进行分析主要集中在员工绩效现状与理想水平的差距上，关注的是员工"必须学什么"以缩小差距，而没有重视"员工想学什么"。其三，该模型很难找到具体可操作的分析方法，缺乏简单有效的识别工具。

（二）培训需求差距分析模型

美国学者汤姆·W. 戈特将“现实状态”与“理想状态”之间的“差距”称之为“缺口”。如图5-3，该模型是通过对“理想技能水平”和“现有技能水平”之间关系的分析来确认培训需求的。模型主要包括以下两个方面的思想：第一，只要“理想状态”形成，“现实状态”便会与之构成差距——包括现有知识程度与希望达到的知识程度之间的差距，现有能力水平与希望达到的能力水平之间的差距，现有认识、态度水平与希望达到的认识、态度水平之间的差距，现有绩效与预期的绩效之间的差距，已经达到的目标与要求达到的目标之间的差距，现实中的劳动者素质与理想中的劳动者素质之间的差距，等等。第二，培训需求是由差距的形成而产生的，即培训需求 = 理想状态 - 现实状态。企业人力资源培训与开发的广泛实践更是证实：任何培训活动都旨在消除或缩小这种差距。

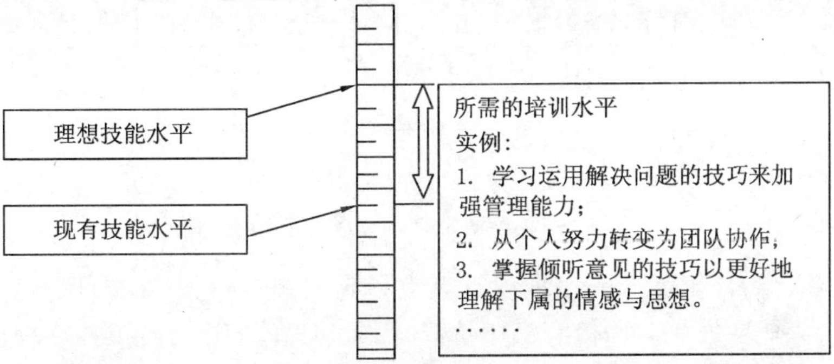

图5-3　培训需求差距分析模型

应该说，培训需求差距分析模型较好地弥补了 Goldstein 模型在人员分析方面存在的操作性不强的缺陷。然而，我们同样可以看到，该模型未能对企业战略对培训需求的影响给予足够的关注。换言之，该模型仍属于传统培训模式，因为模型所关注的是员工“必须学什么”以缩小“差距”，然后对此“学习需求”做出响应，给出相应的“培训方案”。可以看出，其有效性依赖于一个假设前提，即“培训活动 = 绩效提高”。进一步的分析表明，这一假设前提又至少包括两个命题：一是绩效问题100%是因为知识、技能与态度不逮，二是培训能100%学以致用转化为员工绩效。然而，Joe Harries 的研究发现：“绩效问题最常见的问题不是缺乏知识与技能。”G. Rummler 更是强调“仅靠培训几乎从未解决过问题”。尽管如此，该模型关于“培训旨在缩小差距”的思想还是极有见地的。

（三）前瞻性培训需求分析模型

前瞻性模型由美国学者 Terry L. leap 和 Michael D. Crino 提出。将“前瞻性”

思想运用在培训需求分析中是该模型的精髓。他们认为随着技术的不断进步和员工在组织中个人成长的需要,即使员工目前的工作绩效是令人满意的,也可能会因为需要为工作调动做准备、为职位的晋升做准备或者适应工作内容要求的变化等原因提出培训的要求。前瞻性培训需求分析模型为这些情况提供了良好的分析框架,如图5-4所示。

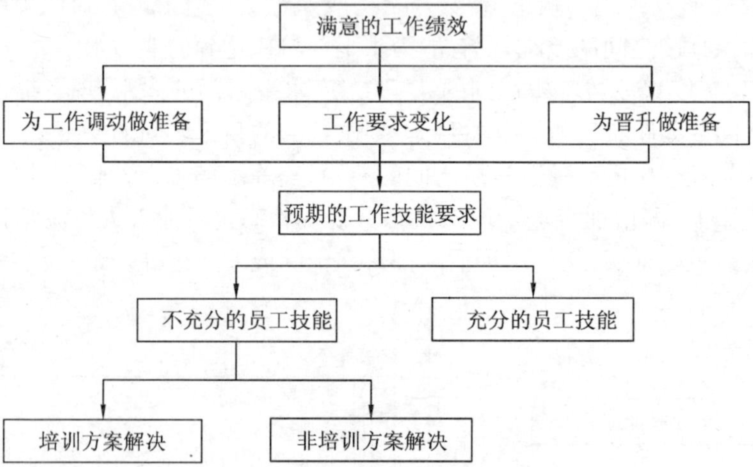

图5-4　前瞻性培训需求分析模型

可以看出,该模型下的培训设计具有一定的"前瞻性",在确保员工任职能力跟进个人职业发展方面极有实用价值,而且对"不充分的员工技能"还区别具体影响因素给出相应的培训方案或非培训方案。然而,该模型的"前瞻性"未必都是对战略与业务发展要求的响应,存在着与企业战略目标相脱节的风险。由于企业缺乏明确战略规划,如果直接依据企业战略规划书或经营管理报告等企业文献得出前瞻性的实质内容,这种风险将更大。

(四) 胜任特征模型

确定特定职务的胜任特征是培训需求评价的新趋势之一。根据"跨国公司人才资源开发研究"课题组的调研发现,越来越多的在上海的跨国公司采用胜任特征模型来分析公司的人员培训与发展需求。

胜任特征(competency)是指能将某一工作(组织、文化)中表现优异者与表现平平者区分开来的个人的表层特征与深层特征,主要包括知识、技能、社会角色、自我概念、特质和动机——任何可以被可靠测量或计数的,并且能显著区分优秀绩效和一般绩效的个体特征。胜任特征模型(competency model)则是指担任某一特定的任务角色所须要具备的胜任特征的总和。这种胜任特征分析不只局限于组织、任务或人员分析的某一个层面,同时也强调需求分析和培训结果应能提高受培训者对未来职务的胜任特征。各种胜任特征如同冰山,露出来的部分仅代表表层的特征,如技能、知识、社会角色、自我形象等,这些能够感知到,但不能预测或决定能否有卓越的表现。而处在水下部分的深层胜任特征,如动机等却决定人们的行为表现。

可以看出,胜任特征模型不但可以较好地弥补 Goldstein 模型在任务分析方面存在操作性不强的缺陷,而且该模型强调了培训的"岗位绩效导向",将员工培训引入了解决绩效问题的范畴。越来越多的公司日益关注建立关键职位员工的任职资格等级体系,以明确各类员工的优秀工作标准,进而通过分析优秀工作标准与员工实际工作能力的差异来设计有针对性的培训课程。然而,与差距分析模型一样,该模型同样未能足够重视企业战略对培训需求的影响。从雇员开发工具发展成为一种有效的培训需求分析工具后,该模型也注意到了经营战略的变化会产生新的胜任特征需求或改变原有的胜任特征要求,即带来企业员工培训需求的变化。然而,建立胜任特征要求相当专业的访谈技术和后期分析处理技巧,且耗时费力成本高。

(五) 以战略为导向的培训需求分析模型

这个模型认为,企业战略与员工培训需求之间存在着密切的联系。模型指出,企业在发展进程中,其经营战略的选择和演变将影响员工培训需求。企业战略是一个动态的概念,它总是随着企业的成长与发展不断地调整和变化。培训需求的识别不仅要忠实地反映企业现行战略,而且应具有前瞻性,即通过培训预防或避免某些可能出现的问题,为企业战略的实施铺平道路,促进战略目标的最终实现。战略性人力资源目标的确立,为整个培训活动指明了方向(如图5-5)。

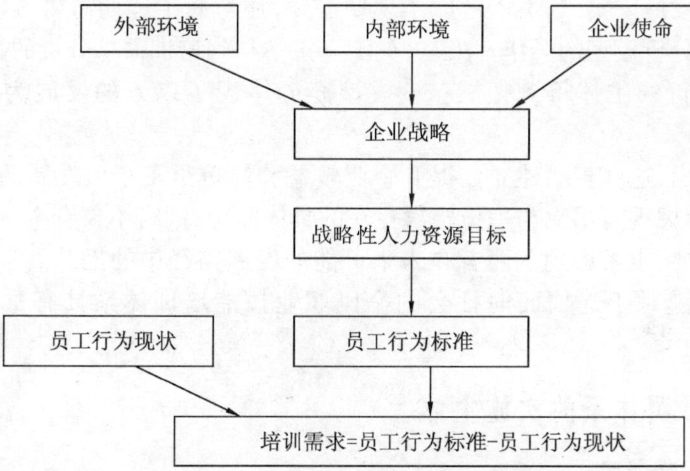

图5-5　以战略为导向的培训需求分析模型

以战略为导向的思想弥补了差距分析模型和前瞻性分析模型的不足,将培训需求分析的重点转向了组织。但是本模型仅从理论上阐述了企业战略与培训需求之间的联系,对如何通过战略分析得到员工的行为标准,并没有实际操作的说明,降低了可操作性。此外,模型过度依赖战略目标和行为标准,认为需求的产生来自于战略要求和员工现状的差异,忽略了组织其他要素以及员工个体需求。

(六) 以生涯为导向的培训需求分析模型

本模型认为,在对待企业与员工关系上,企业与员工是两个平等的利益主体,承认员工个人利益与企业组织利益的相关性,不存在谁的利益优先,认为企业发展应建立在全体员工的个人发展基础上,企业培训与员工职业生涯规划应该相结合(如图5-6)。

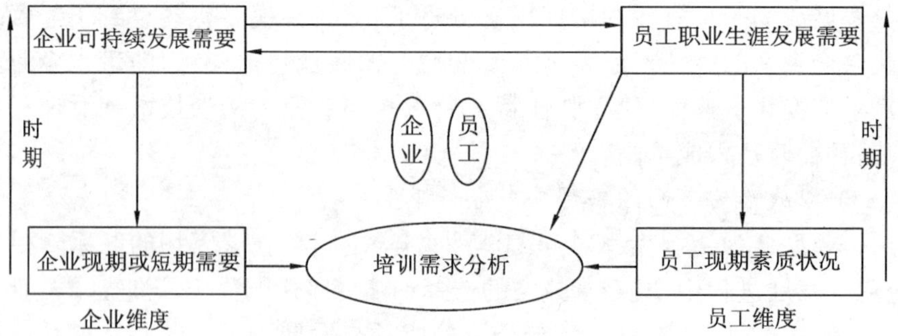

图5-6 以生涯为导向的培训需求分析模型

该模型克服了以往非职业生涯导向下的培训需求分析模型缺陷,呈现出了三大特点:第一,将企业组织的需求与员工职业生涯发展需求进行结合,尊重了员工的个体发展。第二,不仅考虑了现期需要,还考虑了远期需要,这是对前瞻性培训需求分析模型的升华。第三,员工真正参与到培训需求分析的过程中,使培训需求评价的主体得到拓展。该模型充分体现了以人的发展为本的重要思想。

可以看出,这些模型建立在提升企业效益和注重员工个人发展两方面基础之上,充分考虑现有层次与理想层次存在的具体差距,同时不仅有企业和员工近期发展的需要,也考虑到了两者在未来可能的发展路径中的提升需求。这些模型内涵的精髓对于建构面向社会的全民职业技能培训体系具有重要的参考价值。

三、需求评测体系的实施主体

(一) 行政部门

一般而言,企业的需求分析工作由其人力资源部门统筹完成,即培训需求分析是人力资源统筹发展的领域，是员工个人发展与企业发展相融合的过程。在面对社会转型的大背景时，全社会的职业技能培训也需要一个具有执行力和前沿信息获取能力的核心部门统筹领导。这一核心部门通过实地调研、科学分析，以政策制定和执行的方式对职业技能培训进行需求分析，并作出相应反应。这一部门可能是一个地区的发展与改革委员会，也有可能是人力资源与社会保障部门，还有可能是商务部门，抑或是多部门联合成立的统筹委员会等。但无论是何种部门，作为行政部门的角色，其在进行需求评测之时应注意地区职业技能培训的“有点有面”、“重中兼顾”、“发挥优势”和“前瞻效果”。

所谓“有点有面”，即社会职业技能培训不仅要以技能工种为单位进行培训，还要注重职业大类的整体协调性，形成职业大类技能的“通识效果”；既要以优秀企事业单位为基地开展技能培训，同时也要注重以基地为辐射带动区域技能培训的社区化、普及化和日常化；既要满足地区经济发展对部分热门技能工种的培训需求，同时也要注意保持地区职业技能培训的涉及面，长期维持技能工人供需稳定的局面。最终目标是要有点有面、以点带面，形成区域职业技能培训的辐射与影响，带动职业技能培训体系的不断完善和良好风气的形成。

所谓“重中兼顾”，就是在发展区域紧缺技能工种、热门技能工种培训的同时注重“边缘工种”、“全民普及工种”的培训工作。既要满足部分企业行业对某一技能工种工人的市场需求，同时也要将全民职业技能培训，尤其是具有普及性质的生活家政培训等作为地方职业技能培训工作的长期计划加以推广，发挥职业技能培训的社会效益，构建全民学习、全民提升的“学习型”社会。对于社会较为紧缺，却由于培训效益不明显的培训项目，行政部门应发挥行政资源优势，以政策鼓励“边缘技能”的培训工作并使之成为具有辐射影响的该工种合格工人的输送基地。

所谓“发挥优势”，即根据区域人力资源储备数量及结构特点，挖掘本地区人力资源的数量或结构优势，充分提升优势资源的整体层次，进而发展并推高某一行业的人才队伍质量，从而有助于区域企业行业、全民教育实现升级转型。以此为契机，打造区域人力资源品牌项目，进而发展特色人力资源培训产业链，实现对地区行业和周边同等行业的比较人力优势。

所谓“前瞻效果”，即行政部门要发挥其作为“信息喉舌”部门的优势，通过对区域经济发展相关数据的分析，通过对企业管理层和员工、社区居民、毕业生、留守妇女等群体的走访调查，通过对更广区域甚至全国经济发展走势与政策颁布的预判，开发具有市场潜力和前瞻性的培训项目。前瞻效果会在很大程度上创造出比普通项目培训更大的经济效益和社会效益，并能够以人员培训为纽带带动地区某一新型产业的发展。

(二) 培训对象

培训对象是技能培训的受益群体,同时也是技能培训的反馈主体。在需求评测体系当中,培训对象是最直接、最基层的需求表达方。来自培训对象的培训需求是最真实的,也是“最接地气”的。其缺陷是往往只以个人或小团体的利益来发表诉求,无法站在宏观的角度去整体分析并合理实施区域职业技能培训。

全民培训对象的包含范围很广,可以是企业职工,也可以是下岗再就业人员;可以是高校毕业生,也可以是初高中毕业生;可以是农村转移劳动力,也可以是城镇闲散人员;可以是社会弱势群体,也可以是具有较高学历层次或技能水平人员。总之,各行各业、各种生活背景的社会群体均可以成为全民职业技能培训对象的一员。每个人可能属于其中某一领域,还可以同时分属几个领域,在不同的领域之中,以不同的身份可以表达不同的培训诉求。尤其是在社会转型背景之下社会多元发展带来的多元文化氛围,也让职业技能培训的发展更为多元。无论是在培训方式、培训内容的选择上,还是在培训诉求的表达上,多元的培训对象为全民教育的开展带来了新的机遇和挑战。

作为需求评测体系中重要的一员,其反馈培训需求的渠道也趋向于多元化。一般而言,传统的培训需求反馈方式是通过其工作和生活的上级领导部门与单位进行反馈。如企业员工向人力资源部门提出培训申请,进城务工人员通过所在企业或当地劳动保障部门提出申请,社区居民通过社区居民委员会的分管培训部门提出申请,毕业生向就业单位或就业管理部门递交申请,抑或是自主选择培训项目。此外,随着网络技术的普及和应用、培训市场的不断开放和市场化运作以及政民沟通的更为便捷,通过政务反馈、传统媒体与新媒体的发声与传播等途径同样可以引起相关部门对培训需求的关注。

(三) 行业企业

行业企业是社会人员培训的主要承载与实施部门。行业企业为了应对经济转型带来的人才技能提升需求而不断地采取员工培训措施以满足企业高技能人才的需求。企业的发展是地方经济发展的“晴雨表”,而人才又是企业发展的动力来源。行业企业对人才素质与结构提出的要求客观上反映了地方经济发展对人才素质和结构的需求。由于行业企业能够以个体乃至整个区域行业发展为视域对人力资源的开发需求进行判断,所以行业企业提出的人力资源需求评测具有较强的客观性和区域性,即行业企业同样也是需求评测体系中的重要主体。

行业企业对人才培训的需求反馈通常直接由行业企业内部进行协调和处理,即某一区域的企业或行业通过对全国同类行业的发展与人力资源配置情况的研究和判断,将之与本地企业与行业的人力资源配置现状进行比较,从而找出实然与应然之间的“水平差值”,以差值为依据,通过行业企业内部开发培训课程，组织培训的实施，完成对人力资源的升级。此外，以行业为单位进行的区域性职业技能培训项目也是职业技能培训需求的反馈形式。这种反馈往往带有政府决策和支持的背景，由政府支持，行业牵头，以企业为单位组织开展定向技能培训。

四、需求评测体系的建构

（一）评测方法

1. 基本数据分析

基本数据分析是基于区域经济发展一系列指数、就业创业相关统计数据、行业企业发展及人力资源配置相关数据等，针对数据背后反映的人力资源开发存在的缺陷提出的职业技能培训需求。一般情况而言，大数据的掌控和使用权归政府所有，具有数据资源优势的行政部门可以依据对大数据的科学分析，探索本地区人力资源开发存在的优势与劣势，尤其是企业行业近年招聘数据、区域人才引进数据、区域人力资源开发投入与产出比数据、区域失业率与再就业率数据、毕业生就业情况统计、区域居民参与社会培训情况等对于此类分析有着极其重要的影响。行业和企业可以根据行业或企业内部的相关数据，对员工技能培训进行预估和规划。

2. 实地调研

实地调研是深入剖析区域职业技能培训需求的方法，也是处理区域职业技能培训各项关系的最直接的方法。实地调研主要是针对企业用工情况、社区居民职业技能培训、社会弱势群体帮扶培训等培训主体的实施情况进行实地调研，掌握目前区域职业技能培训实施的一手资料，亲身实地了解目前区域职业技能培训的弱势，为下一步规划职业技能培训打好现实基础。实地调研是对大数据分析的补充，是基于基本情况下的更深层次情况摸底。除了政府层面组织的区域性职业技能培训实地调研以外，各用工单位、培训市场可以针对各自经营和影响的范围进行实地调研，以了解所辖范围人员的职业技能层次与培训的需求。

3. 开展访谈

访谈法是以深度访谈为平台，深刻了解社会人员对自身技能培训的需求度，以质性研究为工具，从访谈中了解各类社会人员对职业技能培训的认识和不同类型的职业技能培训需求。访谈法的特点是能够了解到数据背后隐藏的技能培训的社会元素，从字里行间和意见表达中了解普通民众对职业技能培训需求点的关注。访谈法的结论不能以偏概全，应注重一定成员访谈内容的汇集结果，并对访谈内容进行分类汇总和提炼，从中找出能够科学引导政策制定和资源投入的信息。

（二）以实现全民内在提升为导向的需求评测模型的构建——基于需求层次理论的思考

实现全民的内在提升是建设社会主义和谐社会、发展全民学习型社会的必要要求，也是社会转型背景下人民群众对多元文化生活与自我发展提升内在需求的回应。社会转型包含几种趋势：农村社会向城市社会转变，也就是从农民社会转向市民社会，越来越多的农民变为市民，人口的城市化率不断提高，是这一趋势的主要潮流；从工业社会向信息社会转变；从贫困社会向富裕社会转变等。这些趋势的形成都须要伴随着全民素质等内在提升的步伐同步前进。职业技能培训应该担负起终身学习社会建构的重任，并成为全民提升生活质量、实现个人发展的有力工具。

在这里，笔者想明确一下“内在提升”的内涵。内在提升强调的是个体由内而外的、饱含个人意愿的、从物质到精神的全面提升。具体而言，内在提升涉及民众生活质量的提升、职业发展空间的提升、个人内在成长，以及在“以人为本理念”下的和谐社会的构建。面向全民的职业技能培训体系是建设全民学习型社会的重要举措，也是提升全民谋生能力和基本素养的平台。所以应该参与到这一系列由物质到精神的提升进程当中并发挥主力军作用。

马斯洛把人的需求分成生理需求（Physiological needs）、安全需求（Safety needs）、爱和归属感（Love and belonging，亦称为社交需求）、尊重（Esteem）和自我实现（Self-actualization）五类，依次由较低层次到较高层次排列。生存在社会上从事职业的职工也是如此，首先职业需要满足其对维持自我和家庭生存的需要，这里包括马斯洛需要层次理论中的生理、安全和爱与归属感的需求。在满足这三种需求的前提下，个体提出了职业发展空间提升的需求，即需要凭借职业实现社会地位的提升和赢得他人对自我的尊重。当职业满足了以上四种要求之后，个体将追求内在成长所提出的各项需求，如理想的实现、理想精神家园的塑造、个人的能力发挥到最大程度、达到自我实现境界等。职业技能培训需求评测体系的建立，也将比照马斯洛需要层次理论的基本模型和内涵，探讨需求评测的不同层次及升级机制。

如图5-7，当个体对职业的需求停留在维持个人及家庭生存、维护个体和家人安全，进而实现家庭归属感存在的层次时，职业技能培训的需求将主要解决个体的谋生和定位需求。如农民工进城务工培训、下岗职工再就业培训、社会弱势群体就业培训、失业青年再就业培训、毕业生求职创业培训等。当个体对职业的需求上升至对职业发展空间提升需求，想要通过职业获取社会尊重以及提升社会地位之时，职业技能培训将重点加强高层次技能人才培训、企业中高层进修培训、职业技能提升培训等具有拔高性质的社会培训，如在职职工技能提升培训、转岗技能培训、高层管理能力进修、第二专业学习等。当职业技能已经满足了个体的基本需求和尊重需求后，职业技能培训将重点转向对个体兴趣爱好的拓展培训，鼓励个体成为职业技能培训的支持者、奉献者，如基于个人兴趣爱好的职业技能培训、技能交换、技能无偿传播、技能无偿服务社会，基于兴趣爱好的创业活动培训等。

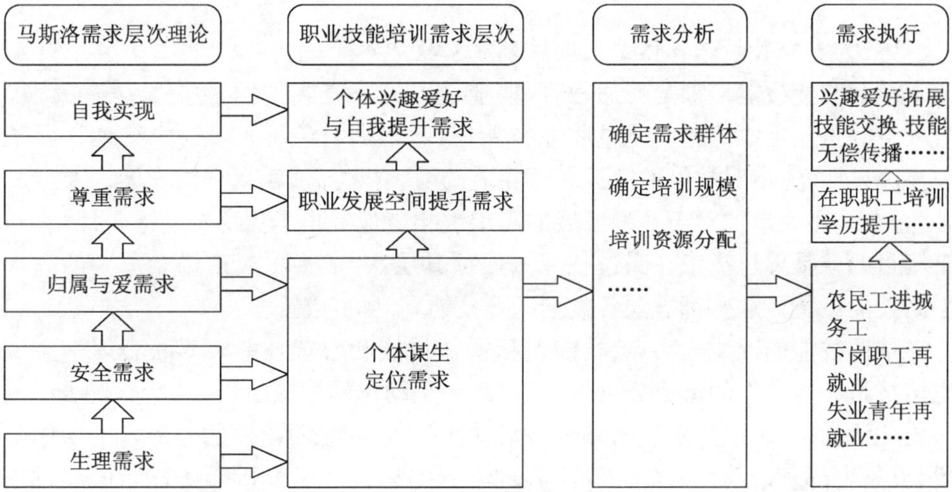

图5 7　基于需求层次理论的以实现全民内在提升为导向的技能培训需求评测模型

需要指出的是，确定社会各层次人群的具体需求以及确定理想层次与显示层次的差异是该模型执行的难点所在。在模型确定的三层次基础之上，需求评测三方主体要依据自身的优势和特点开展需求评测工作。如企业要关注新晋员工、老员工、中高层的不同培训需求；政府要关注并通过调研获取区域农民工务工群体、下岗再就业群体、失业青年就业群体、在职职工技能培训群体、社会第二专业进修群体、职业兴趣培训群体等的大致情况，并依据调研结果分配培训资源，确保区域培训工作结构合理；个体要明确自身所处的层次并依据自身判断选择合适的职业技能培训种类以满足自身不断发展的各项需求。

当然，针对不同层次需求所进行的相应职业技能培训也不是一成不变的。农民工进城务工培训也有可能是实现社会地位提升的需求，同样，第二专业的学习也有可能是满足基本谋生的需要。由于社会群体的需求受到各种因素交织的影响，所以对于需求层次的判定以及相应的职业技能培训工作的开展也须要进行灵活处理，在总体政策制定的前提下定期进行微调，注意吸纳各评测主体的意见，促进职业技能培训需求评测系统的负熵运转。

第三节　职业技能培训课程设计开发体系

一、课程设计开发体系的意义

（一）以完善的课程体系促进培训对象技能水平的高效提升

社会职业技能培训是普通教育、职业教育的补充或延伸，也是成人教育、终身教育的重要组成部分。通过职业技能培训，培训对象可以较为系统地学习某项技能，进而凭借对技能的掌握获得相应的谋生机会，或满足个人发展需要。此外，企业等用人单位对于转型发展的需求也相应地提出了员工技能提升计划，其直接目的就是要让员工在岗位技能方面提升层次，成为更具市场竞争力的高水平高技能员工。这些都需要各类型职业技能培训的实施。

按照技能的性质与特点，技能包括操作技能和心智技能。苏联心理学家加里培林将心智动作的形成分为五个阶段：一是动作的定向阶段，二是物质活动或物质化活动阶段，三是出声的外部言语动作阶段，四是不出声的外部言语动作阶段，五是内部言语动作阶段。我国心理学家冯忠良通过分析操作技能形成过程中的动作特点，并从教学实际出发，整合了有关研究，认为操作技能的形成过程可以分为操作的定向、操作的模仿、操作的整合与操作的熟练这四个阶段。在这些技能形成阶段中，我们都可以看到技能形成所需要经历的系统化的知识定位、动作训练、技能内化与整合的过程。在这一过程里，知识的获取、操作的学习与训练、动作的熟练与内化等都须要经过较为严密的指导和教学（包括自学），而一套系统完善的课程体系就是这一过程顺利运行的基础。课程体系囊括了某项技能形成过程中所需要的知识储备、技能训练指导以及实践操作指南，以课程为载体的技能训练过程可以有效地避免动作浪费，减少重复训练和无意义学习，进而提升学习的效率。

（二）促进培训对象综合素质的养成

无论是企业还是个人对技能培训产生需求，其理想目标都应是以技能提升为核心的综合素质的提升。技能本身并不具备感性与理性的因素，对技术的应用和掌握过程完全取决于掌握者的个人操守与认知。单纯地进行技能辅导往往只能照顾到技能提升本身的诉求，却无法顾及与技能相关的周边事物：如技能的使用环境与背景、技能的使用操守、技能应用的社会价值等。以课程体系的建构为基础的综合素质养成体系可以较好地化解这一困境。课程体系通过对技术及其周边事物的分解和模块化，以技能中的重要点为线索串起某一技能操作的学习全过程。这里就包括了需要的知识、操作、品质、态度等。根据此课程体系进行的技能教学也将会避免单一技能传授带来的个人技能素养结构的失衡。

（三）促进职业技能培训良好生态的形成

生态（Ecology）一词源于古希腊文字，意思是指家（house）或者我们的环境。简单地说，生态就是指一切生物的生存状态，以及它们之间和它们与环境之间环环相扣的关系。这里我们借用这一生态学概念去描述区域职业教育培训。目前我国整体及各区域的职业技能培训并未实现体系化运转，往往呈现点状发展，并未实现“以点带面”和“系统运转”的效果。此外，职业技能培训并未拥有良好的社会实施环境。这种“内外交困”的现状让职业技能培训的发展前途更为迷茫，失去应有的自我判断和发展方向。

职业技能培训是一个体系。在体系之内，培训涉及培训主体的实施、培训客体的受益、培训投资方的效益期盼等各方利益关系。在体系之外，职业技能培训也与区域经济发展、区域人力资源配置相关联、相融合。如果将该体系比作是一个须要精心营造和呵护的生态环境，那么处理好培训的各项内部和外部关系即为构建良好生态环境的关键步骤。从内部体系来看，培训内容、培训方式、培训组织形式、培训效果评估等均是涉及多方利益攸关体的因素，而课程体系的设置即贯穿了各元素的始终。以课程体系为中介的培训内容的设置、培训方式的选择、培训效果的检测等涵盖了培训体系运作的每一个环节，为职业技能培训体系内部生态的构建提供了有效“串联体”。而从外部体系来看，维持职业技能培训的社会支持与社会关注，更需要完善的课程体系作基础支撑。只有与课程体系相关联的培训内容高效科学，能够为培训受益方及培训实施方所接受和推崇，才能为职业技能培训的实施营造良好的社会运行环境，才能得到社会大众、行政部门和企业的认可。

（四）促进职业技能培训内容的系统化与时代性

技能培训的内容是随着技能本身的发展以及社会对技能培训需求的变化而变化的。在过去以“学徒制”为基础的技能培训模式当中，师傅的教授仅仅限于其原有的、零散的技能知识与关键动作，培训内容不成体系，且不能很好地与市场接轨，技能的开发与探索也不能很好地体现创新元素。将职业技能培训的内容以课程体系的方式进行编排，使之系统化、明晰化、科学化，有利于培训工作本身的质量提升。此外，系统是开放的系统，是与外界进行信息交换的系统。职业技能培训受市场影响较大，在培训科目、培训内容方面须要依照市场的需求和培训对象的特点进行编排。同时培训内容本身也在不断地发生变化，可能是内容的扩充，也可能是内容结构的改变，或是内容的进一步完善与整体变革。将培训内容进行体系化，有利于培训内容的动态完善与创新，体现了培训内容的时代性特点。

二、课程设计开发的实施原则

（一）基础性

所谓基础性，即职业技能培训工作要以基础知识和基本技能为开发起点，注重培训的基础功能，以保证培训的社会效益和经济效益的存在和价值。全民职业技能培训首先是全民性，即它的群众基础属于区域内的社会大众。这就决定了其与具有精英教育性质的高等教育、非义务教育等教育类型是完全不同的领域、概念及操作形式。技能培训首先是满足人民大众对技能占有和提升的需求，并以此为基础为受训对象提供谋生、从业、娱乐的目的。这里兼具培训的社会价值与经济价值。因此，强调技能培训工作的基础性，也符合社会转型背景下全民素质提升与终身教育的趋势。

此外，也正是由于其具备的本质属性——全民性，也就决定了其培训内容的基础层次特征，这是就全民职业技能培训的宏观层面而言。需要指出的是，职业技能培训包括企业内部或部分培训投资主体实施的高层次技能人才培养计划，但这改变不了其基础性的特征，这是由其面向的对象而决定的。

（二）实用性

职业技能培训是建立在理论基础上的实践行为，也是经济投资行为。其直接目的是要让受训对象实现技能水平的提升以及由此带来的社会地位的提升、工资水平的提高以及兴趣爱好的满足。所以技能的选择与培训应以实用性为指导来开发课程、指导教学、评估应用。尤其是一线企业进行的员工培训更需要职业技能培训带来的经济效益最大化。此外，职业技能培训的立足点在于职业，是服务于社会成员从事职业、乐享职业的基本点，所以职业技能培训实用性特点也是回归职业的社会性、经济性特征的体现。

（三）渐进性

渐进性特征是职业技能培训的特点所决定的，也是职业技能培训对象所决定的。如前所述，无论是心智技能还是动作技能，它们的学习都有一个逐步内化的过程。这种内化就决定了培训的过程也将是渐进有序的，而不能“揠苗助长”、实现所谓的“短期迅速提升”。尤其对于社会特种职业的培训更须要注重每一个步骤的培训效果。而由于全民职业技能培训面对的是社会大众，其原有学习和知识储备水平参差不齐，且年龄偏大的培训对象对新事物接受能力与年轻的学员相比也较差，所以教学过程同样要注意渐渐推进，按照既定的科学的教学步骤依次进行，保证受训对象的有效学习。

（四）灵活性

灵活性是针对面向全民的职业技能培训所具有的复杂性而言。由于其面向的群体庞大，结构复杂，操作难度大，所以在进行培训的设计和操作实施上可以适当地进行灵活考虑。灵活性主要体现在培训方式的灵活选择、培训地点的灵活安排、培训时间的灵活调整、培训人员的灵活搭配、培训对象的灵活上课等方面。在保证职业技能培训体系核心部分的顺利运转之下，包括课程体系在内的分支结构和运作机制可以依据社会大环境的变化及区域经济发展与人力资源结构特点进行适当调整。实际上，保证全民职业技能培训的灵活性也是适应社会转型和社会多元发展的举措。

（五）开放性

职业技能培训本身就是一个开放运作的社会子体系，培训工作的顺利运转需要一个开放的思维、开放的运行环境以及开放的社会参与机制进行支撑。所以，开放性是职业技能培训面向全民所必须具备的基本特性。目前我国面向全民的职业技能培训尚未形成健全的运行机制和存在体制，培训投资部门、培训执行部门、培训对象各行其道，培训壁垒尚未打破，培训的组织尚以小团体的形式进行，内外部信息沟通不畅，容易导致培训效率的大打折扣和培训资源的重复投入。这些问题的解决都有待于职业技能培训内外部开放机制的建构，课程体系的建构也包括于此。唯有设置必要的基础课程和开放课程，并在课程的设置过程中充分吸收各方意见和建议，同时在课程的修订和调整中不断地吸纳最新信息，才能以开放的姿态保证职业技能培训主体内容的吸引力和科学性。

三、课程设计开发的实施主体

（一）行政部门

严格地说，行政部门在职业技能培训的设计与开发中没有扮演直接参与与指导角色。但是由于行政部门是区域职业技能培训工作的总体领导与协调机构，为了保证培训方向的正确性以及培训目标能够符合区域人力资源的整合与发展，一般通过文件或通知的形式对部分较大规模的、涵盖面较广的、具有较强群众基础的培训内容进行原则性的规定或指导。这种指导一般表现在两个方面：一是课程内容安排，即某项技能的培训须要提升受训对象哪些方面的能力，须要着重在哪些领域进行教学，原有技能培训的内容与新修订的培训内容相比有哪些变化，每一轮技能培训是否需要具体案例做支撑等。二是课程内容的指导原则，即某项技能的培训应该遵照何种原则，在课程内容的安排上应该有着哪些最基础的要求。无论以上哪种形式，其指导意义均在于为课程体系的设计与开发设定前提和“红线”，保证课程的方向与目标。

（二）高校、科研院所

高校与科研院所是课程体系开发的主要实施部门，其最大的优势就在于高校与科研院所具备的理论优势、师资优势与经验优势。由于高校汇集了一批具有较高理论水平和实践经验的专家学者，对职业教育、成人教育、技能教学等领域有较深的理论积淀和独到的见解，对社会中的职业技能培训有着丰富的操作经历和成果。所以将高校与科研院所纳入到课程体系的建构主体之中是可取的，也是必要的。高校与科研院所主要从以下几个方面对课程体系进行建构：

1. 理论建构

理论建构是为职业技能培训的教学、内容设置、编排方式等进行理论层面的探讨，以保证所建构的课程体系科学、高效且符合地域特征。以面向大众的职业技能培训理论包括职业教育基本理论、成人教育基本理论、课程理论、教学理论、培训理论等为重点，课程体系的建构将从这些理论入手，逐步向实践层面推进。

2. 组织编排

如何通过有效的课程组织实现技能的培养？课程的编排应该按照何种逻辑进行？面对技能培训需要的理论与实训相结合的课程设置，应使用何种编排方式使得理论与实践的结合更为紧密，操作效率更高，内化程度更深？这些都是课程组织编排的专家需要回答的问题。

3. 设置内容

设置内容是课程体系建构的核心环节。在完成了前期的理论基础构建和对某项技能核心操作点的提炼之后，专家学者将对之前环节的研究成果进行细化和分解，重点解决以下问题：采用哪些内容才能更好地对培训对象进行关键能力的培养，内容设置如何更好地体现该技能的前沿信息，理论课与实践课的内容比例如何协调和控制，教材如何选定，是否须要编制具有针对性的地方教材等。

4. 授课形式与课时安排

技能培训课程的授课形式因技能学习的特点而与普通课程有所不同。理论学习与实训如何衔接；两者应按照何种比例安排课时；理论与实训课程是同步进行还是有先有后进行教学；理论课是以教师主讲的形式进行，还是以学员为主体在教师的引导下进行自主开放式学习等，这些都还在探索。而且针对不同的技能在授课形式和课时安排上也会有所不同。

5. 组织实验

在完成了初步的课程体系建构后，专家应组织相关人员对课程进行小范围试用和课程编制测验，也可以请业内其他专家或培训实施人员对课程体系、教材等进行评议和审定，在吸收了各方的意见和建议之后对课程体系做最后完善并最终完成对课程体系的建构。

（三）企业行业

企业行业是职业技能培训实施的主要投资方，也是主要的需求体。为了适应全行业对新技术的应用与产品研发的更新换代，企业和地方行业对于高技能人才的渴求也是与日俱增，高技能人才已经成为企业竞争至关重要的因素。此外，企业中的优秀人才具备较为丰富的实践经验和实际问题的解决能力，对于课程体系的完善，尤其是实训课程的开发具有重要意义。将企业和行业代表纳入课程体系的建构主体之中，既是课程体系多元化开放式建设的需求，也是健全课程体系内部架构的需求。

企业行业参与课程体系建设的优势在于企业优秀员工丰富的实践经验与解决实际问题的能力。这也是针对企业等用工单位开展职业技能培训最理想的实施效果。具有丰富经验的员工可以提供工作前沿一手的操作案例、操作信息、真实的工作环境下的操作规程、操作步骤、注意事项等，同时也可以将自己的实践经验作为重要资料提供给专家学者以丰富课程编排内容，提升课程的实用性和可读性。此外，企业员工还可以对课程体系的架构提出具有针对性的意见，使课程体系在不断的完善中实现操作的简明与效率的提升，既弥补理论工作者实践经验缺乏的传统弊病，也较好地体现课程体系建设"以人为本"的理念。

四、课程设计开发的理论基础

（一）成人学习理论

成人学习理论早在桑代克时期就已经得到了关注。桑代克用科学心理学的方法对成人智力、学习力是否随年龄增长而发生衰退的问题进行了研究。他以14～50岁的人群为对象，进行了两年实验研究，其结论体现在1928年出版的《成人的学习》著作中。在《成人的学习》一书中，桑代克初步肯定了成人学习的潜力。人类学习能力的高峰被认为在20～25岁之间，其后逐步下降，每年约递减1%，直到45岁为止。由此，他认为成人在20岁以后，学习能力的减弱是缓慢而轻微的，并非传统上所夸张的程度。学习之能量永不停止，"成人的可教性仍大，25岁以后仍然可以学习"①。

桑代克之后，康德拉、韦克斯勒等人也进行了大量的实证研究，主要得出了三个结论：一是成人学习能力不会随着年龄的增长而显著下降，二是成人学习能力的增长不会因为人类的生理成熟而终止，三是学习和训练是保持学习能力的重要因素②。目前成人学习理论主要包括三个学派：诺尔斯成人教育思想、以麦克鲁斯的余力理论和诺克斯的熟练理论等为代表的学习生活情境理论、麦基罗的成人学习直觉转换理论。

---

① 李中亮：《桑代克成人学习理论及其启示》，《成人教育》，2007年第1期，第68－69页。

② 邹爱婕、周忠祥：《浅析成人学习理论在企业培训中的重要性》，《中国西部科技》，2008年第15期，第68－69页。

诺尔斯是美国著名的成人教育学家,1967 年提出“成人教育学”概念。他把成人教育学定义为“帮助成人学习的艺术和科学”。其理论的出发点是区分成人和儿童(包括在校学习的青少年)在身心发展和社会生活方面的质的区别,通过分析成人学习活动和儿童学习活动的差别,诺尔斯提出了确立其理论的四个基本论点:随着个体的不断成熟,其自我概念将从依赖型人格向独立型人格转化;成人在社会生活中积累的经验为成人学习提供了丰富的资源;成人的学习计划、学习内容与方法,与其社会角色任务密切相关;随着个体的不断成熟,学习目的逐渐从为将来工作准备知识,转变为为直接应用知识而学习。

(二) 终身学习理论

从人性的角度来说,人是主体性与客体性的二重统一,人是能动性与受动性的二重统一,人是独立性与依赖性的二重统一。传统学习方式把学习建立在人的客体性、受动性、依赖性的一面上,从而导致人的主体性、能动性、独立性的不断销蚀。转变学习方式就是要转变这种他主性、被动性的学习状态,把学习变成人的主体性、能动性、独立性不断生成、张扬、发展、提升的过程。这是学习观的根本变革,学习不是一种异己的外在的控制力量,而是一种发自内在的精神解放运动。从实践的角度讲,这种学习观的变革意味着要改变学生的学习态度,培养学生的学习责任感,并使学生养成终身学习的愿望和能力。

终身教育,最早由联合国教科文组织成人教育专家保罗·朗格朗先生于 1965 年正式提出。1973 年 11 月,由联合国教科文组织举办的“巴黎全国讨论会”对终身教育做出了如下定义:“是从幼儿期到死亡的不间断的学校及校外教育,不存在青少年、成年之区别,与培养人格和职业生活的训练相结合。”可以看出,教育并不只限于青少年阶段,而应贯穿于人的整个一生;终身教育不只限于学校教育,学校以外的任何教育机构或教育形式都可以是教育的承担者,教育是整个社会的责任;此外,终身教育把人的教育与社会生产、生活紧密联系,而不是割裂为前后孤单的两段。这就为职业技能培训的社会立足与实施提供了理论支撑与氛围营造。

(三) PDCA 循环理论

根据美国管理学家戴明的归纳,人们做任何工作必须经过计划(Plan)、执行(Do)、检查(Check)、处理(Action)四个阶段,而要达到预期效果或同一工作目标刷新,只经过一次循环是不够的,而是要经过数次,甚至更多次的循环。在职业技能培训课程体系的建构之中,课程开发中的每一因素从课程目标的确立到课程的实施评价都是相互影响相互作用的,一个因素的变动最终会带动其他因素的变动①。同时一次课程体系的建构在实施过程中会出现各种实际问题，针对问题的解决与体系的完善须要多次修改体系甚至是重建，这就需要课程设计的多次循环以保证课程质量的螺旋上升。

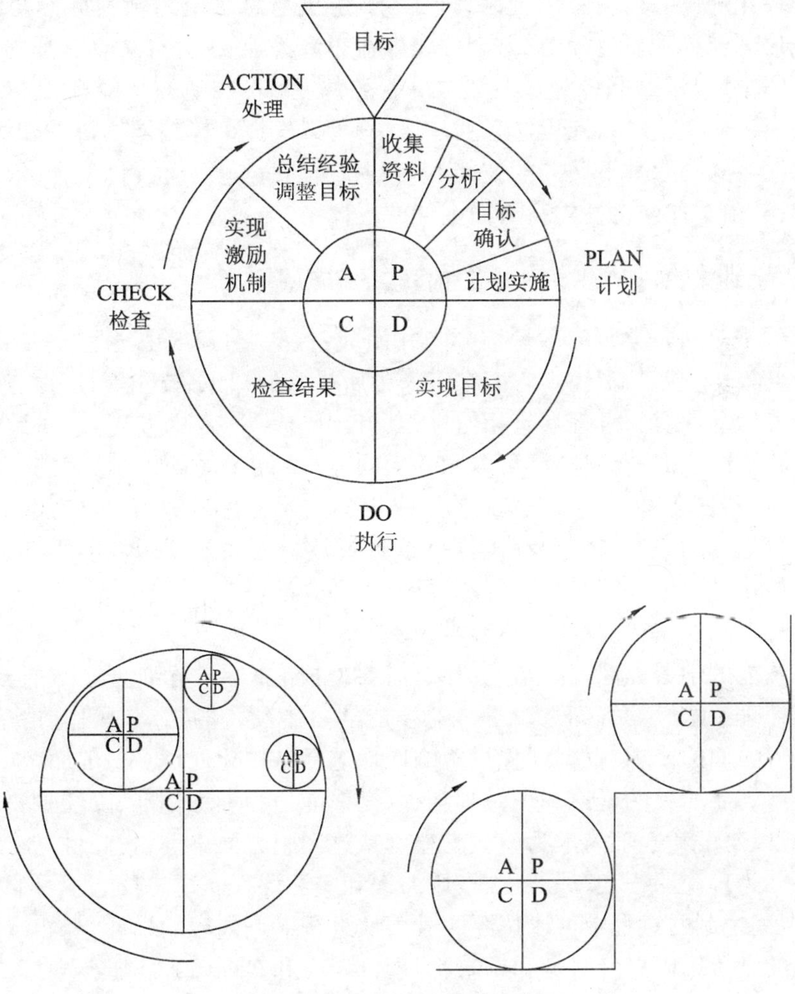

图 5-8　PDCA 循环理论组图

（四）模块化理论

一个复杂的系统或过程按照一定的联系规则分解为可进行独立设计的半自律性子系统（模块）的行为被称为“模块化分解”；把按照某种联系规则可进行独立设计的子系统（模块）统一起来，构成更加复杂的系统或过程的行为被称为

① 蔡仙萍:《企业员工培训课程开发研究》,湖南农业大学学位论文,2007 年。

"模块化整合"①,两者统称为"模块化"。一个系统能否模块化取决于系统的可分解性,系统的可分解性意味着该系统既能被分解成若干部件又可以进行重新组合,并且在这一过程中不会失去原有的功能②。

模块化理论的精髓总结起来,即为"子系统与总系统的顺利拆分与结合"。在技能培训课程开发过程中,由于技能外在表现为独立的个体,具有独立的知识与技能体系,同时以职种为单位的"技能类"也拥有共同的技能知识与操作元素。将模块化理论融入课程体系的建设中,可以发挥个体技能的特点和优势,同时也可以将同一职种下共同的技能知识与操作元素进行模块化整合,形成由基础向门类、由共性向个性的自下而上的课程体系。

五、基于职种的课程设计开发的流程与策略

职种是对同职类职位进行细分归并而成,这些职位在同一业务系统内承担相同业务板块功能与责任。它们在工作中所投入的知识、技能等具有相似性,它们的业务活动性质与过程具有相似性,其产出结果(绩效标准)具有一致性。凡是业务相同或相似的职位,都可以归并为同一职种,每一个职种代表着一条职业发展通道,不同职种对于员工知识、技能、经验、业务行为等的要求有明显差异。基于职种进行的职业技能课程设计可以有效整合并高效利用社会培训资源,同时也方便培训对象进行职业通道的转换,实现灵活就业。

(一) 结构分析与技能合格标准制定

将技能的学习以课程的形式铺陈,需要将技能作为"解剖对象"进行结构的分析和梳理。这里的解剖主要是针对技能学习中蕴含的知识、操作、情感态度、经验等各方面的要求,根据课程设置的原理进行结构化处理。一般而言,一项技能的学习需要相关的理论知识做基础、以操作能力为训练标准、以经验要求为从业保障、以态度和心理因素为就业支撑。从这四个方面出发,我们可以将课程体系大致分为理论课程、实训课程、素质课程和实习课程。这是技能学习的一般结构,在课程编制的过程中可以按照四大模块进行课程内容的设计,当然针对某一项技能的学习可以有所取舍和调整,但理论课程和实训课程属于核心模块,不得轻易改变和删除。

在结构分析的基础上,课程开发人员可以参照国家职业资格认证的相关规定对技能进行资格标准的制定。在标准制定的过程中要注重标准的可读性和可执行性,避免出现模棱两可和解释含糊的词语,如"有效"、"基本"、"一般"等。

---

① 夏辉:《论模块化理论的演进脉络》,《经济与管理研究》,2008 年第 7 期,第 82 - 86 页。

② 钱平凡、黄川川:《模块化:解决复杂系统问题的有效方法——以家庭装修项目为例》,《中国工业经济》,2003 年第 11 期,第 85 - 90 页。

同时对于属于同一职业种类的各项技能进行统一技能元素的抽离，制定大类标准基础上的小类合格标准体系。下面是针对“变电运行”技能给出的案例：

表 5-1　专业技能提炼课程（以变电运行为例）①

专业技能标准	专业技能细分	专业技能概括	技能提炼课程
监视屏幕、后台报警打印信息的核对	变电站技防报警信息含义识别能力	变电运行维护 变电运行管理	变电运行维护技能 运行管理技能
各类记录簿的记录和运行 OMS 系统的记录	典型操作票编写能力	变电运行管理	运行管理技能
对一、二、三次设备，辅助设备，构架建筑物及周围环境的巡视检查	一次设备维修能力 二次设备维修能力 三次设备维修能力 常用辅助设备检修能力 熟悉各设备分布情况 建筑物构架图识别 巡视检查发现问题能力 设备巡视检查方法 缺陷判别 巡视工具使用能力	变电运行看图及应用 变电运行维护	一次设备 二次设备 变电站综合自动化 电力系统基础 变电运行看图及应用技能 变电运行维护技能 发电厂、变电所电气设备
运行日常维护工作	运行维护能力 设备运行状态分析能力 电网瘫痪应急处理能力	变电运行维护 变电运行操作 站用交流直流系统	变电运行维护技能 变电运行操作技能 异常事故处理技能 站用交流直流系统
定期试验轮换	设备试验能力	电气试验	电气试验 高电压技术
侧闸操作及其管理	制定倒闸操作票	变电运行操作	变电运行操作技能 高电压技术
审核工作票审核，安全措施、现场许可等填写和实施	工作票审核能力		变电运行操作技能 许可验收技能
对外班组在变电站内进行的工作进行验收	工程验收能力 变电站全面检查能力	工程验收 运行维护	变电运行维护技能 许可验收技能 电力工程
事故、缺陷及异常运行等情况的处理	缺陷判断能力	缺陷判别	
各类技术资料归档管理、图纸管理、运行记录等的填写与归档	文档管理能力 各类图纸识别	演讲技能 文档归档能力 变电运行看图及运用	变电运行看图及应用技能

① 李军：《从职种看培训课程体系开发》，《人力资源》，2009 年第 1 期，第 37－39 页。

(二) 能力点的提炼及素材的收集

能力点是对技能进行结构化解剖后抽离出的关键知识、能力、心理因素的集合。能力点的提炼,关键就是根据各职种任职资格标准的知识标准,提炼各专业人员须要学习和掌握的知识要点、技能要点和心理要素点。表 5-1 中的专业技能细分即为能力点提炼的典型案例。

能力点的收集为素材的收集提供了主干支撑。在能力点提炼完毕后,课程设计人员须要围绕每一个能力点进行相关资料的收集,以确保能够以丰富翔实的理论资料和实际案例详细明晰地阐述每一个能力点。此外,针对能力点设计的实训课程应为实训教师提供完整有序的教学指导资料,确保学员根据课程的设置能够在大脑中建构技能的基本原理和基本操作,在动手操作中能够完成能力点中每一个关键动作的操作和内化。

(三) 内容的集成化、风格化与系统化

内容的集成化指的是将前期针对每一个技能点搜集到的所有资料进行汇编和梳理,在确保内容科学的前提下保证行文的流畅并符合逻辑顺序。内容的集成化是课程形成的主体步骤,在集成化的过程中,课程设计人员将用图表、文字、图片、数据为学员完整地呈现技能中的每一个重要知识和能力点,并在实训课程中通过教师指导手册为学员展示技能在实际操作过程中的应用。集成的过程就是课程形成规模和体系的过程,决定了课程的主干内容和结构。

风格化决定课程内容呈现的大致风格。一般而言,成人教育阶段的理论性教科书基本采用严谨的学术类风格进行文字阐述。但是基于社会职业技能培训对象的参差性,部分培训对象的文化水平不高,在进行教材编写时应适当进行口语化风格的调整,尤其是须要借助生动的案例和直观的图片进行辅助性学习,这样效果会更好。

系统化即对前期整理和汇编的所有资料进行整理,并以体系的形式加以整合,以一级标题、二级标题等的形式总结出课程的目录。同时筹备以教材的形式对课程内容进行命名并出版。表 5-1 中"技能提炼课程"一栏中的各课程名称即是。

(四) 课程体系的完善与开放性处理

在完成了某一技能的课程开发和体系化后,相关专家应对课程体系的结构和教材出版情况进行审核,并组织部分学员进行试用,听取试用学员、业内专家、出版社对课程体系及教材出版的意见和建议,并在原有的基础上再次进行修改完善。此外在课程体系之中预留一部分空间予以开放式处理,如今后存在丰富课程体系或修改课程结构等的需要,即可以预留空间为基准进行再开发。

第四节　职业技能培训师资队伍体系

一、师资队伍建设的意义

（一）以建促正，推动区域职业技能培训的科学化与正规化

区域职业技能培训若想走上科学与正规的发展路径就离不开一支具有优秀素质的师资队伍。这是任何一种教育类型发展所必须具备的基本条件之一。职业技能培训的目的是要提升受训对象的技能层次，完善技能人员的知识结构，进而完成人力资源向人力资本的转换，实现技能提升的社会与经济价值。如果缺少一支具有专业素质的师资队伍，那么再优质的培训内容、培训方法、培训模式也将成为摆设和空谈。

目前我国的职业技能培训教师数量不足（尤其是生产实习指导教师）、素质偏低、结构不合理的状况很突出，如不采取有力措施解决师资培养、提高问题，势必阻碍职业技能培训事业的进一步发展。建设一支素质良好、适应需要的师资队伍，是发展职业技能培训事业的战略性措施。而打造“中国经济升级版”，更需要职业教育培养大批高素质、技能型的劳动者。

（二）以训促练，搭建区域“双师型”教师的成长平台

经济发展方式的转变，一个基本条件就是提高劳动者素质。推动职业教育科学发展，一个核心要素就是提高教师队伍整体素质。但从数量上看，职教师资队伍规模与学生数量增长相比相对不足；从质量上看，“双师”素质教师不能完全满足专业教学需要。师资队伍的不健全，直接导致高素质技能型人才培养的效果大打折扣，而企业对高素质技能型人才的需求无法得到及时的满足。这种恶性影响的链条不仅对国家经济转型发展构成潜在威胁，也不利于我国职业教育培训师资队伍的建设和运转。

一条可以预想的路径是：将普通高等院校、职业院校、企业技术能手引入社会职业技能培训教师队伍当中。这一做法的出发点在于以互换工作场景、扩充职业角色为手段促进教师多元化发展。具体到职业院校教师来说即为“双师型”教师的成长。唯有实践，才能练就一身真本领。职业教育的特点决定了教师只有具备了丰富的实战经验，才能教出动手能力强的学生。一方面，职业院校教师企业实践项目将教师送进企业，培养“双师型”教师；另一方面，职业院校兼职教师推进项目将企业大师引进学校，打通了高技能人才进校园的通道。这不仅实现了职业技能培训固有的社会与经济效益，还在客观上促进区域职业教育

培训师资队伍整体水平的提升。

(三) 以教促研,打开区域职业教育科研工作新局面

通过建立以院校教师、企业技术能手等在内的多元培训师资队伍,不仅为院校教师提供了较好的理论联系实际的操作平台,使理论建构接受现实检验,提升理论的现实指导意义,也为企业技术能手提供了理论提炼和熏陶的经历与操作机会。这种脱离了传统的"师徒制"的新型师徒培训关系实现了教育教学、科研创新、多元发展的多边效果,也为区域创新职业教育发展模式、打开区域职业教育科研工作的新局面创造了不可多得的优势条件。

二、师资队伍的主要来源

(一) 一线骨干技术员

一线骨干技术员(或者"企业技术能手"等其他称谓)是某一部门具有较高技能水平的技术从业人员。在这里强调"一线"的目的在于一线骨干技术员拥有更多的实际工作经验或正在经历工作环境的熏陶。这类员工对于提升受训群体的技术操作能力具有针对性的指导意义。一线骨干技术员的教学意义在于:凭借真实工作经验为培训对象提供真实生动的教学案例,凭借个人工作经验为培训对象提供关键能力的操作演示并纠正动作错误,凭借个人学习经验为培训对象提供技能操作训练指导并帮助掌握技巧,基于工作经历指出技能使用过程中的重点、难点,以工作经验使技能操作规程生动化,以真实案例传递职业道德和技术价值等。

需要指出的是,由于客观原因,大部分一线骨干技术员缺乏教学法、心理学等教学理论知识,也缺乏对自身具备的技术操作经验的理论提炼能力。所以技术能手在教学过程中不能很好地以系统化的方式进行知识和技能的传授。针对这一缺陷,除了选派技术能手进行教师基本能力的培训外,提升企业技术人员的综合素质是解决这一问题的长远之策。此外,技术能手的教学工作一般位于工作场所或实训场地,如何提升这些"一线教师"的工作现场教学能力也是师资队伍建设的一大挑战。

(二) 高校等机构专职教师

这里的高校等机构教师包括普通高等院校、职业院校、培训机构等部门的专职教师。这些教师大多具有坚实的理论基础和实践操作经验,同时也具备一定的教学论知识,在实际教学过程中通常能够严格按照技术规程和教学制度完成既定的教学任务。所以高校等机构专职教师是职业技能培训队伍的主要成员。

在选拔过程中,来自高校或培训机构的教师应注重教学经验、理论基础和操作能力的综合指标。鼓励中青年教师加入培训师资队伍,同时也要注意选拔或

推荐相关领域具有重要影响的教师作为某一技术学科教学的指导顾问。由于高校教师大多已有固定编制或职位,所以可以采取兼职培训的方式聘请高校优秀教师担任培训主讲,同时也要保证教师队伍中专职教师的数量和质量。

(三) 民间技能名人

创新性地将民间技能名人引入到职业技能培训的师资队伍当中,是为了适应社会转型期人民迅速提升的对自我内在发展和多元文化生活的迫切需求。职业技能培训立足于职业,但不限于职业发展的需求,更重要的是要让受训群体通过职业技能培训达到自我提升,实现人生完满发展的个体目标。这是“以人为本”的职业技能培训工作的诉求。

民间技能名人指的是那些在区域内具有一定知名度的,为一定民众所接受的,在某一方面具有较高技能水平的民间人士。这些技能人士的特点在于他们是散见于各地,凭借自己具有的独门技巧(一般为生活技能)而为一定区域的民众所熟知并认可。这些民间技能名人主要通过技能表演、市场经营、无偿援助等方式对外进行隐性的技能“传播”。这种传播并不是刻意的,而是技能产品流通的附属物,久而久之就形成了对其技能的认可。例如修鞋技能、面点技能、木工技能、按摩技能、绘画技能、书写技能等。对于现代社会开放式学习的环境来说,民间技能名人可以作为一批宝贵资源在社区教育、大众教育中扮演重要角色。需要指出的是,具有一定专业要求的技术工种在进行教学时不建议采用民间技能名人作为教师队伍成员。原因在于专业性质的技术工种需要系统的知识与技能的学习,并且须要通过国家规定的职业从业资格认证,所以民间的传统“师徒式”传授方法并不适用。

三、师资队伍建设的策略

(一) 专兼职教师搭配,促进教师队伍多元化与精品化

职业技能培训的开展形式灵活、主体多样,这为职业培训教师队伍的多元化建设提供了得天独厚的条件。利用高等院校和职业院校的师资优势,社会职业技能培训师资队伍可以形成专兼职教师搭配的教师队伍发展基本格局。专职教师是职业技能培训中的骨干力量,建设一支素质高、专业强的专职教师队伍是维持社会职业技能培训长期可持续发展的重要保障。专职教师队伍以职业技能培训为主抓点,研究区域各类培训对象的主要特征,针对当地人力资源市场的发展现状,结合课程体系和评价体系建构科学有效的区域职业技能培训教学体系,选择恰当的教学方法,安排合理的教学时间,制订翔实的教学计划,并为学员参加技能考核提供指导和建议。兼职教师同样是技能培训师资队伍中的重要一员。由于兼职教师大多是来自院校或企业一线的优秀员工,这些教师一般均具备较

好的理论素养或实践经验。将院校与企业的优秀人员引进技能培训师资队伍将为师资队伍素质的整体提升做出贡献。在具体课程教授的安排上,鉴于专兼职教师的职业背景不同,专职教师可以长期教授相关技能的基础课程和实训课程,兼职教师则选取技能课程中相对较为灵活,或者涉及技能领域前沿的相关课程进行教授。

(二) 根据技能特点合理调整理论与实训教师结构

不同的技能对理论和实训的要求有所不同。有的技能操作步骤复杂,技术含量较高(如汽车维修技能),若要保证教学质量就需要较多的实训教师以便于满足学员操作训练、动作纠错以及疑问解答的需求。而对于技术含量较低,或操作较为便捷的技能(如家政技能),一位老师可以同时教授较多数量的学员,则可以适当维持实训教师的数量,保证教师队伍结构的合理性。此外,理论课教师的数量也要按照技能特点进行合理配置。对于内部体系较为完整一体的技能,可以选择一到两位教师进行分工协作,对于内部体系较为复杂,内容较多的技能,可以根据内容的结构和难度选择多位教师进行分模块教学。每位教师根据自己所擅长的模块进行选择性教学,使学员能够接受全方位高质量的技能培训。

需要强调的是,加强培训师资队伍中"双师型"教师建设是一项长期任务,也是战略举措。目前,双师型教师主要有两种表现形态:一是"双职称型",即教师在获得教师系列职称外还需要取得另一职称;二是"双素质型",即教师既要具备理论教学的素质,也应具备实践教学的素质。但无论是何种表现形式,其核心内涵都是需要教师在理论教学与实训教学上均可以独当一面,既是学员的理论导师,同时也是学员的实训导师,实现理论实训教学的一体化。

(三) 不遗余力加强职业技能培训师资师德建设

师德建设始终是师资队伍建设的精神指针和思想保证。随着社会现代化和改革开放的进一步深入,我国的现代化步伐加快。现代化建设不仅带来了市场经济的繁荣发展,同时也使整个社会和国人经历了激烈的变化。一方面,促进了教育的改革和发展,进一步解放了思想,转变了观念;另一方面,社会的变化也使从事职业教育的教师心理经受了冲击,一些人心里出现了不平衡状态,价值判断的尺度发生了变化。拜金主义、享乐主义、极端个人主义等腐朽思想不同程度地浸染了教育这块净土,教师队伍中出现了一些不容忽视的问题:重金钱,轻事业,追求个人名利;得过且过,不思进取,缺乏敬业精神,不能为人师表;教学思想、观念、内容陈旧落后,缺乏严谨的治学态度;等等。教育事业关系民族的兴衰与发展,关系国家的成败与繁荣。教师的师德影响着人类社会的未来,教师的价值取向、精神风貌、道德观念以及所具有的综合素质直接影响着学生①。加强职业技能培训师资队伍的师德建设刻不容缓，也应该是长久举措。

职业技能培训师资师德建设主要有以下几个着力点：一是对教育教学的探索创新精神。从宏观上看，职业技能培训是社会公共事业，涉及面广，利益攸关方多，在处理职业技能培训与职业院校学生培养、人民群众对多元技能培训的需求与尊重区域经济发展和人力资源配置等较为复杂关系上需要充分协调，发挥职业教育培训工作者的智慧。从微观上看，技能培训教师的短缺与高技能人才队伍需求的与日俱增、接受技能培训人数的逐年增长与职业技能培训教育教学体系的不健全等矛盾的存在，更需要技能培训教师的不懈探索和努力。所以职业技能培训教师需要在教育教学上有所创新，探索具有区域特点的职业技能培训模式，以便更好地服务于培训对象的需求和地方经济的发展。二是凸显为人师表的个人魅力。职业技能的学习和养成是阶段性和长期性的，学习技能的过程需要细心、耐心和恒心。作为培训的技能传授者，技能培训教师在日常教学过程中应注重言传身教，对技能的操作细节要细心、对技能的学习过程要保持耐心、对技能的“有生到熟”要保持信心。这样学员才能感受到技能学习背后蕴藏的精神动力，才能全身心地投入到学习之中。三是无私奉献的敬业精神。除去必要的备课、教学、评价的基本步骤外，技能培训教师对于学员学习过程中遇到的各类理论和实训问题要“不厌其烦”地讲解和释疑，对于大多数学员学习过程中遇到的问题要进行总结并找到针对性强的解决办法。此外，教师也应将生动活泼的案例带入课堂，以真实案例带动学生对理论知识的深入理解和内化。针对学员要参加的区域或全国性的技能资格认证，教师应针对认证的形式和内容对学生进行相应指导。

（四）以就业为导向提升师资队伍结构的应用性与时代性

由于接受职业技能培训的大部分培训对象是为了谋求职业以谋生，或在未来的就业岗位上有所突破。所以教师队伍的培训理念和基本导向也应该有所倾斜和侧重，即将培训工作与学员就业紧密联系，真正形成培训与就业的互动机制。师资队伍的就业导向主要有两种方式：一是加强技能教师自身的职业教育基本理论素养，引导技能培训教师将技能教学与就业创业相结合；二是优化职业技能培训师资队伍结构，在保证技能理论与实训教师数量的同时，适当引进职业规划与指导、就业形势与政策分析、就业心理、安全生产等领域的专家和教师，通过开设相关课程或讲座对培训对象进行就业创业的综合素质培养。

---

① 张洪珍、宁永红、石瑞珍：《加强高等职业院校教师师德建设的探讨》，《河北农业大学学报（农林教育版）》，2004 年第 1 期，第 69－71 页。

（五）开发具有开放性与可持续性的终身教育全民教师“轮值”机制

当职业技能培训面向全民，并被赋予终身学习的含义之后，以此为背景构建的技能培训就有了更为开放的实施环境与更为灵活的实施方式。正所谓“术业有专攻”，每个人在自己的领域都有着经验的积累和成果的取得，每个人都拥有属于自己的“一技之长”，哪怕只是简单的生活技能，抑或是复杂的工作技能。当“终身学习”的理念被武装到全民职业技能培训的体系之上时，我们看到了终身学习的理念有了更为广阔的施展空间，也看到了职业技能培训并不只是被“职业”的牢笼所束缚，而是建立在技能与就业基础上的全民素质的提升。这种提升也许是兴趣爱好的丰富，也许是技术素养的提升，也许是就业途径的扩展，抑或是简单的分享与收获的心灵满足。无论如何，将职业技能培训的师资队伍延展到“全民教师”的视域中来，不失为一个具有前瞻性的举措。

我们把职业技能师资队伍的“开放式建设”比作“教师轮值”，或者是民间所称的“技能互换”。每一位公民都可以成为教授别人一技之长的教师，同时自己也可以成为从别人之处获取技能的学员。这种双重身份的赋予是技能学习特点所决定的，也是终身学习理念所提倡的。技能可以面向就业，可以面向兴趣爱好，也可以面向内在提升。将技能师资队伍进行流动和开放式处理，既是维持教师队伍可持续性发展的保障，也是促进师资队伍质量提升与多元化发展的办法。

需要强调的是，这种开放式的师资队伍建设与技能培训所暗含的专业化教师队伍建设并不冲突。从某种角度来看，专业化教师队伍可以归类为全民职业技能培训师资队伍中的一部分，或是中流砥柱。他们代表的是技能的标准化与科学性，是技能规范式传播的主力军。而以民众为单位的“轮值技能教师”角色则是技能传播的更广泛、更亲民、更具号召力和吸引力的主体。依靠社会这个大平台，民众可以发挥得更多，收获得更多，体验得更多，而社会也随之变得更加丰满而又富有激情。

第五节　职业技能培训效果评价体系

一、评价体系的设计原则

（一）可行性原则

任何一个评价工具都须要具有可靠的操作性，否则就失去了作为评价和量化的基本功能。职业技能培训的效果评价要能够客观反映培训对象的培训效果，并在操作层面可以给出较为准确的评价结果。

可行性原则主要体现在两个方面:一是针对技能特点,参照国家标准制定评价体系。这里涉及"职业资格"这一概念。职业资格是对从事某一职业所必备的学识、技术和能力的基本要求,包括从业资格和执业资格。从业资格是指从事某一专业(职业)学识、技术和能力的起点标准。执业资格是指政府对某些责任较大,社会通用性强,关系公共利益的专业(职业)实行准入控制,是依法独立开业或从事某一特定专业(职业)学识、技术和能力的必备标准。职业资格与职业劳动的具体要求密切结合,更直接、更准确地反映了特定职业的实际工作标准和操作规范,以及劳动者从事该职业所达到的实际工作能力水平。我国职业资格等级分为初级(五级)、中级(四级)、高级(三级)、技师(二级)、高级技师(一级)五个等级。具备证书发放资格的机构或培训单位可按照国家对相关职业资格的等第描述进行培训评价体系的构建,不涉及技能鉴定的技能工种可以依据技能特点进行技能评定体系的创立。二是具备区分度,即评价标准能够发挥评价之功能,将技能优秀或合格的人员与培训不合格的人员区分开来,起到筛选和评估的基本作用。

(二) 多元性原则

多元性原则指的是评价主体在制定评价体系的过程中,要结合不同技能的特点和工作要求开发多元评价标准,并注重过程与结果相结合的评价。目前的技能评定大多通过考试的方式进行,即以量化的方法对技能性的事物进行等第判断。这种单一的评价方法不仅不适合技能作为肢体动作的基本特点,也不能很好地将理论与实训的教学模式融入其中。因此,以多元评价理论指导下的评价体系的建立应该综合考虑每一项技能的内部结构,考虑理论知识与操作技能融合下的具有评价价值的测评点。评价方式除理论试题测试以外,还可以包括操作技能鉴定、制作成品鉴定等考核方式,考核的关注点也应该从只关注结果扩散至结果与过程的双向关注,使评价尽可能覆盖到学员学习和实践的每一个细节之中。

(三) 发展性原则

发展性原则即发展性评价,与"终结性评价"相对。发展性评价是 20 世纪 80 年代以后发展起来的一种关于教育评价的最新理念。通过系统地搜集评价信息和进行分析,对评价者和评价对象双方的教育活动进行价值判断,实现评价者和评价对象共同商定发展目标的过程。而终结性评价则是对课堂教学达成结果进行恰当的评价,指的是在教学活动结束后为判断其效果而进行的评价。一个单元、一个模块,或一个学期的教学结束后对最终结果所进行的评价,都可以说是终结性评价①。目前的职业技能评价基本为终结性评价,且以量化式的终

① 参考过百度百科中的相关词条。

结性评价为主。这种评价方式的存在虽然为技能鉴定提供了简便可行的途径,但是作为教育的一部分,技能培训却很少关注受训对象在培训过程中产生的知识、技能甚至心态上的变化,无法起到促进受训者在技能领域内的自我突破、自我成长、自我认知的作用。一张所谓的技能鉴定书决定了一个人是否具备从业资格,却无法体现一个人的形成性能力。所以,强调发展性特征,实质上就是要让技能评价从"冰冷的数字"走向"人文的情怀"。

不可否认的是,终结性评价在技能鉴定中仍然发挥着十分重要的作用,其结果甚至决定了一个人技能的等第或从业资格。但是社会转型带来的人的多元化发展和教育教学领域的人本理念改革,不得不让职业教育领域的教育学人开始关注培训领域的"人"的元素。技术教育天然具有"立人"价值,在评价中开始关注人的存在与发展,将静止性的评价结果逐步过渡到"评当下"与"促发展"的轨道中来,这是职业教育人应该持有并落实的观点。

二、基于多元利益相关者的评价主体

(一) 培训投资主体

培训投资主体,一般而言指的是一项培训的出资者和相对的培训最终受益方。可以是个人,也可以是组织,甚至可以是对应的抽象事物。如个人出资培训以达到自我提升目的中的个人、企业培训中的企业、社区培训中的社会、政府主导的地方技能培训中的地方经济与社会效益等。虽然培训的目标是个人,但是最终受益的却不仅仅是受到培训的个人,更包括出于某种动机而进行培训投资的各方主体。作为培训的投资方,其对于培训效果的评价往往并不是通过直接性的数字或形成性的评语获得,而是通过受到培训的人在返回原有系统中所产生的最新效益来加以判断。以企业为例,企业通过对员工的人力资源发展投资,员工经过一段时间的技能培训后返回工作岗位,如果能够提升原有的工作效率,提升产品质量,创新工作方法,甚至创新产品创意等,从而为企业带来更大的经济效益,那么企业就会认为培训达到了预期效果;而如果在经过培训之后,员工并未为企业实现价值的增值和扩张,那么企业就会认为培训是失败的。

从以上分析我们可以看出,培训投资主体进行的培训有两个明显特征:一是长期性,即这种评价不是通过一朝一夕或是一次工作任务就可以体现出的,须要经过一段时间的工作之后通过工作结果进行判断。二是决定性,即如果一次投资导致的培训结果不满意,那么类似的培训将不会再进行第二次。因为规模较大的培训对于企业来说并不是一笔小的投入。当然,政府公益性质的全民免费技能培训项目具有一定特殊性,即由财政补贴、面向一定特殊群体进行的技能培训更加强调的是其社会效益,经济效益次之。

（二）培训接收主体

培训接收主体，即培训对象。培训对象是培训的接受方，也是评价的对象。作为传统的评价体系设计，培训对象位于评价体系的最低端，即各种评价方法和评价工具的指向者。这也是终结性评价所固有的评价特点。而现代评价机制的建立却将评价对象也作为重要的评价主体对待。自评是自我判断和自我发展的重要工具，通过自评，学员可以自我梳理过去培训的效果和自我体验，并根据现有的培训效果认清自己在未来培训过程中所要努力改进的地方。这也是形成性评价的核心要素。

自评通常体现在学员学习的过程之中，其评价效果往往并不在于对自身技能水平的决定性评判，而在于通过做自我评估达到弥补和进一步改进的效果。在技能学习的过程中，教师可以按照课时或知识点为单元引导学员在某一单元结束后进行自评，同时结合教师给予的过程性评价而做出对自身所具备的技能的清晰评估，并最终产生技能培训的整体印象。评估的方式也可以自由选择，既可以是按照指标项目的“打分制”评估，也可以是“评语式”评估，同样也可以采取“自测式”评估。

（三）培训实施主体

培训实施主体即培训者或培训单位，在具体的培训过程中往往指实施技能培训的相关教师。这是传统培训体系中最主要的执行者。在传统的培训模式中，教师通过测试或技能考评的方式对学员的学习效果进行统一测评。测评由相关专家或培训教师命题，采取闭卷考试、技能展示、成品制作等形式，由相关部门统一组织进行。这种评价方式较为客观公正，也方便快捷，成为目前国内各行业培训效果的主要评价模式，在企业内部培训当中更为普及。

除此之外，引入第三方评估主体的评价机制也在行业里受到广泛欢迎。这种评价体系的运作主要是依靠引入第三方的评估机构，或是由政府统一担任区域或全国性的评估方对所有接受培训的人员进行统一测评。常见的如各行业资格准入的评价体系、各项职业技能等级评定的评价体系等。这种由政府、行业组织统一制定并实行的评价体系，其最大的优势在于与培训实施主体相脱离，在一定程度上避免了评价中出现的人为因素。

三、评价模式的模型

（一）Kirkpatriek 培训评估模型

Kirkpatriek 提出评估培训效果分为四个层级，即“反应”、“学习”、“行为”、“结果”。一级评估要注意学员的反应，因为无论教师怎样认真细致地备课，只要学员对某些课题不感兴趣，他们就不会认真地进行学习。反应层评估是指受训人员对培训项目的看法,包括对材料、老师、设施、方法和内容等的看法。二级评估须要检查学员所学的东西。这种检查可能以考卷形式进行,也可能是实际操作。学习层评估是目前最常见,也是最常用到的一种评价方式,它是测量受训人员对原理、事实、技术和技能的掌握程度。三级评估试图衡量学员工作表现的变化。这是为了记录学员是否真正掌握了课程内容并运用到了工作中去。四级评估要衡量培训是否有助公司业绩的提高。如果一门课程达到了让员工改变工作态度的目的,那么就须要考察这种改变是否对提高公司的经营业绩起到了应有的作用。

从 Kirkpatriek 培训评估模型中,我们可以看出培训对象的反应、培训对象的知识与技能掌握程度、培训后产生的变化以及对企业造成的效益提升与否构成了企业员工培训的四大主体。这对技能培训评价指标体系的直接启发在于培训内容的鉴定以及对培训所产生效益的评估。由于技能培训对象的复杂性和多向性,效益评估方面可能需要与具体的用人单位及培训对象个人结合进行评价。

(二) CIPP 模型

CIPP 由情境(Contextual)、投入(Input)、过程(Process)和成果(Product)四部分组成。CIPP 评价模式,亦称决策导向或改良导向评价模式,是美国教育评价家斯塔弗尔比姆倡导的课程评价模式。该模式认为,评价就是为管理者做决策提供信息服务的过程。具体来说,情境评价是对方案目标的合理性进行评价和判断,即对目标本身的诊断性评价,为计划决策服务。投入评价是在背景评价确定了方案的目标之后,对各种备择方案的相对优点加以识别和评定的活动,实质上是对方案的可行性、效用性的评价,为组织决策服务。过程评价是对方案实施情况的监督和检查,目的在于调整和改进实施过程,也即方案实施过程中的形成性评价,为实施决策服务。成果评价是测量、判断、解释方案的成就,也即是终结性评价,为再循环决策服务①。

CIPP 模式的基本观点是:评价最重要的目的不在证明,而在改进。可以看出,这种模式的评价贯穿教育过程的始终,突出了评价的发展性功能。这对于技能评价体系的最直接启示在于评价应贯穿培训过程的始终,强调评价对于参与评价主体的促进和改善作用。

(三) CIRO 模型

CIRO 由该模型中四项评估活动的首个字母组成,这四项评估活动是:背景评估(Context evaluation)、输入评估(Input evaluation)、反应评估(Reaction evaluation)、输出评估(Output evaluation)。其中背景评估主要目的在于确认培

---

① 高振强:《CIPP 教育评价模式述评》,《教学与管理》,1998 年第 1 期,第 57-59 页。

训的必要性，输入评估主要在确定培训的可能性，反应评估主旨在提高培训的有效性，输出评估主旨在检验培训的结果。

CIRO 模型向比较先进的系统型培训模式所倡导的评估理念靠拢，抛弃了以往对“评估仅作为培训过程的最后一环”的传统观念，而是将评价作为一个具有开端和结束的独立的系统进行处理。所以评估的内涵和外延被扩大，培训甚至先于培训活动的开展而开展。只是这一模型存在着较大的缺陷，即没有将评估与培训执行这一重要环节专门结合起来，也未能对反应评估和输出评估可作用于后续培训项目设计、可有助于本次培训项目改进做出明确的认定和必要的说明。

除了继续坚持评价的过程性以外，CIRO 模型还强调了对于培训评价指标体系超前性的定位与执行，通过培训评价指标体系确定培训目标则为培训增加了更多的确定性与针对性。

四、架构定性定量相结合的评价指标体系

（一）基本知识与基本技能的掌握

这是评价指标体系中最核心的部分，也是最能体现培训对象培训效果的检验工具。对基本知识与基本技能的评价应坚持定量与定性评价的综合运用，这是因为技能的学习成果往往需要以实际工作和动手操作为中介进行表达，理论性的回答并不能代表个体在操作技能上的成就。加德纳多元智力理论强调人类的智能是多元化而非单一的，主要是由语言文字智能、数学逻辑智能、视觉空间智能、身体运动智能、音乐旋律智能、人际交往智能、自我认知智能、自然观察智能八项组成。而建构在单一理论考试之上的评价模型只能反映出一个人某一方面的智能水平，而不能体现一个人的自然观察、身体运动、视觉空间等智能的水平。以文化基础、专业综合理论基础、专业技能三位一体的基本技能素质的考核则能够最大限度地解决这一评价缺陷。

基本知识与基本技能的评价应以技能点为单元，以点带面，有易有难。既要有针对某一技能点的理论和技能的考核，又要有多技能点的综合测试设计。既要能够体现不同技能水平人员之间的差异，又要注重通识技能和简单操作的考核。可以说，抓住了“双基”的“命门”，就完成了技能评测的大部分任务。

（二）操作过程的创新性、流畅度等隐性技能

我们将学员较为明显表现出来的，能够以实体触摸和感知的技能操作与技能产品的生产过程称之为“显性技能”。技能评测在强调显性技能的同时，还应该关注隐藏在背后的“隐形技能”。隐性技能是维持显性技能顺利表现、体现显性技能表现风格的“催化剂”，具体来说，隐性技能体现了个体在进行技能操作过程中所流露出的流畅度、创新性等精神内涵。也许拥有资格从事某一职业的

技术工人不在少数，但是能够熟练操作、胸有成竹并具备一定创新性（如通过一定步骤和动作的整合节省操作步骤，提升工作效率，甚至是更新或发明新的操作工具）的工人却凤毛麟角。如何将这一部分对象挖掘出来也成为评价体系构建过程中须要格外注意的问题。这是培养高技能工人的准备步骤，同时也是培养社会成员创新意识的实践。

（三）解决实际问题的能力

回归到职业技能培训在当前社会的运作背景，我们不得不将技能学习的评价体系与解决实际问题的能力挂钩。这是解决培训对象就业的需要，也是提升培训效率的内在诉求。如果个体在接受技能培训后不能将其迁移运用并凭借此解决生活实际与工作中遇到的问题，那么以实用主义的观点来看，这种培训是没有意义的，因为他并没有带来"直接的效用、利益"。

不管以何种理论去解释或去反驳技能培训的是与非，有一种观点是大众都可以接受的，那就是职业技能培训与人的生活息息相关。这种关联体现在个人与社会的互动之上，也体现在人与人的互动之中。所以"解决实际问题的能力"在这一框架下就得以"正名"，评测体系将其作为指导评价制度建设的思想也就未尝不可。实际上目前的职业技能培训课程设计与教学安排也正在朝着这样的方向前进。尽管"唯利是图"的培训机构仍然存在，尽管"证书主义"的公司不计其数，尽管"只求合格"的培训对象大有人在，但是这也阻止不了技能培训深化内涵，以知识真正服务于生产实际和生活的阶段性目标。评价体系的建构也应该充分体现这一思想并以试题的形式加以落实。我们可以看到，基于实际工作环境的技能考核已经在一部分技能考核评价中加以运用，我们也可以预想到未来技能培训评价的发展模式与倾向。可以说，解决实际问题的能力是技能领域"长期不灭"的指导方针。

以上构成的评价体系的三大主体应贯穿于培训过程的始终，发挥评价促进学员与教师的双向发展的作用。不同阶段的考核方式可以有所不同，尤其要注重过程性评价和终结性评价所侧重的不同领域和作用。

第六节　职业技能培训支持与保障体系

一、公共实训基地

（一）公共实训基地的建立

"公共实训基地"有别于一般意义上的"实训基地"。由于公共实训基地是一个新生事物，目前国内对此还没有一个权威和完整的定义，有学者通过对各种类型的实训基地的研究分析，认为公共实训基地是以政府为主导，整合各方资源，面向市场，为社会全体劳动者提供职业技能实习训练和技能鉴定，提高职业能力的公共服务平台①。此外，公共实训基地虽然与实训基地在个别功能上相同（如以培养劳动者实际掌握职业技术和动手能力为主要内容，以提高职业能力为主要目的），但是在具体组织框架和培养对象方面，两者仍然存在一定的差别。如公共实训基地主要是政府主导的区域性人力资源发展基地，而学校或产业层面的实训基地却是学校或相关企业行业主导的单一实训平台。在培养对象方面，公共实训基地面向的是社会全体劳动者，包括新生代劳动者的技能养成教育，也包括在岗职工的职业技能提升教育，同样包括对下岗职工再就业的谋生能力培训等，但是实训基地面向的大多为在校学生或在岗职工，培训面向的群体较为单一；在培训层次方面，公共实训基地以区域产业发展和人力资源需求为导向，培养区域性紧缺技能型人才，而实训基地却以一般技能和基础操作技能为培养内容。在企业、职业院校、政府、社会的积极参与之下，我国已经形成了二级职业技能开发实训体系（如图5-9）。

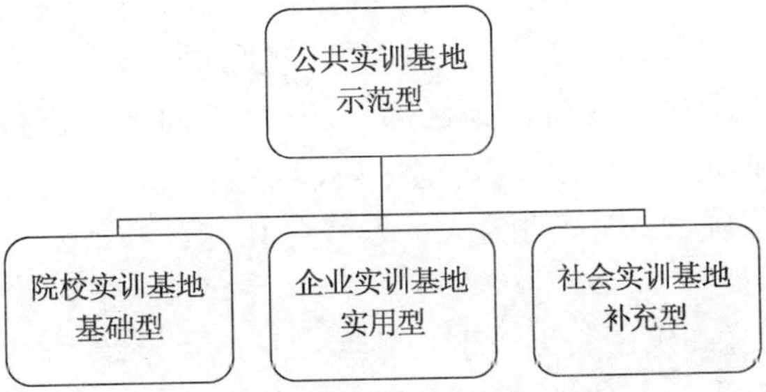

图5-9　二级职业技能开发实训体系②

我国的公共实训基地建设主要经历了三个阶段：第一个阶段主要以培训学生的实践能力为主，这一阶段主要是以2002年国务院《关于大力推进职业教育改革和发展的决定》为标志。结合教育部等六部委联合下发的《关于实施职业院校制造业和现代服务业技能型紧缺人才培养工程的通知》强调的面向学校的实训基地建设及校企合作平台的搭建，我们可以看出，这一阶段实训基地面向的对象主要是学校，其设立目的也是为了提高学生的实训能力，为就业服务。但是由于实训基地有政府的引导和投资，同时也相应地提出了实训基地的共享战略，那么可以认为这些实训基地已经不同于学校自设的实训基地，具有了一定的全

① 吴晓天：《公共实训基地的实践与探索》，华东师范大学学位论文，2009年。
② 同上。

民性。第二阶段以培养技能型人才为主，以2003年中共中央、国务院《关于进一步加强人才工作的决定》与2005年的《关于大力发展职业教育的决定》为标志。这一决定重点加强国家紧缺型技能人才队伍的建设，并以高职、技工学校等为平台发挥培训基地的作用，以扩大培训规模，提升培训效果。从这一阶段的整体发展指向来看，这一时期的公共实训基地建设不仅为提升学生实训水平服务，同时也注重实训基地培训技能人才为经济建设服务。在教育部与劳动和社会保障部下发的《关于编制中等职业教育基础能力建设规划的通知》中，对于实训基地的使用对象主要划分出三类：一是服务于现代制造业、服务业、信息化、新型工业化道路的紧缺型技能人才，二是农村劳动力转移培训，三是适应区域协调发展和产业升级所需要的技能型人才。以这三类服务对象为基础，社会上除了先前的职业院校培训基地以外，还出现了各类农民工技能培训基地、特殊行业技能人才培训基地等。由此正式迈出了公共实训基地的共建共享、服务大众的新步伐。第三阶段为服务社会全体大众阶段。2006年中共中央办公厅与国务院办公厅联合下发了《关于进一步加强高技能人才工作的意见》，这一意见中首次提出了"公共实训基地"这一概念。文件中指出各地方可根据自身条件针对区域经济发展和产业升级需要建立面向社会的技能培训和鉴定服务中心。随后劳动和社会保障部在2007年专门下发了文件，"按照'统筹规划、合理布局、技术先进、资源共享'的原则，在全国有条件的地区建设50个面向社会提供实训和技能鉴定服务的公共实训基地"。可以看出，这一阶段的公共实训基地其指导思想和建设方向已经更加明确，并将其功能从服务就业和地方经济发展扩展至提高劳动者素质与职业能力。

至此，国家正式确定了新形势下公共实训基地建设的主方向，加快了新型公共实训基地的建设步伐。从整体布局和建设现状来看，目前的公共实训基地主要有以下几个特点：

1. 公共性

公共性是公共实训基地最基本的性质。公共性主要表现在两个方面：一是公共实训基地的建设和资金投入有政府的参与甚至是主导。按公共实训基地承担的主体来区分，公共实训基地可以分为学校型、政府型、企业型、校企合作型、政企合作型和政府、企业、学校三方合作型。这六种类型在运行机制上有所区别①。二是公共实训基地面向全体劳动者，不论行业、身份的区别，在相关行政单位的领导下根据地方区域产业发展和人力资源配置的需要组织相关技能培训。其运行首先秉承"公益性"特征，可以看作是服务型政府的服务举措。

---

① 姜燕宁、郝书池、唐幸芳、林媚珍：《城市公共实训基地建设模式、运行机制与保障机制研究》，《中国职业技术教育》，2012年第6期，第48－53页。

2．实践性

公共实训基地的最大用途就是为技能培训对象提供有效的实训场地和实训设备，并在相关教师的指导下开展技能学习。所以公共实训基地被“天然地”披上了实践性的外衣。正所谓“应知”不代表“应会”，公共实训基地通过提供真实的操作设备、逼真的工作环境、专业的实训指导，从而为学员提供知识向经验过渡的平台，帮助学员尽快实现技能的内化与对岗位的适应。

需要指出的是，公共实训基地的“实践性”与其背后的理论教学并不冲突。首先，公共实训基地实现了学校型、校企合作型、政府企业学校三方合作型的办学体制的创新，学校、企业等主体的参与在满足学员实训需求的同时也能够为学员提供理论学习的平台；其次，实训基地的建设正是为了弥补技能学习中理论实践相结合不足的现有缺陷。由于技能训练需要诸多的实训设备支持，而公共实训基地的建设一定程度上解决了部分技能培训机构“势单力薄”和社会培训资源分配不均的现状，在接受了一定的理论学习的情况下，学员可以转移至公共实训基地进行进一步的技能学习与内化。

3．灵活性

由于公共实训基地建设牵涉到的利益主体较多，所以在建设过程中须要协调多方主体，实行公共实训基地建设与维持的良性机制。灵活性就为解决这一现实问题提供了原则性的指导方向。公共实训基地的灵活性建设主要体现在四个方面：一是公共实训基地的建设要充分考虑当地的实际条件，尤其是财力情况。如公共实训基地的规模、基本建设费用、实训设备的采购等。二是建设主体应紧扣区域产业发展需求，选择那些紧缺的、区域热门的、培训对象有较高需求的专业进行重点发展，形成由点带面、重中兼顾的发展格局。三是参与建设的主体可以灵活选择。虽说冠之以“公共”之名，但是并非所有公共事务均需要政府独立参与和运作，包括公共实训基地在内的诸多“公益性”和“市场导向”兼具的社会事业完全可以引入民间资本，形成多元化办学机制，激发公共实训基地作为“事业”和“企业”双重角色的责任。四是培养对象的灵活性。公共实训基地是面向全民的技能实训场所，所以包括学生、在职职工、下岗职工、外来农民工、毕业生等在内的各阶层、各职业群体均可以成为受益者。

（二）公共实训基地的功能定位

公共实训基地的功能定位在国家出台的相关规定和文件中有所表述。2006年中共中央办公厅、国务院办公厅《关于进一步加强高技能人才工作的意见》中指出：“……紧紧抓住技能培养、考核评价、岗位任用、竞赛选拔、技术交流、表彰激励、合理流动、社会保障等环节，进一步更新观念，完善政策，创新机制，充分发挥市场在高技能人才资源开发和配置中的基础性作用，健全和完善企业培养、选拔、使用、激励高技能人才的工作体系,形成有利于高技能人才成长和发挥作用的制度环境和社会氛围,带动技能劳动者队伍建设素质的提高和发展壮大……"各地区在执行过程中以该意见为指导,结合区域经济发展特点进行创造性的优化和改革。笔者随机选取了几个省市的公共实训基地,从其官方网站上搜集到了对基地的功能定位(见表5-2)。通过词频分析软件,排除语气词、连接词等无关词的词频并抽离出具有功能意义的词汇,进而从高到低排列出最高的五个词:培训、服务、实训、鉴定、创新。这基本契合国家对公共实训基地的定位。

表5-2　全国部分省市级公共实训基地功能定位①

公共实训基地	功能定位
黑龙江高技能人才公共实训鉴定基地	突出公共实训和技能鉴定两大核心功能。公共技能实训项目以企业和培训机构无力开展的高新技能实训项目为主,辅之以当地支柱产业发展急需的公共实训项目,重点突出"高(高端职业和技能)、新(新兴职业和技能)、长(长周期技能开发)、前(前瞻性技能开发)",一般性通用工种的中、初级实训原则上不在公共实训鉴定基地内开展,而是交由企业和培训机构开展。技能鉴定服务主要侧重于高端职业和新兴职业,主要开展示范性鉴定和试验性鉴定,并辅之以社会职业技能鉴定机构不能开展的技能评价服务。同时,能够开展新职业、新技能的研发试验,组织职业技能竞赛和同业交流活动,开展师资培训,推动高技能人才宣传等项工作。
杭州市公共实训基地	面向主导产业及企业、面向院校、面向社会提供服务平台,以全市技能劳动者特别是高技能人才为重点,满足职业技能培训、技能鉴定和技能竞赛的需要。成为职业教育师资培训和职业院校、培训机构及企事业单位技能人才培训基地,成为新技术、新工艺、新职业推广和中高级职业技能鉴定基地,成为国内一流的综合性、公益性和示范性的公共实训基地。
无锡市公共实训基地	为企业、院校、社会培训机构培养产业一线急需的高技能人才提供公共服务。基地以发挥实训、鉴定两大核心功能为支柱,并注重延伸功能的培育和发挥,有效开展师资培训、技能竞赛、技术交流、授艺带徒、示范展示、示范生产等业务,同时坚持服务本地与辐射周边相结合,在为本地企业、院校和社会培训机构提供公共实训服务的同时,把服务范围向周边地区和外省市延伸、扩展,努力寻求对外服务的结合点。

① 文字信息主要来自于各实训基地官方网站。

续表

公共实训基地	功能定位
绍兴市公共实训基地	以公共性、公益性为功能定位，有偿服务与无偿服务相结合，以市场化运作为主。基地主要服务绍兴市区，兼顾各县（市），辐射周边地市。一是适应绍兴市产业升级、技术创新和实现科技成果转化要求，开展企业职工技能提升培训，培养急需的高素质技术技能型人才。二是开展在绍高校毕业生的技能训练，提高高校毕业生的动手能力，培养知识技能型人才。三是开展职业院校、培训机构实训师资培训，提升实训教师的技能素质和教学水平。四是为各类教育培训机构提供技能实训所需的场地和设施设备，切实提高实训质量。五是为各类技能大赛提供优质平台，努力成为推动产业升级、技术创新和实现科技成果转化的孵化器。
深圳市高技能人才公共实训管理服务中心	一是管理高技能人才公共训练资源；二是制定高训基地准入规定，对申请使用公共训练资源单位的准入、使用绩效和退出进行评估认定；三是提供高技能人才技能训练、技能鉴定、技术改造、技术信息咨询等公共服务；四是开展高技能人才训练指导、训练项目开发和训练模式的改革创新，指导全市高技能人才培养工作；五是受政府委托购买高技能人才培训和服务成果，执行相关的培训补贴和激励政策。

对以上各地区公共职业技能实训基地的功能定位文本进行分析，结合公共实训基地的建设过程与定位，我们可以看出，目前公共实训基地主要具备如下几个功能：

1. 职业技能培训功能

这是公共实训基地的基本功能之一。公共实训基地通过指导教师运用实训器材对学员进行技能实训操作和相关训练，以提升学员的技能水平和技术素养。公共实训基地面向企业员工、职业院校教师、社会各类失业群体、农村富余劳动力转移群体等进行各类技能培训。如绍兴市公共实训基地提出的针对企业员工、毕业生、职业院校教师的培训项目；无锡市公共实训基地提出的“为企业、院校、社会培训机构培养产业一线急需的高技能人才提供公共服务”等。

2. 职业技能鉴定功能

职业技能鉴定是一项基于职业技能水平的考核活动，属于标准参照型考试。它是由考试考核机构对劳动者从事某种职业所应掌握的技术理论知识和实际操作能力做出客观的测量和评价。职业技能鉴定是国家职业资格证书制度的重要组成部分。从国家制度的层面来看，在全国范围内开展职业技能的鉴定工作，可以被视作劳动就业制度的重要内容，是落实党中央关于“科教兴国”战略的举措，同时也是我国加强人力资源开发的战略措施。目前大部分公共实训基地兼行职业技能鉴定功能。这主要得益于实训基地拥有的先进齐全的实训设备、优质的师资队伍，具有政府定期的资金补助等各项优势。此外，依托职业院校建成的公共实训基地在开展职业技能鉴定工作中可以尝试校企合作定向鉴定，由企业委托院校实训基地开展员工的技能鉴定，以此协助企业进行技能和绩效考核。这也是校企合作的新领域和新途径。

值得一提的是，公共实训基地可以将职业技能鉴定与职业技能培训相结合，以鉴定指导培训，以培训完成鉴定，使两者有机结合，互相促进。尤其是以职业院校为依托的基地，可以在学校的课程开设和日常教学与学生职业资格证的考核间建立联系，做到某专业实训教学计划与相应职业技能鉴定规范相结合。

3. 职业技能创新研发功能

公共实训基地可充分利用其丰富的智力资源和门类齐全、技术先进的仪器设备，与企业紧密结合，联合承接工程或生产中的应用课题，开发一些产业急需的新工艺、新技术、新品种项目，这种需求主要来自行业和企业。此外，针对区域经济转型发展及产业升级的具体需求，培养产业紧缺的对口高技能人才甚至创新人才。同时，关于公共实训基地的管理与运作模式的创新研究也可以依托各实训基地的智力资源与实践经验展开。各公共实训基地可根据本区域基地的运行模式、投资主体、人员输入、教育教学、校企合作、基地共建、人力资源配置等方面进行实践探索和经验总结，对于有推广意义的经验可在科学论证的基础上进行跨区域推广和迁移运用。

4. 区域产业发展人才服务功能

公共实训基地的社会效应在于以社会需求为风向标，使基地办学在"社会化"的基础上"市场化"，实现人才的适销对路与服务地方。实训基地服务地方主要体现在专业设置、招生政策、就业政策等的制定和实施中。公共实训基地应该与市场进行实时对接，基地的建设应该充分利用一线企业行业中的先进设备和经验丰富的一线工人，企业也应该参与到公共实训基地的规划与建设当中。同时基地也应该"急企业之所急"，及时了解行业和企业对人力资源的需求点，并根据需求制订具体的培训方案。

二、制度体系的建构

现在日常生活中人们所说的制度一般专指法律或权力机构明文规定的规则或者与规则相关的机构组织的综合，如立法制度、政治制度、专利制度、婚姻制度等。制度的存在是为了减少预期的不确定性，使个人或者集体之间的互动有规则可循，从而提高人们活动的稳定性。抽象而言，制度是一套有形或无形的框架和规则体系，它通过规范、专业、整合而降低交易成本。制度理论起源于传统的政治学，是指通过对各种制度的科学实践研究而形成的一种系统化的理论模型。其研究范围涵盖了政治、经济、文化等方面有关制度与机制建设的系统理论内容。三位诺贝尔奖获得者哈耶克、科斯以及诺斯对于制度的认识也存在着偏差，如哈耶克认为制度是一种秩序，而科斯则认为是一种建制结构，诺斯则将其定义为约束规则。当前制度理论主要包括新制度主义理论、制度变迁理论、混沌理论、新制度经济学理论、制度艺术理论等。

为了保证职业技能培训事业的稳定性与确定性，维护职业技能培训过程的整体规范和效益显现，职业技能培训体系的支持与保障体系同样需要制度的支撑。从职业技能培训开展的社会基础、主体分布和正常运行情况来看，激励制度、保障制度和监督制度是支撑职业技能培训的三大主体制度。

（一）激励制度

1. 社会培训投入激励机制

社会职业技能培训既是社会公共事业，同时也是具有市场性质的可交换的"商品"。就职业技能培训的投入主体来看，政府、企业、培训个体、民间资本都从不同角度以不同方式成为职业技能培训的"股东"和受益者。过去，财政支持的面向全民的职业技能培训一直"霸占着"培训市场的主体地位，市场缺乏活力，培训成果不突出，培训需求与培训计划衔接不紧密。近年来，随着人们生活水平和对职业追求的不断提升，以营利为首要目的的培训市场化大幕逐渐拉开并形成规模，涌现了一批具有市场影响力的培训机构。此外，在政府转变职能的背景下，政府投资和支持的，以实现培训的社会价值为首要依归的培训基地也开始逐渐转变工作方向，在政策性扶持特殊群体的职业技能培训外充分考虑区域人力资源需求现状，并寻求与高等院校、职业院校、企业和科研单位的长效合作，保证资金使用效率的提升和社会价值的最大化实现。

用制度化的思想去协调和构建职业技能培训投资主体的投资激励机制，需要从不同投资主体的投资动机出发进行讨论。就政府而言，其投资的动机在于上级政府的行政命令、区域经济发展和人力资源向人力资本高效转换；就企业而言，其投资动机在于提升企业员工技能水平及适应产业升级和企业转型发展对高层次员工的需求；就个人而言，其自我投资的动机在于奠定和积淀自身的人力资本以收获更好的报酬以及社会地位，甚至是实现个人价值；就民间资本而言，其投资技能培训行业的动机在于通过教育谋取经济效益，即发挥教育产业化的经济效益。构建长效投入激励机制，就需要以制度的形式去保护和激发各投资主体的投资动机，并通过制度去维持动机的存在及保护投资后产生的效益。政府颁布的针对特殊群体的免费技能培训管理办法、企业制定的员工培训制度等均属于激励机制的组成部分。

2. 社会成员参与激励机制

在激励投资的同时，鼓励社会成员积极参与到技能培训与提升项目之中也是保证技能培训工作顺利开展的战略举措。社会成员参与社会职业技能培训的动机在于获取更高层次的技能水平、学历以获得更高的职位、更好的职务、更高的工资、更高的社会地位、满足自身的兴趣爱好乃至实现自己的人生价值。此外,培训的时间地点安排、培训的费用、培训的项目等客观因素也制约着社会成员参与培训的积极性。以此为逻辑起点,鼓励社会成员参与的激励机制应该是从鼓励大众自我提升入手,通过实施财政补助,减免培训费用,并实施一系列培训后的优惠政策以鼓励培训对象“学以致用”,将知识转化为财富。此外,营造“学习型社会”的氛围也是达到这一效果的必要条件。只有全体社会成员愿意通过投资教育的方式提升自我,并将终身教育的思想贯穿生命始终,才能使社会职业技能培训事业“长青”。

（二）保障制度

保障制度是对职业技能培训的开展施以硬件和软件的资源保障,这是培训得以实施的最基本保证。从培训实施的主要消耗资源来看,保障制度需要从财政、人员和硬件三个方面制定制度以保障培训资源的正常供给。

培训财政制度是保障培训过程中各项经费支出的制度。培训实施过程中,培训人员工资、培训器材的选购、培训教材的购买、培训评测的实施等各个环节都需要充分的资金方能得以实现。就政府而言,每年的财政预算将社会职业技能培训开支列入其中作为每年该项事业的开展经费,由主管部门(通常为区域人力资源与社会保障部门)负责运营和收支;企业将每年企业员工的培训支出列入预算,并制定员工培训经费支出、奖励等制度以保证培训经费的合理使用;社会培训机构将本着自主经营、自负盈亏的方式自主制定培训财务制度。总之培训经费的使用与收支平衡需要良好的制度作保障。人员保障制度主要指的是职业技能培训师资队伍保障。这一点在前面的师资队伍建设一章中已有详细介绍,在这里可以由行政机构制定办法鼓励优秀师资向技能培训师资队伍中流动,以保障社会技能培训对师资的需求。硬件保障制度是将培训涉及的设备管理、场地提供与管理等纳入到制度化建设当中,通过将设备的使用与维保、场地的建设或租借等纳入到制度的约束当中,以保证各项技能培训的顺利实施。

（三）监督制度

监督制度是对培训过程中教学过程、培训效果、培训支出等实施的过程性和终结性监督制度。监督制度的制定是为了保障培训对象的权益,保障培训工作的顺利实施,保障培训资源的合理分配与合法使用。监督制度主要包括培训教学监督制度、培训效果监督制度和培训资源配置监督制度。

培训教学监督制度主要是针对培训过程中学时的安排与兑现、教师教学的态度、教学资源的及时分配与使用、教学评价的公平实施等涉及教学事项的监督。培训教学监督制度应囊括培训投资方、培训对象以及第三方评价机构的监督权利，尤其是要保障培训对象的监督作用，使监督能够及时反映培训实施中的各项不足。培训效果监督制度主要是针对培训对象的技能提升情况制定的鉴定和反馈制度，一般与奖惩制度挂钩，也可以以合同的形式公布和实施。例如由企业和培训实施单位签订培训合同，规定一定的生产效益提升点作为培训合格有效的检验"红线"，如果无法达到则退换部分培训投资费用等。培训资源配置监督制度则重点规范培训资源的合理配置和合法使用，尤其是对于政府资助和政策倾向的资源投入需要根据技能项目的紧缺程度、区域经济发展和产业升级对不同种类人力资源的需求程度、经费的使用规定等进行合理分配，并注意扶持薄弱地区的技能培训项目，注重学校、培训机构投资的比例平衡，照顾弱势群体的培训需求。而资源的配置需要纪检部门和审计部门定期审查，并接受人民监督。对于企业内部，培训资源的配置一般由培训需求分析制度、培训财政收支制度等一系列制度的部分条款构成监督制度模型，形成对企业内部技能培训监督的制度体系。

三、社会舆论

社会舆论是指一定群体内相当数量的成员对社会事务所发表的某种倾向性的议论。社会舆论的精神内核是群体意识，其本质是"社会公众对社会某些事件、现象或人们行为的社会舆论和态度"①。社会舆论的形成与一定的群体利益联系在一起，在一定群体范围内具有公论的性质，但相对于其他群体乃至更大的群体来说，就不一定公正，有时甚至是偏狭、自私和反动的②。可以看出，把握社会舆论的主流是社会各项事业发展的重要保证。职业技能培训也同样如此。自古以来，"重道轻器"的思想深深地影响着人们的择业观和价值观，也深深地伤害着"职业教育"发展的"筋骨"。职业教育缺乏良好的社会生存"生态"，也直接导致了职业教育在过去相当长一段时间里"沉寂"，与国外职业教育的风风火火形成鲜明对比。而近年来职业教育"春天"的到来得益于经济转型和产业升级的联合作用，当然也少不了人民群众对职业教育的观念有所转变。只是"革命尚未成功，同志仍需努力"。现阶段针对职业技能培训的社会舆论营造，可以从以下两个点切入：

（一）全民学习氛围的营造

前面笔者已经用很大篇幅对职业技能培训背后蕴藏的"终身教育"内涵进行了较为深刻的阐述，这里不再赘述。但是需要强调的是，只有人民群众认识到

---

① 《哲学大辞典·马克思主义哲学卷》，上海：上海辞书出版社，1990 年版，第 506 页。

② 陈丽影：《论社会舆论》，《广东行政学院学报》，2005 年第 1 期，第 75－79 页。

了全民学习、终身教育的意义所在，才愿意加入到自我提升的队伍中来。所以对全民学习氛围的营造应该成为技能培训普及和可持续发展的舆论工具。“全民学习”、“终身教育”需要职业技能培训这个平台，同样，职业技能培训的实施也能够更好地营造全民学习的良好氛围。两者相辅相成，共同促进。

（二）“重道轻器”观念的更新

原中国人民大学校长、现中国职业技术教育学会会长纪宝成先生曾经指出，“现在几乎没有市委书记、市长与县委书记、县长的孩子上职业院校，就连说职教重要的人的孩子一般都没有上职业院校”，“职教简直成了‘平民教育’的代名词。很多老百姓的孩子上职业院校是无奈之举”。纪宝成把这种社会风气归结为“拥抱资本、疏远劳动、轻视劳动者”。实际上，这种社会风气根植于中国几千年来“重道轻器”之观念，加之目前社会舆论导向的“偏向成性”（社会不断地在强化脑力劳动与体力劳动的差异，这可以从领导讲话到新闻媒体，再到社会公众，经常在说拔尖创新人才的培养问题，鲜有提及劳动最光荣的价值导向），这不得不让社会大众在面对“职业教育”和“普通教育”、“技能”和“学术”、“工人”和“知识分子”的抉择时出现一边倒的局面。社会急需观念的更新，而观念的更新更需要舆论正气！只有舆论真正发挥其应有的正确价值观引领之作用，才能扭转不良风气对群众观念的侵蚀，包括技能培训在内的职业教育体系才能够发展于健康的社会生态之中。

结 语

“社会转型”给我们带来了什么？老百姓的感知也许是支离破碎的。因为这样一个宏观的概念和时间跨度很长的社会现象无法让我们以个体的眼光去完整审视。所以本书力求以更多的篇幅去介绍关于社会转型产生的背景及其为包括职业技能培训在内的社会事物带来的改变。本书也试图以社会转型为依托去探索转型背景下的职业技能培训的理想状态、实施模型乃至生存法则。但终究“社会转型”和面向社会的“技能培训”都是宏大、庞杂的理论体系与社会子系统,所以本书关于结论的揭示可能并不到位。但是也正是这种缺陷的存在,为更多优秀的学者去探索职业技能培训在转型社会中的发展方向与策略提供了更多的想象空间和优化的机会。

本书中对吴江职业技能培训的案例与政策的介绍的确着墨较多,不仅因为吴江区职业技能培训工作可圈可点,也因为吴江特殊的地理环境和发展现状使得对其研究的结果可能会在一定范围内具有一定的普及性和可迁移性。成书过程中笔者也并不只参考吴江区的做法,全国范围内具有典型示范意义或有着较高影响力的做法也在笔者的资料搜寻范围之内。我们希望能够以吴江的模式为“跳板”,一是让全国的同行们看到如今吴江职业技能培训取得的优秀成果;二是“抛砖引玉”,让全国更多的优秀案例、优秀做法浮现在我们的面前,并经过经验总结和理论提炼形成一定区域职业技能培训工作的“标杆”。我们期望本书的出版能够起到这样的作用。

限于笔者的学识水平,本书可能会存在可商榷之处。正所谓“学术无止境”,希望本书中的一些结论能够对职业技能培训工作的探索稍尽绵薄,同时也希望能够看到更多关于地区职业技能培训优秀经验的总结和提炼。可以预见,伴随着“终身教育”大幕的正式拉开和已经取得的部分成果,职业技能培训定将在提升全民素质、促进产业升级和经济转型发展、助力我国从人力资源大国走向人力资源强国中发挥更加重要的作用。也相信会有越来越多的人关注职业教育、关注职业技能培训、关注终身教育,并投身到伟大的育人行列之中!

附录

吴江区创业培训合格人员可享受的优惠政策

一、吴江区小额担保贷款优惠政策

（一）申请小额担保贷款的对象

持有区职业培训指导中心创业培训合格证的人员

（二）申请小额担保贷款额度及期限

1. 最高不超过10万元。

2. 小额担保贷款期限一般不超过两年。

3. 对办理小额担保贷款的个人按时还本付息的，凭农商行的利息收据到当地财政所办理全额贴息。

（三）申请小额贷款流程

1. 个人申请小额担保贷款的，向本人居住地的社区提出申请，经社区同意推荐，填写《吴江区小额担保贷款（个人）申请表》，并按要求提供相关资料和证件（见附件一），报镇（区）劳动保障部门初审。

2. 镇（区）劳动保障部门对按要求提供的相关资料和证件进行初审，未通过初审的，退回申请人上报材料并说明理由。对符合申贷条件的，在《申请表》上签署意见并加盖公章，并向区职业培训指导中心报送材料。

3. 区职业培训指导中心在收到申请材料后，5个工作日内审查完毕，审查合格的交担保机构，审核不合格的及时回复申请人并说明理由。

4. 担保公司接到申请材料后进行担保审核，审核合格的办理反担保手续，出具担保书。对不符合条件的要及时说明原因并提出整改意见。

5. 农商行收到担保机构提供的申贷材料后，对材料齐全、符合贷款条件的，办理贷款审核手续，核定贷款金额和贷款期限，签订贷款合同，发放贷款。

二、吴江区创业培训自办实体人员享受社会保险补贴优惠政策

（一）适用对象

经区职业培训指导中心创业培训结业后自办实体（包括私营企业、个体工商户等）人员。

（二）享受条件

1. 创业培训自办实体人员须经区职业培训指导中心创业培训结业，并获得创业培训结业证书。

2. 创业培训自办实体人员自办的实体，必须进行工商登记。

3. 创业培训自办实体人员必须先到区社会保险经办机构办理社会保险登记及本人和职工（或雇员）参保手续后，方可申请社会保险补贴。

（三）享受标准

创业培训结业的人员享受社会保险补贴标准根据当年企业参保单位缴费基数下限，按养老、医疗、失业、工伤、生育五项社会保险合计单位缴费比例计算。具体补贴标准由区就业再就业和城乡统筹就业工作领导小组办公室公布。

（四）申领程序

1. 申请

创业培训结业的人员享受社会保险补贴，应于当月随带本人居民身份证、创业培训结业证书、就业登记证、职工养老保险手册、自办实体的工商营业执照、社会保险登记证等原件和复印件，以及开户银行账号，至区职业培训指导中心填写《创业培训自办实体人员社会保险补贴申报表》（据苏劳就[2006]29 号文），提出享受社会保险补贴申请。

2. 审核

区职业培训指导中心对创业培训自办实体人员提供的申报材料进行审核，签署意见并盖章，汇总后于本年度 12 月下旬上报区就业再就业和城乡统筹就业工作领导小组办公室。区就业再就业和城乡统筹就业工作领导小组办公室确定社会保险补贴拨付金额，审核汇总后报区财政局。

3. 发放

经区财政局核定后，从再就业资金专户中将资金划拨至区职业培训指导中心，由区职业培训指导中心将社会保险补贴资金拨付至创业培训自办实体人员个人专户。

三、吴江区创办实体人员创业补贴优惠政策

（一）创业补贴享受对象

在法定劳动年龄段内，具有本区户籍经区职业培训指导中心创业培训结业的自主创业人员，并符合下列情形之一：

1. 在领失业保险金人员。

2. 城镇就业困难人员，包括：

（1）女 40 周岁、男 48 周岁及其以上失业人员；

(2) 享受城市居民最低生活保障的长期失业人员；

(3) 夫妻双失业人员；

(4) 单亲家庭失业人员；

(5) 特困职工家庭有就业能力和就业愿望的人员；

(6) 有就业能力和就业愿望的残疾人员；

(7) “零就业家庭”的人员。

3. 无单位就业经历,初次创业的高校毕业生。

4. 享受农村最低生活保障的低收入纯农户家庭和农村单亲家庭等农村就业困难群体。

5. 持有效证件初次创业的复员转业退役军人。

(二) 申请创业补贴的条件

2008 年 1 月 1 日后领取营业执照,所办实体正常经营,已办理社会保险登记,依法缴纳社会保险费。正常经营指办理纳税登记并已进行纳税申报,缴纳税款。

对确认符合上述对象和条件的自主创业人员,可给予一次性创业补贴 2 000元。

(三) 申请流程

创业培训合格的自主创业人员至本人户籍所在社区(行政村)填写《吴江区创业补贴申请表》,同时须携带以下相关材料：

1. 本人身份证及复印件；

2. 居民户口簿及复印件；

3. 创业培训合格证原件及复印件；

4. 营业执照、税务登记证及复印件,纳税申报表或完税凭证；

5. 社会保险登记证及复印件。

社区(行政村)对申请人的资格、提供的材料进行初审,在《申请表》上确认盖章后,将有关材料上报镇(区)劳动保障部门。镇(区)劳动保障部门进行复核,在《申请表》上签署意见及盖章后上报区劳动就业管理中心。